C·H·Beck
PAPERBACK

Dieses Buch geht der Frage nach, welche Bedeutung der Philosophie für die Geschichtswissenschaft und die Arbeit des Historikers zukommt. Ausgehend von der Tatsache, daß die Geschichte stets von den Interessen der Gegenwart bestimmt wird und entsprechend unterschiedliche Vergangenheiten erzählt werden, nimmt der Autor grundlegende methodische und erkenntnistheoretische Fragen in den Blick. Sein besonderes Augenmerk gilt dabei denjenigen philosophischen Theorien, die dem Historiker Aufschluß darüber geben können, mit welchen Methoden er sich seinen Gegenstand erschließen kann. Jörg Baberowski bietet dabei einen fundierten Überblick über einflußreiche Denker und Strömungen der Philosophie des 19. und 20. Jahrhunderts und zeigt anhand konkreter Fallbeispiele die Bedeutung ihrer Theorien für den Alltag des Historikers auf.

Jörg Baberowski, geb. 1961, ist Professor für Geschichte Osteuropas an der Humboldt-Universität Berlin. Zuletzt erschien von ihm: Der rote Terror. Die Geschichte des Stalinismus (München 2003).

Jörg Baberowski

Der Sinn der Geschichte

Geschichtstheorien von Hegel bis Foucault

Verlag C. H. Beck

1. Auflage in der Beck'schen Reihe. 2005
2. Auflage. 2013

3. Auflage in C.H.Beck Paperback. 2014
Unveränderter Nachdruck
Originalausgabe

Wilhelmstraße 9, 80801 München, info@beck.de

www.chbeck.de
Satz: Fotosatz Amann, Memmingen
Druck und Bindung: Druckerei C.H.Beck, Nördlingen
Umschlagentwurf: malsyteufel, Willich
Gedruckt auf säurefreiem und alterungsbeständigem Papier
Printed in Germany
ISBN 978 3 406 66917 0

verantwortungsbewusst produziert
www.chbeck.de/nachhaltig
produktsicherheit.beck.de

«Warum fesseln uns die Geschichten? Darauf gibt es nur die ‹hermeneutische› Antwort: Weil wir uns im Andern, im Andern der Menschen, im Andern des Geschehens wiedererkennen.» (Hans-Georg Gadamer, Historik und Sprache, in: R. Koselleck. Zeitschichten. Studien zur Historik, Frankfurt am Main 2000, S. 126.)

Den Berliner Studenten

Inhaltsverzeichnis

Vorwort 9

1. Wahrheit, Wirklichkeit, Subjekt: Geschichte zwischen Handlung und Struktur 11
2. Georg Wilhelm Friedrich Hegel oder Anfang und Ende der Geschichte 31
3. Leopold von Ranke, Johann Gustav Droysen und der Historismus 63
4. Karl Marx oder die sozialen Bedingungen der Geschichte 80
5. Hermeneutik: Wilhelm Dilthey, Martin Heidegger, Hans-Georg Gadamer 99
6. Max Weber oder die Wirklichkeit als Idealtypus 126
7. Strukturen und Mentalitäten: Die Schule der Annales 140
8. Erinnerung und Kollektives Gedächtnis 159
9. Dichte Beschreibungen: Geschichte und Ethnologie 174
10. Michel Foucault und die Macht der Diskurse 190
11. Die literarische Wende oder das Ende der Geschichte 204

Anmerkungen 215
Ausgewählte Literatur 236
Personenregister 249

Vorwort

Die Geschichte ist eine Erzählung vom Vergangenen, die sich dem Interesse der Gegenwart verdankt. Jede Geschichte kann aus verschiedenen Perspektiven erzählt werden. Wir haben uns damit abgefunden, daß Eindeutigkeit weder erreichbar noch wünschenswert ist, und wir unterstellen, daß der Andere, der eine Geschichte erzählt, recht haben könnte. Gleichwohl erheben die Historiker den Anspruch, daß die Geschichte eine Wissenschaft sei. Wie aber sind Multiperspektivität und Uneindeutigkeit mit gesichertem Wissen über die Vergangenheit vereinbar?

Die Geschichte läßt nicht die Vergangenheit wieder auferstehen. Ihre Vergangenheit ist eine, die sich aus den Bedingungen der Gegenwart herschreibt. Sie ergibt sich aus dem kulturellen Horizont des Historikers, seinen Erinnerungen, seinen Interessen und Erzählkonventionen. Geschichte ist Sinn. Wer etwas verstehen möchte, muß nicht nur den Sinn entschlüsseln, den die Menschen der Vergangenheit dem Leben gaben. Es kommt auch darauf an, sich Klarheit über den Sinn des Historikers zu verschaffen, der über diese Menschen schreibt. Denn was aus der Vergangenheit zu uns spricht, wird uns nur über die Auslegungen anderer vermittelt.

Wer verstehen will, muß sich über die Herkunft der eigenen Fragen ins Bild setzen. Und er muß herausfinden, wie andere zu ihren Antworten gekommen sind. Wir werden nicht mit Ereignissen, sondern immer nur mit ihren Auslegungen konfrontiert. Deshalb benötigen Historiker ein theoretisches Wissen, das es ihnen ermöglicht, sich über die Verschiedenheit der Verstehensweisen selbst aufzuklären. «Wahr» ist eine Geschichte dann, wenn sie die Prämissen erfüllt, die der Historiker aufgestellt hat. Es gibt keinen Ort, von dem aus zu entscheiden wäre, was als wahr und was als falsch zu gelten hat. Es kommt stets nur darauf an, anderen mitzuteilen, wie man zu einer Interpretation gekommen ist. Die Wissenschaft ist ein Gespräch, an dem nur teilnehmen kann, wer gelernt hat, einen Gegenstand theoretisch so zu erschließen, daß er für jedermann, aus jeder Perspektive zugänglich ist.

Die Geschichte ist nicht einfach «da». Sie wird von den Historikern auf je verschiedene Weise hergestellt. Unter welchen theoretischen Voraussetzungen Geschichtsschreibung möglich ist, – davon handelt diese kleine Einführung in die Philosophie der Geschichte. Was in ihr über den Nutzen der Philosophie gesagt wird, richtet sich vor allem an Studenten der Geschichtswissenschaften.

Ohne die Hilfe und Kritik von Freunden und Kollegen hätte ich das Buch wahrscheinlich zu keinem Abschluß gebracht. Dietrich Beyrau, Dietrich Geyer, Norbert Himme und Jan Plamper lasen, korrigierten und verbesserten das Manuskript. Malte Rolf, Susanne Schattenberg und Claudia Weber verstrickten mich in anregende Diskussionen über Theorie und Geschichte und halfen mir, Klarheit über meinen Gegenstand zu gewinnen. Franziska Exeler, Manuela Putz und Natalja Stüdemann gaben mir wertvolle Hinweise aus studentischer Perspektive. Claudia Althaus vom Beck-Verlag redigierte den Text und zwang mich, manches voreilige Urteil noch einmal zu überdenken. Ihnen allen gilt mein herzlicher Dank.

Im Sommersemester 2003 hielt ich an der Humboldt-Universität eine Vorlesung über «Theorien der Geschichte». Aus ihr ist dieser Text hervorgegangen. Ohne den Zuspruch der Studenten, die diese Vorlesung anhören mußten, aber wäre aus dem Manuskript kein Buch geworden. Ihnen sei es deshalb gewidmet.

Berlin im August 2004

Erstes Kapitel

Wahrheit, Wirklichkeit, Subjekt: Geschichte zwischen Handlung und Struktur

«Da es nicht zweierlei geben kann, eine Geschichte ohne Sinn und einen Sinn ohne Geschichte, muß man sagen, die Geschichte hat nicht einen Sinn, sondern, was mehr ist, sie ist Sinn.»[1] So hat es Otto Vosseler vor mehr als 20 Jahren gesagt. Die Geschichte ist ein Sinn, der im Verweis auf die Vergangenheit gewonnen wird. Sie ist nicht einfach «da», sondern entsteht, wenn wir uns und anderen etwas zu verstehen geben wollen und uns dabei auf Ereignisse der Vergangenheit berufen. Der Gegenstand der historischen Forschung ist nicht die Vergangenheit, denn sie ist vergangen. Es sind die erhalten gebliebenen Zeugnisse aus der Vergangenheit, an denen sich die Reflexion des Historikers bewährt.[2] In diesen Zeugnissen kommen Menschen aus der Vergangenheit zu Wort, aber sie sprechen nur zu den Bedingungen, die der Historiker ihnen auferlegt. Es hängt von den Fragen des Historikers ab, welche Antworten er erhält, denn die Menschen der Vergangenheit sprechen nicht von selbst. Sie müssen von uns zum Sprechen gebracht werden. Geschichte ist, weil wir uns erinnern und unseren Erinnerungen einen Sinn geben und weil wir Ereignisse aus der Vergangenheit für die Bedürfnisse der Gegenwart interpretieren. Darin entsteht Geschichte als Sinn. Welche Schwierigkeiten mit der professionellen Arbeit an der Geschichte verbunden sind, mag am Beispiel zweier Texte über die Russische Revolution von 1917 deutlich werden: der Erinnerungen Lev Trockijs und Vladimir Nabokovs an die Ereignisse des Jahres 1917 in Petrograd. Hören wir zuerst Trockij, wie er sich an die Revolution erinnert:

«Und doch wird der Geschichtsschreiber nicht irren, der behauptet, am Tage des 25. Oktober habe nicht nur der Strom in der Regierungsdruckerei aufgehört, sondern auch eine wichtige Seite in der Geschichte der Menschheit begonnen. ... Naturgeschichtliche Analogien in bezug auf die Revolution drängen sich derart von selbst auf, daß einige von ihnen zu abgenutzten Metaphern geworden sind:

‹vulkanische Ausbrüche›, ‹Geburt einer neuen Gesellschaft›, ‹Siedepunkt› ... Unter dem einfachen literarischen Bild verbergen sich da intuitiv erfaßte Gesetze der Dialektik, das heißt, der Logik der Entwicklung. Was die Revolution als ganzes – im Verhältnis zur Evolution –, ist der bewaffnete Aufstand – im Verhältnis zur Revolution selbst: der kritische Punkt, wo die angehäufte Quantität explodierend in Qualität übergeht ... Äußerst wichtig, sowohl politisch wie theoretisch, ist die kurze Periode, die dem ‹Siedepunkt› unmittelbar vorangeht, das heißt, der Vorabend des Aufstandes. Die Physik lehrt, daß ein gleichmäßiger Erwärmungsprozeß plötzlich zum Stillstand kommt, die Flüssigkeit behält eine bestimmte Zeit unverändert die Temperatur, um erst nach Aufnahme einer ergänzenden Wärmemenge zu sieden. Die Umgangssprache kommt uns auch hier zur Hilfe, indem sie den Zustand der scheinbar ruhigen Konzentration vor der Explosion als ‹Ruhe vor dem Sturm› bezeichnet. Als auf die Seite der Bolschewiki die absolute Mehrheit der Arbeiter und Soldaten Petrograds übergegangen war, schien die Temperatur des Siedens erreicht. Eben in diesem Augenblick proklamierte Lenin die Notwendigkeit des sofortigen Aufstandes. ... Die Oktoberrevolution war der Kampf des Proletariats gegen die Bourgeoisie um die Macht. Aber den Ausgang des Kampfes entschied letzten Endes der Muschik (der russische Bauer, J. B.). Dieses allgemeine Schema, das für das ganze Land galt, fand in Petrograd den vollendetsten Ausdruck. ... Geleitet wurde die Umwälzung von der Partei; die wichtigste treibende Kraft war das Proletariat ... Richtig die Oktoberumwälzung verstehen kann man nur dann, wenn man das Blickfeld nicht auf ihr abschließendes Glied beschränkt. Ende Februar wurde die Schachpartie des Aufstandes vom ersten bis zum letzten Zug gespielt, das heißt, bis zur Waffenstreckung des Gegners; Ende Oktober lag die Grundpartie bereits zurück, und am Tage des Aufstandes war nur die ziemlich enge Aufgabe zu lösen: Matt in zwei Zügen ... Die Planmäßigkeit der Oktoberumwälzung erwuchs hauptsächlich aus objektiven Verhältnissen, aus der Reife der Revolution als Ganzes, aus der Lage Petrograds im Lande, aus der Lage der Regierung in Petrograd, aus der gesamten vorangegangenen Arbeit der Partei, endlich aus der richtigen Politik der Umwälzung.»[3]

Und auch über die Gefühle, die in jenen Tagen über ihn kamen, wollte Trockij seine Leser nicht im unklaren lassen. In seinen Memoiren hört sich das so an:

«Jene Tage waren ungewöhnliche Tage sowohl im Leben des Landes wie im persönlichen Leben. Die Spannung der sozialen Leidenschaften und der persönlichen Kräfte erreichte den Höhepunkt. Die Massen schufen Epoche, die Führer fühlten, daß ihre Schritte mit den Schritten der Geschichte sich vereinigten. In jenen Tagen wurden Beschlüsse dennoch fast nicht diskutiert. Es würde mir schwer fallen, zu sagen, daß sie richtig erwogen und überlegt wurden. Sie wurden improvisiert. Dadurch waren sie nicht schlechter. Der Ansturm der Ereignisse war so mächtig, die Aufgaben so klar, daß die verantwortlichen Beschlüsse leicht, im Gehen, entstanden, als etwas Selbstverständliches, und sie wurden auch so aufgenommen. Die Bahn war vorausbestimmt. Man hatte die Aufgaben nur beim Namen zu nennen, man brauchte nicht zu beweisen, man brauchte fast keine Aufrufe mehr. Die Masse begriff ohne Schwankungen und Zweifel, was sich für sie aus der Situation von selbst ergab. Unter der Last der Ereignisse formulierten die ‹Führer› nur das, was den Bedürfnissen der Masse und den Forderungen der Geschichte entsprach. Der Marxismus betrachtet sich als den bewußten Ausdruck des unbewußten geschichtlichen Prozesses. Aber der – im geschichtlich-philosophischen und nicht im psychologischen Sinne – ‹unbewußte› Prozeß trifft nur auf seinen höchsten Gipfeln mit seinem bewußten Ausdruck zusammen, wenn die Masse durch einen elementaren Ansturm die Türen der sozialen Routine einschlägt und den tiefsten Bedürfnissen der historischen Entwicklung einen siegreichen Ausdruck gibt. Das höchste theoretische Bewußtsein der Epoche verschmilzt in solchen Augenblicken mit der unmittelbaren Handlung der zutiefst unterdrückten und der Theorie am fernsten stehenden Massen. Die schöpferische Vereinigung des Bewußten mit dem Unbewußten ist das, was man gewöhnlich Inspiration nennt. Revolution ist rasende Inspiration der Geschichte. Jeder echte Schriftsteller kennt Augenblicke des Schaffens, wo jemand anderer, Stärkerer, ihm die Hand führt. Jeder echte Redner kennt Augenblicke, wo aus seinem Mund etwas stärkeres spricht, als er selbst in seinen gewöhnlichen Stunden ist. Das ist ‹Inspiration›. Sie entsteht aus der höchsten schöpferischen Anspannung aller Kräfte. Das Unbewußte erhebt sich aus den tiefen Höhlen und unterwirft sich die bewußte Gedankenarbeit, verbindet sich mit ihr zu einer höheren Einheit. Stunden höchster Anspannung der geistigen Kräfte erfassen in gegebenen Augenblicken alle Seiten der persönlichen Tätigkeit, die mit der Bewegung der Masse verbunden ist. Solche Tage waren für die ‹Führer› die Oktobertage. Die verborgensten Kräfte des Organismus, seine tiefsten Instinkte, der von seinen tierischen Ahnen vererbte Spürsinn, all das erhob sich, sprengte die Türen der psychischen Routine und stellte sich – zusammen mit den höchsten historisch-philosophischen Verallgemeinerungen – in den Dienst der Revolution. Diese beiden Prozesse, der individuelle und der kollektive, beruhten auf der Vereinigung des Bewußten und des Unbewußten, des Instinktes, der die Triebfeder des Willens bildet, mit den höchsten Verallgemeinerungen des Gedankens. Äußerlich sah es gar nicht pathetisch aus: Die Menschen gingen einher, müde, hungrig, ungewaschen, mit entzündeten Augen und borstigen Gesichtern. Jeder von ihnen vermochte später nur weniges über die kritischen Tage und Stunden zu erzählen.»[4]

Nabokovs Erinnerungen berichten von einer anderen Revolution. Für ihn kam die Februarrevolution offenkundig überraschend und unerwartet. Von den Unruhen des 23. Februar erfuhr er nur beiläufig, als er seine Frau, die von einer Kur aus Finnland zurückkehrte, vom Bahnhof abholte und ihm der Fahrer erzählte, es sei in Petrograd zu «Streiks und großen Menschenansammlungen auf den Straßen» gekommen. Die Regierung sei «nervös und offenbar auch kopflos». Nabokov schien diese Nachricht nicht allzusehr zu beunruhigen. Denn er begab sich am nächsten Tag zur Arbeit in das «Asiatische Ressort» des zarischen Generalstabes, wo er seit dem Ausbruch des Ersten Weltkrieges wirkte.

«Am Montagmorgen, dem 27., begab ich mich wie immer um zehn Uhr zum Dienst. Das Asiatische Ressort des Generalstabes war damals im Gebäude der ehemaligen Hauptverwaltung der Kosakentruppen untergebracht, in der Karawannaja-Straße, gegenüber der Simeonovskij-Brücke. Als ich die Karawannaja-Straße entlangging und in Höhe des Platzes war, wurde ich von einem Herrn angehalten, dessen Gesicht mir bekannt war ... Er sagte mir, daß in der Kirotschnaja-Straße eine Schießerei im Gange sei und daß ein Teil der Soldaten meutere; dabei erwähnte er auch, wie ich mich entsinne, das Preobraschenski-Regiment. Als ich danach in den Sitz des Asiatischen Ressorts kam, erfuhr ich nichts Neues. Die gewohnte Arbeit begann, verlief an diesem Tage aber irgendwie schleppend. Dennoch saßen wir (meine Kollegen und ich) die übliche Zeit bis drei Uhr ab; um drei Uhr ging ich nach Hause, und zwar über den

Newskij-Prospekt, auf dem es um diese Zeit wieder freien Durchgang gab und wo sich viel Volk drängte. Gegen Abend lag die Morskaja-Straße wie ausgestorben da – so weit man aus den Fenstern sehen konnte, besonders aus den Seitenfenstern im Erker, die die Möglichkeiten boten, die Straße auf der einen Seite bis zum Hotel Astoria, auf der anderen bis zur Konnogwardejskaja-Gasse zu überschauen. Panzerwagen fuhren vorbei, Gewehr- und Maschinengewehrschüsse waren zu hören, hin und wieder liefen Soldaten und Matrosen vorüber, sich dicht an den Häuserwänden haltend. Zeitweise – aber immer nur kurzfristig – wurde alles still. Das Telephon funktionierte weiterhin, und ich kann mich erinnern, daß mich meine Freunde über das, was vor sich ging, auf dem laufenden hielten. Zur gewohnten Stunde legten wir uns schlafen. Am 28. Februar morgens kam es auf dem Platz sowie in jenem Teil der Morskaja-Straße, der von der lutherischen Kirche zur Pozelujew-Brücke führt, erneut zu einer sehr heftigen Schießerei. Auf die Straße zu gehen, war gefährlich, teils wegen der Schießerei, teils deswegen, weil den Offizieren bereits die Schulterstücke heruntergerissen wurden; es gingen schon Gerüchte um von Gewalttätigkeiten der Soldaten gegen sie. Gegen elf Uhr (vielleicht auch schon früher) zogen unter den Fenstern unseres Hauses haufenweise Soldaten und Matrosen in Richtung Newskij-Prospekt vorüber. Sie gingen ungeordnet und nicht in Reih und Glied, Offiziere waren nicht darunter. In diese Menge wurde offenbar hineingeschossen, vielleicht aus dem Astoria, vielleicht auch aus dem Landwirtschaftsministerium. Genau ist das niemals festgestellt worden; nicht einmal die Tatsache selbst, daß überhaupt geschossen wurde, ist festgestellt worden – vielleicht hat man sich das erst später ausgedacht. Wie auch immer, ob unter dem Eindruck der Schüsse (falls es welche gegeben hat) oder aus irgendwelchen anderen Beweggründen – die Menge fing an, das Astoria zu demolieren. Von dort trafen sehr bald Flüchtlinge bei uns ein: meine Schwester mit ihrem Gemahl, Admiral Kolomejzow, dann eine ganze Familie mit kleinen Kindern, die von uns bekannten englischen Offizieren gebracht wurde, danach eine weitere Familie – entfernte Verwandte von uns aus der Nabokow-Sippe.»

Am Morgen des 2. März begab sich Nabokov mit seinen Kollegen aus dem Generalstab zu Fuß zur Staatsduma, um der soeben konstituierten Provisorischen Regierung ihre Ergebenheit zu bekunden. Auf dem Weg über den Nevskij-Prospekt habe er «bewegte und aufgeregte Gesichter» und «rote Fahnen» gesehen, an der Potemkinskaja seien Gendarmen der zarischen Geheimpolizei unter Bewachung abgeführt worden. Der Platz vor dem Duma-Gebäude sei von Menschen verstopft gewesen, man habe sich nur unter großen Anstrengungen einen Weg in das Innere bahnen können. «Ich erinnere mich nicht mehr, wie ich dort hin gelangte, aber plötzlich fand ich mich im Vestibül wieder. Das Innere des Taurischen Palais überraschte sofort mit seinem ungewöhnten Anblick. Soldaten, Soldaten, Soldaten – mit müden, stumpfen, selten mit guten oder fröhlichen Gesichtern; überall Spuren eines improvisierten Feldlagers, Schmutz, Stroh und dicke Luft. Ein drückender Dunst stand im Raum, es roch nach Soldatenstiefeln, Tuch und Schweiß. Von weitem hörte man hysterische Redner, die im Katharinensaal Kundgebungen abhielten; überall herrschte Gedränge und heilloses Durcheinander. Schon ging eine Namensliste der Mitglieder der Provisorischen Regierung von Hand zu Hand.»

Nabokov wurde zum Staatssekretär der Provisorischen Regierung ernannt, einer Art Kanzleichef, der die Sitzungen und das Gesetzgebungsverfahren koordinierte. Er diente ihr in dieser Funktion bis zum Ende im Oktober 1917, als die Bolschewiki dem «demokratischen» Experiment den Garaus machten. Das Ende der Revolution kam für Nabokov offenbar genauso überraschend wie ihr Anfang. Er sei am Tag des bolschewistischen Aufstandes bei der Morgentoilette gewesen, als das Dienstmädchen eingetreten sei und mehrere Offiziere zu ihm in die Wohnung geführt habe, die ihm berichteten, was sich unterdessen auf den Straßen zutrug. Nabokov begab sich sodann in das Präsidium des Rates der Republik, des sogenannten Vorparlaments, in dem alle wichtigen Parteien repräsentiert waren. «Als wir in das Foyer traten, das unmittelbar an den Plenarsaal stößt, zeigte sich, daß die gesamte Treppe und das erste Vorzimmer im Obergeschoß dicht von bewaffneten Soldaten und Matrosen besetzt waren. Sie standen in zwei Reihen auf beiden Seiten der Treppe. Die gleichen stupiden, blöden, und böswilligen Physiognomien wie sonst. Ich denke, nicht einer von ihnen hätte erklären können, weshalb er hier war, wer ihn geschickt und mit wem er es zu tun hatte.» Das Ende der Provisorischen Regierung erlebte Nabokov als eine unspektakuläre Veranstaltung. Er sei noch in das Winterpalais hineingekommen, als die Aufständischen es bereits umstellt hätten. Und er habe das Gebäude auf dem gleichen Weg verlassen, auf dem er es zuvor betreten habe. Wenige Minuten später seien die im Winterpalast verbliebenen Minister der Provisorischen Regierung von bolschewistischen Matrosen verhaftet worden. Niemand habe sich für die Provisorische Regierung noch verwenden wollen, der Regierungschef Aleksandr Kerenskij habe sich an diesem Tag unbemerkt aus der Hauptstadt abgesetzt, auf der Suche nach militärischem Beistand für die bedrängte Regierung. In Petersburg selbst hätten sich – mit Ausnahme einiger Offiziersschüler – keine Soldaten mehr gefunden, die bereit gewesen wären, den Rechtsbruch der Bolschewiki zu vereiteln.[5]

Was soll ein Historiker, der sich an der Geschichte der russischen Revolution versucht, mit diesen Texten anfangen? Am Anfang steht die Lektüre, das Lesen der Texte, die über den Gegenstand, den wir untersuchen wollen, etwas mitzuteilen haben. Was unterscheidet diese Lektüre vom Lesen eines Romans, einer Erzählung oder eines Gedichts? Historiker, die Texte lesen, spüren einer Wirklichkeit nach, die nicht in, sondern hinter den Texten liegt, sie lesen Texte, um mit ihrer Hilfe gesichertes Wissen über das Handeln von Menschen aus der Vergangenheit zu erlangen. Sie suchen nach Wahrheiten, sie wollen der Vergangenheit einen uns verständlichen Sinn geben, wenngleich Historiker, die mit Einsicht gesegnet sind, solchen Wahrheiten nicht länger die Eigenschaft objektiver Aussagen zuschreiben.[6] Solche Bedingungen muß ein literarischer Text nicht erfüllen. Es ist völlig unerheblich, ob die Personen, die einem Roman Leben einhauchen, tatsächlich gelebt haben, ob sich die erzählte Geschichte so zugetragen hat, wie sie der Autor präsentiert. Kurz: Die Literatur ist ein Produkt der Phantasie, die von nichts anderem strukturiert wird als von der Erzählperspektive des Autors. Nun ist auch die Geschichte, die der Historiker mitteilt, von Perspektiven und Dramaturgien abhängig. Aber er muß sich, bevor er die Ereignisse der Vergangenheit, die aus den Quellen sprechen, in eine Form bringt, über die Herkunft und Bedeutung dieser Quellen Gewißheit verschaffen.

Sind die Dokumente, auf die sich der Historiker beruft, tatsächlich Zeugnisse der Vergangenheit selbst, oder handelt es sich um Fälschungen oder nachträglich manipulierte Texte? Haben die Autoren dieser Texte zu jener Zeit, über die sie berichten, gelebt, oder ist, was sie uns mitteilen, selbst nur Gehörtes und Gelesenes? Wann und wo sind die Dokumente entstanden? Während des Ereignisses, das sie zu beschreiben vorgeben oder später, wo und unter welchen Umständen wurden die Texte geschrieben? In welcher Sprache sind die Dokumente ursprünglich verfaßt worden, wurden sie übersetzt und sind dabei Passagen ausgelassen oder umgeschrieben worden?

Wenn wir diese Fragen auf die Erinnerungen Trockijs und Nabokovs anwenden, dann kommen dabei mehr oder weniger eindeutige Antworten heraus. Trockij und Nabokov haben als Menschen und Autoren existiert, auch zu jener Zeit, von der sie in ihren Erinnerungen berichten. Es ist in den Zeugnissen anderer Zeitgenossen, in amtlichen Dokumenten, Zeitungen und Aufrufen verbürgt, daß Trockij und Nabokov Teil jenes Geschehenszusammenhangs waren, der Revolution genannt wird. Darin liegt die Bedeutung dieser Texte für einen Historiker, der sich mit der russischen Revolution befassen möchte. Sie gewinnen für ihn aber erst dann einen Wert, wenn er sich Gewißheit über ihren Entstehungszusammenhang verschafft hat. Trockij schrieb seine Aufzeichnungen über die Revolution Ende der 1920er Jahre, mehr als zehn Jahre nach den Ereignissen, über die er seine Leser unterrichtete. Damals befand er sich bereits in der Türkei, wohin Stalin ihn nach seiner Verbannung aus dem inneren Zirkel der Macht hatte ausweisen lassen. Nabokov faßte seine Erinnerungen an die Revolution früher ab, im Sommer 1918. Sie erschienen 1922 im ersten Band des vom russischen Rechtsanwalt Gessen in Berlin herausgegebenen *Archiv Russkoj Revoljucii* unter dem unspektakulären Titel «Die Provisorische Regierung».[7] Zwischen den Ereignissen, über die Trockij und Nabokov berichteten, und der Niederschrift ihrer Erinnerungen, lagen mehrere Jahre, in denen sich nicht nur die Aufenthaltsorte der Autoren, sondern auch die Autoren selbst veränderten. Um zu erfahren, wie Trockij und Nabokov 1917 über sich und ihre Umwelt urteilten, wäre es unerläßlich, sie in solchen Texten zu Wort kommen zu lassen, die sie in den Wochen und Monaten der Revolution verfaßten. Sodann müßte man die Autoren an unterschiedlichen Orten, zu unterschiedlichen Zeitpunkten und in unterschiedlichen Milieus zeigen. Wie schreiben sie vor, während und nach der Revolution über ein und dieselbe Sache? Wie sprechen sie mit jenen, die sie für ihre Sache gewinnen wollen, wie mit jenen, die sie bekämpfen, und was teilen sie schließlich jenen mit, die auf ihrer Seite sind und denen sie sich nicht erklären müssen? Kurz: Ist jener Trockij, der zu den Soldaten und Bauern spricht, noch derselbe, der für die Parteigeschichte gelehrte Texte über Sinn und Bedeutung marxistischer Ideologie produziert?

Wir müssen uns den Umständen und den Milieus zuwenden, in denen sich Menschen in ihrem Alltag bewegen, damit wir verstehen, welche Bedeutung ihren Handlungen jeweils zukommt. Die Erinnerungen Trockijs und Nabokovs aus den frühen bzw. späten 1920er Jahren sind in diesem Sinn nicht mehr als ein Ausweis dafür, wie diese Autoren zu dieser Zeit über ihre Rolle in der Revolution nachdachten. Sie sind Rechtfertigungsschriften, die nicht nur das Ende jener Geschichte, die sie beschreiben, schon kennen, sondern auch über ein Wissen verfügen, das sie zum Zeitpunkt ihrer revolutionären Erlebnisse noch nicht hatten. Das alles muß ein Historiker, der die Arbeit an der Geschichte ernst nimmt, sich und seinen Lesern ins Gedächtnis rufen, bevor er einen Anspruch auf Wissenschaftlichkeit erheben kann.

Beide Texte sind Übersetzungen aus dem Russischen. Deshalb sind sie als Quelle unbrauchbar. Denn wir wissen nicht, ob diesen Übersetzungen zu trauen ist, ob für die zentralen Begriffe, die uns interessieren, immer die richtigen Äquivalente eingesetzt und damit der Sinn des Originals wiedergegeben wurde. Trockijs Erinnerungen jedenfalls sind nur unzureichend ins Deutsche übertragen worden. Eine lausige Übersetzung, die nicht nur Unsicherheit in der Wiedergabe politischer Begriffe verrät, sondern auch dem Stil des Autors Gewalt antut. Aus der deutschen Übersetzung spricht jedenfalls kein Sprachkünstler mehr. Trockij aber war ein guter Schriftsteller, der das, was er zu sagen hatte, in einer geschliffenen Sprache mitzuteilen wußte. Es kommt deshalb unter allen Umständen darauf an, daß der Historiker die Sprachen erlernt, in denen die Dokumente abgefaßt sind. Wer sich dieser Anforderung verweigert, muß sich mit dem Betrieb der deutschen Geschichte begnügen.

Und das ist nicht alles, was Historiker über einen Text wissen müssen, bevor sie ihn paraphrasieren, abschreiben oder befragen können. Sie müssen sich vergewissern, sofern es sich um eine kommentierte Neuausgabe der Dokumente oder um eine Übersetzung handelt, ob sie Anspruch auf Vollständigkeit erheben kann. Anthologien von Dokumenten verfolgen gewöhnlich einen Zweck. Die Herausgeber suchen Dokumente danach ab, inwiefern sie sich in die Geschichte einfügen, die sie erzählen wollen und lassen weg, was zu dieser Geschichte nichts beiträgt. Anthologien sind oftmals Erzählungen in Dokumenten, die den Eindruck vollständiger Quellensammlungen erwecken. So ist es auch hier. Denn auch die hier vorgestellten Erinnerungen sind Ausschnitte, die aus größeren Zusammenhängen herausgerissen wurden: Trockijs Geschichte der russischen Revolution erstreckt sich über fast eintausend Seiten, Nabokovs Erinnerungen kamen auf neunzig Seiten zum Ende. Niemand sollte also darauf vertrauen, daß sich in diesen Abschnitten die Essenz des Ganzen vermittelt. Auch hier verfolgt die Textauswahl einen Zweck. Sie soll dem Leser zeigen, daß man dasselbe Ereignis auf unterschiedliche Weise beschreiben kann. Zu diesem Zweck sind alle Informationen unterdrückt worden, die diese Absicht durchkreuzt hätten. So spricht auch Nabokov an einer Stelle davon, er sei zu Beginn der Februarrevolution vom Aufruhr der Massen zunächst überwältigt gewesen, als ob etwas «Großartiges und Heiliges geschehen sei, als habe das Volk seine Ketten abgeworfen».[8] Und auch Trockij spricht an manchen Stellen von den Zufällen, die am Rad der Geschichte drehten, als er sich im ersten Teil seiner Revolutionsgeschichte fragt, was wohl geschehen wäre, wenn nicht Nikolaj II., sondern sein willensstarker Vater, Alexander III., mit der Unzufriedenheit der Massen konfrontiert worden wäre? Hätte es unter solchen Umständen überhaupt eine Revolution gegeben? Aber diese Informationen sind dem Leser in dieser Textauswahl vorenthalten worden. Denn es kam hier darauf an, eine Geschichte zu erzählen, die auf die verschiedenen Möglichkeiten der Zeitgenossen, die Revolution zu verstehen, hinweist. Die Erinnerungen Trockijs und Nabokovs wurden «mißbraucht», um auf subtile Weise mitzuteilen, wie der Autor der Quellenedition über die Verschiedenheit der Interpretationen denkt. Dadurch sind die Dokumente zu einem Teil der Geschichtsschreibung geworden. Sie lassen sich in diesem Zusammenhang dann nur noch auf die Frage hin lesen, wie der Autor der Quellenedition diese Texte für seine Absichten verwendet hat. Die Dokumente haben sich verwandelt und sind zu einem Teil der Interpretation selbst geworden. Daraus ergibt sich sogleich die Frage, worin die Arbeit des Historikers eigentlich besteht. Wozu soll er sich Techniken aneignen, wenn er mit ihnen nichts weiter bewirken kann als festzustellen, wann und wie Zeugnisse der Vergangenheit entstanden sind?

Wer es in der Anwendung solcher Techniken zu Höchstleistungen bringt, über die Dokumente aber sonst nichts von Belang zu sagen hat, wäre kein Historiker. Er wäre allenfalls ein Sachverständiger, dessen Kenntnisse ihn zur Datierung und Verwaltung von Zeugnissen der Vergangenheit, nicht aber zu ihrer Befragung befähigten. Es ist wahr: historische Gegenstände existieren für uns nur, solange sie erinnert werden. Zu diesem Zweck müssen sie aufbewahrt, visualisiert und in standardisierten Erzählungen von Generation zu Generation weitergegeben werden. Darin liegt die Bedeutung, die die Geschichte für den Menschen hat. Er könnte seine Gedanken und Empfindungen nicht mitteilen, wenn er nicht die Gabe besäße, ihnen eine dauerhafte Gestalt zu verleihen.[9] Mythen, Symbole, Rituale – sie sind mit erinnerten Ereignissen aus der Vergangenheit verknüpft und geben dem menschlichen Leben einen Halt. Die Geschichtsschreibung ist Teil dieser Philosophie des Geschehens, Nabokovs und Trockijs Erinnerungen an die Revolution ebenso wie meine Interpretation dieser Erinnerungen. Was ist dann aber der Beruf des Historikers? Seine Berufung gilt nicht der Bewahrung, wenngleich sie Folge seines Tuns sein kann. Darin unterscheidet sich der Betrieb der Geschichtswissenschaft von der Produktion kollektiven Sinns. Dem Historiker ist es aufgetragen, das in der Erinnerung Aufbewahrte nicht nur weiterzuerzählen, sondern es für sich und andere verstehbar zu machen, es neuen Deutungen auszusetzen. Und Historiker «vergessen», was sie nicht für aufbewahrenswert halten, ihr Beitrag zur Stabilisierung des kulturellen Gedächtnisses ist in pluralistischen Gesellschaften, die verordneter Geschichte nicht bedürfen, deshalb gering.

Was soll ein Historiker, der sich der Geschichte der russischen Revolution verschrieben hat, mit den Zeugnissen aus der Vergangenheit anfangen? Er kann die Dokumente aus der Vergangenheit sammeln und archivieren, er kann sie edieren und paraphrasieren. Für Leopold von Ranke bestand der Beruf des Historikers darin, zu zeigen, «wie es eigentlich gewesen» sei.[10] Für ihn war der Historiker ein Magier, der die Menschen der Vergangenheit wiederbelebte und längst vergangene Wirklichkeiten in die Gegenwart zurückholte. Und weil die Lebensäußerungen der Vergangenheit in diesem Verständnis Abbildungen der Wirklichkeit sind, kommt es für den Historiker nur noch darauf an, diese Abbildungen darzustellen. Man wird sich indessen fragen müssen, worin diese Wirklichkeit bestehen soll, wenn sie auf solch unterschiedliche Weise angeschaut werden kann, wie es das Beispiel der Erinnerungen Trockijs und Nabokovs demonstriert.

In Wahrheit hat es der Historiker nicht mit der Vergangenheit zu tun, sondern immer nur mit ihrer Interpretation. Er kann, was er Wirklichkeit nennt, nicht von den Lebensäußerungen der vergangenen Menschen trennen. Denn es gibt keine Wirklichkeit jenseits des Bewußtseins, das sie produziert. Wir müssen uns von der Vorstellung befreien, man könne durch die Rekonstruktion der in den Dokumenten vermittelten Ereignisse erfahren, wie die russische Revolution wirklich gewesen ist. Es gibt keine Wirklichkeit ohne ihre Repräsentation. Geschichte betreiben heißt, um es mit Roger Chartier zu sagen, den Betrieb der Repräsentationen zu untersuchen.[11] «Um uns in der (historischen, sozialen oder politischen) Realität zurechtzufinden, brauchen wir Organisationsformen des Wissens, wie sie nur die Repräsentation ermöglicht.» So beschreibt der niederländische Geschichtstheoretiker Frank R. Ankersmit jene Arbeit an der Wirklichkeit, mit der Historiker und die vergangenen Menschen, die aus den Quellen zu uns sprechen, ihrem Leben eine Struktur geben und einen Sinn verleihen.[12] Wie Menschen die Umwelt, in der sie leben, verstehen, in welchen Ritualen, symbolischen Ordnungen, in welchen Sprechweisen sie ihrem Leben eine Ordnung verleihen – das ist es, was dem Historiker begegnet, wenn er sich den Dokumenten der Vergangenheit zuwendet. Er begegnet nicht der Geschichte.

Historiker sind Anthropologen des Vergangenen. Sie versuchen, jenen Menschen, die in den Texten der Vergangenheit zu uns sprechen, eine Stimme zu verleihen und sie zu verstehen. Historiker, die ihre Arbeit richtig verstehen, begreifen den Menschen als Kulturwesen, als animal symbolicum, das in selbstgesponnenen Bedeutungsnetzen gefangen ist, denen es nicht entkommt. Der Kulturphilosoph Ernst Cassirer hat in seinem Essay über den Menschen aus dem Jahre 1940 dieses Dilemma so umschrieben: «Der Mensch entkommt dieser seiner Erfindung nicht. Er kann nicht anders, als sich auf die Bedingungen seines Daseins einzustellen. Er lebt nicht mehr in einem bloß physikalischen, sondern in einem symbolischen Universum. Sprache, Mythos, Kunst und Religion sind Bestandteile dieses Universums. Sie sind die vielgestaltigen Fäden, aus denen das Symbolnetz, das Gespinst menschlicher Erfahrung gewebt ist. ... Der Mensch kann der Wirklichkeit nicht mehr unmittelbar gegenübertreten; er kann sich nicht mehr als ein direktes Gegenüber betrachten. Die physische Realität scheint in dem Maß zurückzutreten, wie die Symboltätigkeit des Menschen an Raum gewinnt. Statt mit den Dingen hat es der Mensch nur gleichsam ständig mit sich selbst zu tun. So sehr hat er sich mit sprachlichen Formen, künstlerischen Bildern, mythischen Symbolen oder religiösen Riten umgeben, daß er nichts sehen oder erkennen kann, ohne daß sich dieses artifizielle Medium zwischen ihn und die Wirklichkeit schöbe. ... ‹Nicht die Dinge verstören und beunruhigen den Menschen›, sagt Epiktet, ‹sondern seine Meinungen und Vorstellungen von den Dingen.›»[13]

Trockij sah eine andere Revolution als Nabokov sie sah. Er stellte die Ereignisse in einen marxistisch gedeuteten Zusammenhang. Für ihn zeigten sich in den Demonstrationen und Unruhen, die sich auf den Straßen Petrograds zutrugen, keine zufälligen Gewalttaten, sondern Reflexe eines geschichtlichen Entwicklungsprozesses, der sich in der Revolution zum Höhepunkt brachte. Menschen waren für ihn Werkzeuge einer Geschichte, die sich im Medium des Klassenkampfes fortbewegten. Die Revolution war nichts weiter als ein Durchgangsstadium auf dem Weg in das menschliche Paradies. Das Proletariat und seine Avantgarde, die Bolschewiki, waren die Vollstrecker des Unabänderlichen. Und um zu verstehen, was um sie herum geschah, ordneten die russischen Marxisten ihre Welt nach dem Vorbild der französischen Revolution, so wie sie in der marxistischen Geschichtsphilosophie interpretiert wurde. Sie sahen bereits eine Revolution, bevor die Revolution begann. Trockij war nicht nur ein Gefangener marxistischer Kategorien, mit denen er seine Umwelt auf den Begriff brachte. Er kam vom Rand der zarischen Gesellschaft: als Jude, als Revolutionär und als Häftling. Das waren Erfahrungen, die seine Sicht auf die Welt ebenso prägten wie sein marxistisches Credo. Nabokov war der Sprößling eines alten russischen Adelsgeschlechts, sein Vater bekleidete das Amt des Justizministers unter Alexander III., seine Mutter war die Tochter eines Multimillionärs. Nabokov wuchs als adliger Kosmopolit auf: mit englischen Gouvernanten, französischen und deutschen Hauslehrern. Er war ein liberaler Jurist, der für die Ideale des europäischen Rechtsstaates in Rußland stritt. Im Zentrum seines Weltbildes standen die Autonomie des Subjekts und eine Freiheit, die im Vermögen bestand, sich einer Rechtsordnung zu unterwerfen. Trockij war Marxist, Nabokov Kantianer. So könnte man den Unterschied der Weltbilder auf den Begriff bringen. Für den einen war die Revolution der Ausbruch aus der Knechtschaft, für den anderen die Zerstörung all dessen, wofür er Zeit seines Lebens gestritten hatte. Deshalb sah der eine im Zerstörungswerk der Arbeiter einen Vollzug historischer Gesetzmäßigkeiten, während der andere darin nichts weiter erkennen konnte als die Gewalttätigkeit «stumpfsinniger» Barbaren mit «tierischen Physiognomien». Und womöglich hätte ein Arbeiter über dieses Werk der Zerstörung mit den Begriffen des Dorfes geurteilt, aus dem er kam.[14]

Das ist nicht alles, was die Arbeit des Historikers mit den Texten der Vergangenheit erschwert. Trockij und Nabokov selbst schreiben Geschichte. Sie sprechen in ihren Erinnerungen auch über jene Vergangenheit, die der Revolution vorausging, und sie ordnen das Leben der Menschen, die sie beschreiben, in das revolutionäre Geschehen ein. Es ist das Wissen um den Ausgang der Revolution, das den Erzählungen eine Perspektive verleiht, und es sind die Erfahrungen der nachrevolutionären Zeit, die das Gedächtnis beider Autoren veränderten. Die Revolution, wie sie sich Nabokov nach den Erfahrungen des Bürgerkrieges darstellte, war eine andere als jene des Jahres 1917. Die Erinnerungen, die Nabokov 1917 in sich trug, waren 1918 nicht ausgelöscht. Aber sie veränderten sich, weil sie von späteren Erinnerungen überlagert wurden. Die Erinnerung ist immer wieder eine andere. Wir können sie deshalb nicht als authentische Quelle dafür verwenden, wie die Zeitgenossen ihre Umwelt sahen.

Was kann der Historiker aber dann noch über die Revolution sagen? Ihm bleibt keine andere Wahl, als sie als einen Zusammenhang vergangener und gegenwärtiger Interpretationen zu verstehen. Denn sie kann nichts anderes sein als das, was Menschen über sie sagen. Was sich uns in den Quellen also zu erkennen gibt, ist nicht die Revolution, sondern ihre Deutung. Historische Wissenschaft ist Symboldeutung, nicht Tatsachensammlung.

Sozialwissenschaftler, die auf die Macht der Strukturen vertrauen, würden gegen eine solche Argumentation einwenden, sie übersehe die Bedeutung der physikalischen Umwelt, der Menschen ausgesetzt sind. Menschen leben nicht bloß in einem symbolischen Universum, sie sind den Einflüssen des Klimas, der Landschaft, der Wirtschaft und der Kommunikation unterworfen, die Mitteilungen überhaupt erst ermöglichen. Eine Interpretation der Erinnerungen Trockijs und Nabokovs, die von den Wirkungen dieser Strukturen absieht, wäre also unvollständig. Und tatsächlich sind Naturkatastrophen, Hungersnöte, Währungsschwankungen oder der Zusammenbruch von Kommunikationsverbindungen Ereignisse, die das Leben von Menschen verändern. Aber für den Historiker sind sie nichts, wenn sie nicht mitgeteilt, erfahren und gedeutet werden. Uns interessiert nicht die Tatsache der Hungersnot allein, sondern die Frage, wie die betroffenen Menschen diese Hungersnot verstehen, welches Verhalten sie aus ihr entwickeln und welche Lehren sie aus ihr ziehen. Es hängt von den kulturellen Kontexten ab, wie Menschen diese Umstände wahrnehmen und für sich deuten. Und auch die Landschaft ist ohne die Menschen, die sie anschauen und auf Begriffe bringen, nichts. Der Historiker möchte kein physikalisches Ereignis in Raum und Zeit bestimmen, sondern den Sinn und die Bedeutung von Handlungen ermitteln. «Der Geschichtswissenschaft geht es nicht darum, einen früheren Zustand der physikalischen Welt zu erschließen, sie zielt auf einen früheren Zustand des menschlichen Lebens und der menschlichen Kultur.»[15]

Ranke hätte in seinen Büchern «sagen müssen, auf welcher Seite das Herz des Erzählers ist», so hat der nationalkonservative Historiker Heinrich von Treitschke einst zu bedenken gegeben. Der Historiker müsse nicht nur urteilen, er müsse verurteilen und Partei ergreifen. Aber was ist mit einer solchen Parteinahme gewonnen? Was soll man mit der Aussage eines Historikers anfangen, der uns mitteilt, die Taten nationalsozialistischer oder bolschewistischer Funktionäre seien verbrecherisch, die Revolution ein Unrecht gewesen? Sie dient der Aufrüstung des moralischen Bewußtseins, indem sie uns am Beispiel vergangener Ereignisse darüber belehrt, was richtig und was falsch ist. Nur bedarf es, um zu dieser Erkenntnis zu gelangen, des Hinweises auf die Geschichte? Wohl kaum. Historiker sind weder Ankläger noch Richter. Ob die russische Revolution ein moralisch verwerflicher Akt oder eine Notwendigkeit war, die sich aus den Zwängen der Geschichte ergab, ob Nabokovs Liberalismus Trockijs Marxismus vorzuziehen sei – das wollen wir nicht wissen. Die Geschichtswissenschaft ist kein Gericht, vor dem die Taten der Vergangenheit mit den moralischen Maßstäben der Gegenwart beurteilt werden. Sie ist ein Verfahren, das Handeln von Menschen zu deuten, zu verstehen und diesen Akt des Verstehens anderen mitzuteilen.[16] Die Geschichtswissenschaft ist ein Verfahren der Selbstverortung des Menschen. Sie gibt keine Antwort auf die Frage, wie wir leben sollen. Sie belehrt uns nur darüber, was wir getan haben. «Ihr

Mitteilungssinn schweigt zum Sinn unseres gegenwärtigen und zukünftigen Handelns.» So hat Herbert Schnädelbach zu bedenken gegeben.[17]

Die Geschichte ist eine Wissenschaft, die den Horizont der Gegenwart erweitert, sie ist ein Gespräch des Historikers mit sich selbst. Denn wer fremden Kontexten begegnet, lernt auch sich selbst und die Welt, aus der man kommt, besser kennen. Die Historik ist ein Organon der Selbsterkenntnis, wie es Ernst Cassirer gesagt hat. Historiker sind Anthropologen des Vergangenen, die mit Texten sprechen, und sie werden dabei vom Interesse der Gegenwart geleitet, in der sie leben. Und weil die Übersichtlichkeit und Eindeutigkeit aus dem Leben der Gegenwart verschwunden ist, weil die Pluralität von Lebensstilen und Kulturen sich jedem Beobachter mitteilt, haben sich auch die Fragen an die Vergangenheit neu gestellt. Die Anthropologisierung der Geschichte, die Rehabilitierung der Kultur und der Sprache für das Verstehen menschlichen Lebens bringt das Bedürfnis der Gegenwart nach dem Verstehen jener Uneindeutigkeit zum Ausdruck, in der wir alle leben. Das Ende der Strukturgeschichte und der Meistererzählungen vom Fortschritt und von der Modernisierung bringt das Unbehagen gegenüber einer Geschichte zum Ausdruck, die von den unterschiedlichen Erfahrungen und Möglichkeiten, die Welt anzuschauen, nichts weiß. Kurz: es gibt immer so viele Wirklichkeiten wie es Menschen gibt, die sie für sich deuten. Eine Geschichte, die vom Menschen abstrahiert, weiß auf das Verlangen der Gegenwart, menschliches Handeln in seiner kulturellen Gebundenheit zu verstehen, keine Antwort.

Es ist die Aufgabe des Historikers, der den Zeugnissen der Vergangenheit begegnet, Ordnung in das Chaos der historischen Funde zu bringen. Die Geschichte ist die Entlegitimierung, die Vernichtung der gelebten Vergangenheit. Die Geschichte ist unvernünftig, vernünftig ist höchstens deren Analyse.[18] Der Fortschritt der Geisteswissenschaften besteht also in der Verfeinerung der Fragen und Methoden, nicht in der Vermehrung von Zeugnissen aus der Vergangenheit. Der Historiker, der sich an der Deutung der Quellen versucht, ist aber selbst eine gewordene, geschichtliche Existenz, die immer schon auf das Verstehen einer Welt hin angelegt ist, einer Welt, die sprachlich erfaßt, begriffen und im Sprechen zugleich konstituiert wird. Das Geschehen selbst ist nichts weiter als die immer schon vollbrachte Überlieferung von Verhaltenszusammenhängen, die keinen Autor hat.[19] Dem Verstehen und Deuten geht also stets ein Wissen voraus. Das wiederum bedeutet, daß wir nicht hoffen dürfen, mit unserer Arbeit den Menschen der Vergangenheit als authentische Existenz wiederauferstehen zu lassen. Das Wesen dessen, was verstanden werden soll, ist in keiner Auslegung einholbar, weil jede Auslegung in ihrem Bemühen, das Vergangene zu verstehen, auch immer das Weltverständnis der Gegenwart ist. «Unüberholbar liegt dem Dasein voraus, was all sein Entwerfen ermöglicht und begrenzt», wie es Hans-Georg Gadamer in «Wahrheit und Methode» gesagt hat.[20]

Es ist das Dilemma des Historikers: daß er im Gegensatz zu Juristen und Theologen eine Wirklichkeit sucht, die hinter den Texten liegt, die sich ihm aber niemals so erschließt, wie sie der Zeitgenosse erfahren und gedeutet haben könnte. Er schreibt die Geschichte einer Epoche oder Periode, indem er Aussagen trifft, die in der Zeit, über die er schreibt, nie gemacht werden konnten. Texte, die in den Monaten der russischen Revolution entstanden, konnten erst nach den Erfahrungen der Revolution und des Bürgerkrieges in einen Wirkungszusammenhang gestellt werden, der den Zeitgenossen, die diese Texte zur Zeit ihrer Entstehung lasen oder hörten, nicht bekannt war. Dokumente werden vom Historiker eben nicht allein auf ihre Aussage hin befragt, sondern daraufhin untersucht, was durch sie hindurchspricht.[21] Und dieser Sinn ergibt sich aus der Erfahrung und dem Wissen, die wir den Texten beifügen. Um die Überlieferung zu verstehen, darf sich der Historiker nicht allein damit begnügen, Quellenkritik zu üben, wie Gadamer zu bedenken gegeben hat. «Er muß in Wahrheit die eigene Geschichtlichkeit mitdenken. In Überlieferungen stehen ... schränkt nicht die Freiheit des Erkennens ein, sondern macht sie möglich.»[22] Anders gesagt: die zeitliche und kulturelle Gebundenheit des Menschen ist als Bedingung des Lebens nicht hintergehbar. Wenn das eingesehen ist, hebt sich auch der Mangel auf, den man empfindet, wenn die Quellen kein «vollständiges Bild» vom Geschehen geben, wenn man das Verlangen verspürt, man müsse noch einmal an den Ort des Quellenfundes zurück, um «Lücken» zu füllen.

Dabei bestimmen aber auch die literarischen Formen, in die ein Historiker seine Geschichte bringt, wie diese Geschichte beschaffen ist. Über die Realität, wie sie sich uns in der Wahrnehmung zeigt, läßt sich nichts aussagen, wenn wir sie nicht auf Begriffe bringen.

Die unmittelbare Anschauung ist leer, sie hat keinen Inhalt, wie Hegel sagt. Erst wenn die sinnlichen Eindrücke durch Begriffe strukturiert und geordnet worden sind, wird eine Mitteilung über die Realität möglich.[23] Die Vielfalt der Sinneseindrücke muß, damit sie mitteilbar wird, in eine Form gebracht werden, die das Erlebnis entwertet. Die Totalität des Ereignisses ist nicht mitteilbar. So steht es auch um die Geschichten, die der Historiker erzählt. Was sich gleichzeitig ereignete, muß der Historiker in eine Abfolge stellen, er muß das Chaos des Geschehens ordnen und entscheiden, was erzählt wird und was unerzählt bleibt. Und die Anordnung der Ereignisse hängt davon ab, welche Geschichte der Historiker erzählen möchte: ein Drama oder eine Entwicklungsgeschichte, die auf einen Höhepunkt zulaufen, wie es in Trockijs Erinnerungen der Fall ist, als Niedergangsepos, wie es Nabokov erzählt, oder als Konfrontationsgeschichte. Die Entscheidung über die Dramaturgie der Geschichte ist zugleich eine Entscheidung darüber, was mitgeteilt und wie es mitgeteilt wird.[24]

Kann es unter all diesen Bedingungen, die unsere Wahrnehmung und unser Erkennen strukturieren, Wahrheit überhaupt geben? Wenn wir von religiösen Bedeutungen von Wahrheit absehen, dann bedeutet Wahrheit etwas, was unter allen Umständen richtig ist. Solch eine Wahrheit kann es offenkundig nicht geben. Ein Satz kann nur dann wahr sein, wenn ein Sachverhalt existiert, den er behauptet. Der Satz «Es regnet» ist wahr, wenn es regnet. Aber die Existenz von Sachverhalten ist an Beobachtungen gebunden und sie erweist sich als wahr, wenn andere bestätigen, was man selbst beobachtet hat. Wahrheiten beruhen auf Vereinbarungen zwischen Menschen. Die Aussage «Es regnet» repräsentiert für diejenigen eine Wahrheit, die sich mit mir an jenem Ort befinden, an dem es regnet, und die sich in meiner Sprache und der gleichen Sinnesausrüstung mit mir über die Tatsache des Regens verständigen können. Was «objektives Wissen» genannt wird, ist bei Lichte besehen nichts weiter als ein intersubjektives Wissen, das auf Hypothesen beruht. Wahrheit ist, was ich und andere für wahr halten und einander als Wahrheit bestätigen. Wer von absoluter Wahrheit spricht, sollte stets bedenken, von welchem Standpunkt aus sich dieses Postulat herschreibt und auf welchen Voraussetzungen es beruht. Der Relativismus ist nur für Objektivisten ein Problem.[25]

Nun stellen sich dem Historiker nicht nur die eigenen Voraussichten in den Weg. Sie sind mit der Frage nach der Realität und den Mitteln ihrer Erkennbarkeit konfrontiert. Ontologische Realisten glauben an die Existenz einer Welt jenseits unseres Bewußtseins und sie glauben auch, daß diese uns zugänglich sei, während Idealisten solch eine Annahme verwerfen. Für sie wäre Realität nichts weiter als eine Konstruktionsleistung des Bewußtseins. Es ist unbestritten, daß alle Aussagen darüber, welche Funktionen die Wahrnehmung hat, wie das Gehirn und die Sinnesorgane arbeiten, unsinnig wären, wenn sie nicht auf der Annahme einer Realität beruhten, in der das Gehirn existiert. Denn obwohl erkenntnistheoretisch die Realität unzugänglich ist, ist es sinnvoll, ihre Existenz zu unterstellen. Denn für die Erklärung der Phänomene in der wahrgenommenen Wirklichkeit ist die Realität unverzichtbar. Nur darf man für diese Konstruktion keine objektive Gültigkeit beanspruchen. Die Dinge in der bewußtseinsunabhängigen Welt, die uns als Phänomene begegnen, haben keine Farben und keine Gerüche, es gibt dort keine Melodien, nichts Hartes und nichts Weiches. Jede Reflexion über die objektive Realität vollzieht sich im menschlichen Denken, Sprechen und Handeln. Dort muß sie sich bewähren.

Das Unbehagen, das man dabei empfindet, hebt sich auf, wenn man erkennt, daß die Unterscheidung zwischen drinnen und draußen eine Unterscheidung ist, die in der von mir selbst erzeugten Wirklichkeit existiert. So hat der Hirnforscher Gerhard Roth in dieser Frage geurteilt. Die Gegenstände der Wahrnehmung würden vom Gehirn dem draußen zugeordnet. Nur könne dieser Prozeß von uns nicht erlebt werden, denn das reale Gehirn, das die Wirklichkeit zu seinen Bedingungen erzeugt, sei uns unzugänglich.[26] Wie können wir dann aber wissen, was das reale Gehirn ist und wie es seine Wirklichkeit erzeugt? Darauf findet Roth keine befriedigende Antwort. Sie wäre für die Frage, was ein Historiker wissen kann und wie er zu diesem Wissen gelangt, aber auch nicht von Belang.

Was in der Selbstreferentialität wissenschaftlicher Erkenntnis als Paradox erscheint, löst sich auf, wenn der Anspruch auf die Verkündung objektiver Wahrheiten aufgegeben wird. Die Wissenschaft kann nichts anderes leisten, als dem Dargestellten Plausibilität und innere Konsistenz zu verleihen. Die Wissenschaftlichkeit der Geschichte besteht darin, daß sie die Prämissen erfüllt, die sie sich selbst gesetzt hat, daß sie die erkenntnistheoretischen Voraussetzungen und die Beschaffenheit ihrer Quellen offenlegt, auf die sich ihre Interpretation bezieht. Daß es keine objektive Wirklichkeit und keinen Standpunkt gibt, von dem aus eine Sache als wahr oder richtig beurteilt werden kann, ist freilich auch ein Standpunkt, der aus der Gegenwart kommt und sich nicht ohne Begründung von selbst versteht. So wie die Autoren der Vergangenheit urteilt auch der Historiker aus seinem Weltverständnis. Er kann natürlich die Auffassung vertreten, daß das, was sich ihm darbietet, ein Ausdruck historischer Notwendigkeit, ökonomischer Strukturen oder Ideenwelten ist, die Macht über das Individuum gewinnen. Und so geschieht es auch heute noch. Diese Pluralität der Zugänge ist kein Mangel, sondern ein Vorzug, der die Geschichte auszeichnet. Wirklichkeit ist ein intersubjektiver Erfahrungsraum, in dem Menschen einander bestätigen, was sie für real halten, vergangene wie gegenwärtige Menschen. Darin liegt in Wahrheit das Wesen von Wirklichkeit: daß in der gegenseitigen Mitteilung des Erfahrenen und Gewußten Neues entsteht. Deshalb müssen wir akzeptieren, daß es mehrere Wirklichkeiten gibt, daß es darauf ankommt, wer mit wem über was und mit welchen Argumenten spricht. Wichtig ist nur, daß die Argumentation verstehbar ist, daß die selbstgesetzten Prämissen erfüllt werden, so daß ein Gespräch über die historischen Gegenstände möglich wird.

Was ist am Ende über die Geschichte noch zu sagen, was nicht uneindeutig wäre? Die Geschichte als Wissenschaft ist die Analyse der menschlichen Kultur, sie ist ein Instrument, das uns hilft, das Handeln des Menschen zu verstehen. Denn was wüßten wir denn ohne diese Auskunftsquelle über den Menschen? «Geschichtsschreibung ist nicht bloße Nacherzählung toter Fakten und Geschehnisse.» Sie ist ein «unabdingbares Werkzeug für den Aufbau des menschlichen Universums.»[27]

Zweites Kapitel

Georg Wilhelm Friedrich Hegel oder Anfang und Ende der Geschichte

Was historisches Bewußtsein genannt werden kann, ist eine Leistung der Zivilisation des 18. Jahrhunderts. Erst als dem Menschen Zeit und Ursprung zum Problem wurden, als sich ihm die Frage, woher man kam und wie man geworden war, was man war, nicht mehr von selbst erklärte, erst dann trat auch die Geschichte in sein Bewußtsein. Um zu wissen, was ist, muß man wissen, wie es werden kann. Die Chronisten des Mittelalters interessierten sich nicht für die historischen Ursprünge der menschlichen Existenz. Wo Menschen nach den Ursprüngen der Dinge fragten, die sie um sich herum wahrnahmen, beriefen sie sich auf den Mythos. Sie knüpften die Gegenwart, um sie verständlich zu machen, an eine mythische Vergangenheit und brachten Ereignisse so in eine Chronologie. Aber in diesem Versuch, den Ursprüngen auf den Grund zu gehen, kamen die Menschen der Vergangenheit in ihrer Bedeutung für das Leben der Gegenwart noch nicht vor, denn der Mythos unterscheidet nicht zwischen Vergangenheit, Gegenwart und Zukunft. Die mythische Zeit ist «ewige Zeit», sagt Ernst Cassirer, für den Mythos ist die Vergangenheit nicht vergangen, sondern gegenwärtig.[1]

Die Historisierung der Welt und der Menschen hingegen kommt aus dem Bedürfnis, das Jetzt von seinen Voraussetzungen her zu verstehen. Eine neue Welt öffnet sich dem Menschen erst, wenn er den Mythos selbst auf seine Geschichtlichkeit hin befragt, wenn er feststellt, daß das Gelesene nicht mit den «Tatsachen» übereinstimmt, derer man selbst gewiß war. Diese Erkenntnis freilich gab es auch früher schon, sie wurde als Frage schon in der antiken Philosophie aufgeworfen und von Giambattista Vico und Johann Gottfried Herder im 18. Jahrhundert ausformuliert. In Herders Philosophie zeigt sich erstmals das Bemühen, die Vergangenheit nicht nur zu erinnern, sondern auch wiederauferstehen zu lassen, durch eine «historische» Methode, der es darum ging, die verstreuten Überreste der Vergangenheit zu sammeln, zu synthetisieren und zu Neuem zu verbinden. Aber niemand hatte an der Entwicklung dieser Methode einen größeren Anteil als Georg Wilhelm Friedrich Hegel. Sein Verständnis von der Geschichte als einem Werden im Bewußtsein der Freiheit bestimmte die Rolle des erkennenden Subjekts auf revolutionäre Weise neu und führte damit auch die Geschichte auf neue Wege.

Der Versuch, Hegel zu verstehen, ist mit Schwierigkeiten verbunden, die Charles Taylor in seinem großen Buch über Hegel gleich zu Anfang genannt hat. Um verständlich zu machen, was Hegel sagt, können wir seine Gedanken vereinfachen und auf unsere Begriffe bringen. Dann laufen wir allerdings Gefahr, ihn uns auf eine Weise anzueignen, die das Gelesene nur entstellt wiedergibt. Wir können uns bei unserer Interpretation aber auch eng am Originaltext orientieren. Solch ein Verfahren wird gewöhnlich in die Unverständlichkeit führen, und, wie Taylor es ironisch formulierte, den Leser oder Hörer dazu bringen, daß er sich «schließlich mit Erleichterung an das Hegel-Original wenden wird, um den Kommentar zu verstehen.»[2] Hans Friedrich Fulda hat deshalb den nützlichen Rat erteilt, man solle sich mit Hegel «am besten in der unbefangen-neugierigen Gelassenheit und skeptischen Suche nach dem Wahren» beschäftigen, «die historisch gewordenen Gedanken entgegenzubringen ist.»[3] Hier geht es freilich nur um den bescheidenen Versuch, jene Facetten des Hegelschen Denkens zu synthetisieren, die für die Arbeit des Historikers von Belang sind.

Kein Philosoph ist von den Historikern so ungerecht behandelt worden wie Hegel. Er habe den preußischen Staat vergöttert, in allem das Wirken der Vernunft gesehen und die Geschichte als einen linearen Prozeß verstanden, der in seiner Gegenwart zu einem erfolgreichen Ende gekommen sei. Für den französischen Historiker Roger Chartier definiert sich die moderne Geschichtswissenschaft durch ihre Abkehr von Totalitätsansprüchen. Deshalb sei die moderne Kulturgeschichte vor allem eine «Absage an Hegel».[4] Man kann Hegel aber auch auf andere Weise verstehen: als Begründer einer «begriffenen» Geschichte, die den modernen Kulturwissenschaften nähersteht, als manche glauben.

Georg Wilhelm Friedrich Hegel wurde am 27. August 1770 in Stuttgart als Sohn eines subalternen württembergischen Beamten geboren. Er besuchte das Stuttgarter Gymnasium und wurde 1788 in das Theologische Stift in Tübingen aufgenommen. In den fünf Jahren, die er dort zubrachte, kam er mit den Ideen der französischen Revolution in Berührung, vor allem mit den Schriften Jean-Jacques Rousseaus, die ihn tiefer bewegten als die Lehren Immanuel Kants und der Popularphilosophen jener Zeit. Will man den Berichten Glauben schenken, die über Hegels Wirken als Student in Tübingen überliefert sind, so war der künftige Philosoph alles andere als ein fügsamer Streber und frommer Theologe. Sein Abschlußzeugnis aus dem Jahre 1793 charakterisierte den jungen Hegel als durchschnittlichen Studenten. Er habe das Studium der Theologie mit mäßigem Eifer betrieben, sei kein großer Redner gewesen, und in der Philosophie habe er viel Fleiß gezeigt.

Während sein Freund Friedrich Wilhelm Josef Schelling bereits im Alter von 23 Jahren zum Professor der Philosophie nach Jena berufen wird, verdingt sich Hegel als Hauslehrer in Bern und in Frankfurt am Main. Es war Schelling, der Hegel aus der Eintönigkeit des Hauslehrerdaseins befreite und ihn 1801 an die Universität zurückholte. 1805, nach seiner Habilitation und der Veröffentlichung seiner Schrift «Differenz des Fichte'schen und des Schelling'schen Systems der Philosophie», erhält Hegel an der Universität Jena eine unbesoldete, außerplanmäßige Professur. Hier entsteht auch die «Phänomenologie des Geistes», jenes gewaltige Gedankengebäude, in dem Hegel sein System der Wissenschaft entfaltet, und das uns hier vor allem interessieren soll. In Jena erlebt Hegel die napoleonischen Kriege, er ist hin- und hergerissen zwischen der Faszination für Napoleon, den er die «Weltseele zu Pferde» nennt, und den brutalen Übergriffen der Soldaten, die im Auftrag der «Weltseele» Jena verwüsten. Als die Universität geschlossen wird, verläßt Hegel die Stadt.

Hegel ist Redakteur der «Bamberger Zeitung», als 1807 die «Phänomenologie des Geistes» erscheint. Zwischen 1812 und 1816 veröffentlicht er seine monumentale «Wissenschaft der Logik», in zwei Bänden. 1816 nimmt Hegel einen Ruf an die Universität Heidelberg an, 1818 folgt er einem Ruf an die Berliner Universität. Seine Vorlesungen waren gesellschaftliche Ereignisse mit bis zu 200 Zuhörern, die von überall herkamen, sogar aus dem fernen Rußland. Den Zeitgenossen ist die Komik nicht entgangen, die darin begründet lag, daß die Stimme, durch die sich der absolute Geist zu erkennen gab, im schwäbischen Dialekt sprach. Im November 1831, im Alter von 61 Jahren, stirbt Hegel unerwartet an der Cholera. Er liegt auf dem Dorotheenstädtischen Friedhof begraben, neben Fichte, von dessen Methode, Philosophie zu betreiben, Hegel einst angeregt worden war.[5]

Nun zu Hegels Denken selbst. Womit setzte sich dieses Denken auseinander, wodurch wurde es herausgefordert? Ausgangspunkt des modernen Denkens über den Menschen ist die von der Aufklärung postulierte Autonomie des Subjekts, das sich selbst nicht mehr durch eine Beziehung zu einer göttlichen Ordnung definierte, sondern aus ihr heraustrat. Das Göttliche verschwand in dem Maße aus den Handlungen der Menschen, wie die Welt entsakralisiert wurde. Man könnte mit einem Begriff Max Webers auch sagen, daß die Aufklärung die Idee der «entzauberten Welt» propagierte. In ihr gab es Subjekte, die sich selbst bestimmten, die sich «freie», voraussetzungslose Vorstellungen von der objektiven Wirklichkeit machten und diese Wirklichkeit von der Bindung an göttliche Ordnungen befreiten. Die Welt war nicht länger eine Verkörperung von Bedeutungen. Über sie in den Begriffen der Entzauberung nachzudenken, hieß, sie zu objektivieren. Dieser Objektivitätsbegriff verwarf alle Bezüge auf letzte Gründe und Ordnungen, er gründete sich auf die Beobachtung physikalischer Vorgänge in der Außenwelt, auf Kausalitätsbeziehungen. Und sofern der Mensch sich selbst zum Gegenstand wurde, ließ sich auch die menschliche Natur objektivieren. Das Subjekt bezog sich kausal auf eine objektive Außenwelt, von der es getrennt war, die sich aber für das Subjekt zugänglich hielt. Das sich selbst bestimmende Subjekt war nicht mehr abhängig, es war frei, weil es sich selbst zum Maßstab wurde.

Es ist diese Sicht der vornehmlich französischen Aufklärung auf die Welt, das radikale Vertrauen zur menschlichen Subjektivität und Kraft, die im späten 18. Jahrhundert in die Kritik geriet. Und es war diese Kritik, die Hegel dazu inspirierte, die Subjektivität neu zu bestimmen. Im letzten Drittel des 18. Jahrhunderts hatte sich besonders Herder gegen jene Anthropologie der Aufklärung gewandt, die die menschliche Natur objektivierte, sie in Körper und Seele trennte, Vernunftbegriffe von Gefühl und Willen unterschied. Für Herder und die Dichter und Philosophen der Romantik war das menschliche Leben und das menschliche Handeln Ausdruck. Die Sprache, die Kunst und andere Ausdrucksformen, mit denen Menschen einen Sachverhalt beschreiben, sind eben kein objektiver Befund über die

Welt. Vorstellungen, die eine Bedeutung hervorbringen, sind keine Abbilder der Außenwelt, die der Mensch durch richtige Beobachtungen gewinnt. Sein und Bedeutung gehören zusammen. Man kann eine Vorstellung von der Welt nur haben, wenn man sie begriffen hat, sie ergibt sich nicht einfach aus den Reflexen der objektiven Welt, wie die romantischen Kritiker gegen die radikale Aufklärung eingewandt haben.

War dieser Einwand, den die Ausdrucksphilosophie gegen die Aufklärung erhob, eine vormoderne Umkehrung der modernen Subjektivität? Diese Auffassung wird bisweilen vertreten, aber bei Lichte besehen zeigte sich doch in dieser Wendung mehr als nur eine Rückkehr zu der aristotelischen Auffassung, das Leben des Menschen sei ein Ausdruck und als solcher die Realisierung einer Absicht. Denn der Mensch bringt sich als Subjekt und als Selbst zum Ausdruck. Anders gesagt: das menschliche Leben ist nicht nur Ausdruck und Erfüllung eines Plans und einer Idee, die unabhängig vom Subjekt existieren, die es realisiert. Das Subjekt erkennt vielmehr, daß dieser Plan einer ist, den es aus sich selbst heraus entwickelt hat.

Wie sich die Ausdrucksphilosophie dazu verhielt, das demonstrierte Herder am Beispiel der Sprache. Für die Aufklärer gab es keinen Zweifel, daß sich im vorstellenden Bewußtsein eine Sache auf eine andere bezieht. Vorstellungen entstanden auf natürliche Weise durch das freie Spiel der Assoziationen. Die Sprache diente nur dem Zweck, Ordnung in das Chaos der Assoziationen zu bringen und Herrschaft über unsere Vorstellungen zu erlangen. Worte haben darin nur die Funktion, auf Dinge zu verweisen. Herder aber wird das vorstellende Bewußtsein überhaupt zum Problem. Denn was ermöglicht es uns denn, daß wir eine konzentrierte und geordnete Vorstellung von den Dingen haben können, wenn nicht die Sprache? Also ist die Sprache mehr als ein bloßes System von Zeichen, das auf die Dinge in der Außenwelt verweist. Sie ist vielmehr Träger einer Bewußtseinsform, sie ist das Begreifen der Dinge selbst. Worte sind eben nicht nur Verweise, sie sind selbst Ausdruck des Bewußtseins, Schöpfer der Dinge und bestimmen darüber, welcher Art dieses Bewußtsein ist. Denken ist also kein körperloses Element, es kann nur in einem Medium existieren, durch das es zum Ausdruck gebracht wird. So stellte sich auch die Frage nach der Autonomie des Subjekts und seinen Möglichkeiten, die Welt anzuschauen, völlig neu.

Während die Aufklärung ihr Programm als Freiheit der menschlichen Selbstbestimmung verstand, sahen die Romantiker darin eine mechanistische Reduktion des menschlichen Lebens. Denn die Aufklärer hatten die Freiheit des Subjekts durch die Objektivierung der Natur und, sofern wir uns selbst Objekt sind, durch die Objektivierung der eigenen Natur gewonnen und damit das Subjekt und seine Außenwelt voneinander getrennt. Der Mensch war zu einer voraussetzungslosen Kreatur ohne Empfindungen, Neigungen und Wünsche geworden. Die Aufklärung hatte eine Konzeption der Natur als einer Anordnung objektivierbarer Fakten entworfen, mit der der menschliche Verstand umzugehen hatte. Die Natur sollte als harmonisches Ganzes ein Modell für den Menschen sein, aber der Mensch blieb von der Natur getrennt, die ihn bestimmte. Solch eine Vorstellung war für Herder und seine romantischen Nachfolger eine Zerstörung der menschlichen Lebenseinheit. Für die Aufklärer zeigte sich in der objektivierten Welt, daß das Subjekt Herr seiner selbst war, für die Romantiker war sie eine Verneinung des Subjekts und seines Selbstausdrucks. Die Romantiker strebten nach der Einheit des Subjekts, nach der Überwindung jener Dichotomie zwischen Seele und Körper, Vernunft und Empfinden, Verlangen und Überlegung, die sich aus der Objektivierung der menschlichen Natur ergeben habe. Der Mensch könne nicht von sich selbst abstrahieren und bei der Selbsterkenntnis von der Natur absehen, dessen Teil er war. So könnte man den Einwand gegen das Weltbild der Aufklärung auch formulieren. Die Bedeutung dieser frühen romantischen Ausdruckstheorien, wie wir sie bei Herder und Rousseau finden, bestand für die Philosophie Hegels in der Aufhebung des Gegensatzes von Körper und Seele, Geist und Natur. Es ist die Zurückweisung der Idee, die Realität sei körperlos, die auch Hegel beeindruckt und die er später aufgreift.

Und auch die Idee der Freiheit verändert sich unter dem Eindruck der romantischen Kritik an der Aufklärung. Die Aufklärung hatte Freiheit als Unabhängigkeit des sich selbst bestimmenden Subjekts gegenüber äußeren Mächten wie dem Staat oder der Religion definiert. Die Romantik sieht in der Freiheit einen authentischen Selbstausdruck des Menschen. Freiheit ist nicht, sich von Mächten zu befreien, sondern sich zu solchen Mächten zu bekennen, deren Teil man ist und sein möchte. Freiheit ist Harmonie. Und das kann auch gar nicht anders sein, wenn gelten soll, daß im Menschen die Natur durch Denken und Willen spricht. Um es mit Herder zu sagen: Der Mensch ist Auszug und Verwalter der Schöpfung, er ist «ein Sensorium seines Gottes».[6]

Aber es gab auch aus den Reihen der Aufklärer selbst Kritik an jener radikalen Objektivierung. Sie zeigte sich vor allem in den Schriften Immanuel Kants, die Anstoß an der Auffassung nahmen, daß der Mensch als der andere Teil der objektivierten Natur zu verstehen sei. Denn dann müßte seine Motivation stets kausal erklärbar sein. Solch eine Ansicht aber war mit dem Postulat, frei sei nur einer, der sich durch eigenen Wunsch motivierte, nicht vereinbar. Freiheit mußte bedeuten, sich gegen jede Neigung entscheiden zu können. Die Forderung nach einem radikal freien moralischen Subjekt ist eines der Hauptmotive der Kantischen Philosophie, und sie ergibt sich aus seiner transzendentalen Neubestimmung des Subjekts.

Der transzendentale Beweis versucht, von den Erfahrungen, die ein Subjekt macht, etwas über das Subjekt der Erfahrung selbst zu sagen, ein Verfahren, wie es später auch Hegel in seiner «Phänomenologie des Geistes» anwendet. Wie müssen wir als Subjekte beschaffen sein, damit wir Erfahrungen machen können? Es kommt also darauf an, Aussagen über das Subjekt zu machen, die nicht in den wahrgenommenen Objekten liegen. David Hume hatte das Subjekt nur als «Bündel von Wahrnehmungen» verstanden. Für Kant konstituiert sich das Subjekt durch Wahrnehmung des Selbst und der äußeren Welt zugleich. Zwar wird das Bewußtsein von den Dingen in der Außenwelt affiziert, wie Kant sagt, aber es gewinnt keinen unmittelbaren Zugang zu den Dingen. Es sind die vor aller Erfahrung liegenden Kategorien von Raum und Zeit und die reinen Verstandesbegriffe, die unsere Wahrnehmungen filtern. Wenngleich die Außenwelt unabhängig von uns existiert, haben wir nur einen vermittelten Zugang zu ihr. Dehalb ist für Kant die Erfahrung kein Widerschein der objektiven Realität. Die Realität erhält ihre Struktur durch das Subjekt selbst, das sie seinen Kategorien einfügte. Sie nimmt die Gestalt an, die wir ihr geben, und deshalb ist eine Aussage über die Beschaffenheit der Dinge-an-sich, so wie sie jenseits des Bewußtseins existieren, unmöglich. Wir werden von den äußeren Dingen in unserer Wahrnehmung beeinflußt, unsere Anschauungen von ihnen geformt, aber wir werden das wahre Wesen dieser Dinge niemals erfahren.[7]

Es war diese Behauptung Kants, die die Trennung von Bewußtsein und Natur auf andere Weise fortschrieb, die seine Nachfolger zutiefst verstörte. Die Hoffnung der romantischen Philosophie bestand darin, Freiheit und Ausdruck, Subjekt und Natur miteinander zu vereinen. Darin sah der philosophische Idealismus an der Wende vom 18. zum 19. Jahrhundert seine eigentliche Aufgabe. Johann Gottlieb Fichte verwarf in seinem System der Wissenschaftslehre die Kantische Kategorie des «Ding-an-sich». Für ihn war die Subjektivität das Maß aller Dinge. Es war das denkende Subjekt, das die Realität überhaupt erst hervorbrachte und dann für sich objektivierte. Eine Realität, die unabhängig vom Subjekt bestand, konnte es deshalb nicht geben. Das Ich braucht die Welt nicht zu seiner eigenen Existenz. Nur hatte Fichte den Widerspruch zwischen radikaler Autonomie und Einheit des Ausdrucks nicht überwunden, weil sich die Setzung der Wirklichkeitsobjekte des Subjekts stets neu gegen die Widerstände der Einbildung durchsetzen mußte. Es kam zu keiner endgültigen Versöhnung zwischen der erkannten und der wirklichen Welt.[8]

Hegels Denken wurde nicht zuletzt durch die Diskussionen der Tübinger Theologen und Philosophen über die Konsequenzen der Kantischen Philosophie angeregt. Kants Erkenntnistheorie müsse als «Grundlegung aus dem Ich» fortentwickelt werden, so hatte es Immanuel Carl Dietz 1791 bereits gefordert. Aus diesem spezifischen Tübinger Kontext ging der «spekulative Idealismus» hervor, der mit dem Namen Hegels verbunden ist.[9] Hegels Versuch ging über die bloße Versöhnung von Subjekt und Außenwelt hinaus. Und es war auch nicht allein der Versuch, den Ausdruck gegenüber dem Verstand zu rehabilitieren. Wenn Hegel vom Geist als dem Absoluten spricht, dessen Ausdruck das menschliche Leben ist, dann versteht er darunter nicht die Wiederbelebung Gottes und die Einbindung des menschlichen Lebens in eine göttliche Ordnung. Hegels Geist besteht im Unterschied zum christlichen Gott nicht unabhängig von der menschlichen Existenz. Er ist Geist nur, insofern er durch den Menschen Geist sein kann. Als Wille und Verstand sind Menschen Vehikel der geistigen Existenz Gottes. Dennoch läßt sich der Geist nicht auf den Menschen zurückführen, denn er ist die geistige Realität, die dem Universum zugrundeliegt und sich im Menschen verwirklicht. Der Mensch kommt zu sich selbst und wird frei, wenn er sich als Ausdruck und Werkzeug dieses Geistes begreift. Es ist diese Voraussetzung, ohne die das Werk Hegels nicht verständlich wird. In der «Phänomenologie des Geistes» entwickelt er jenes Verfahren der Selbsterkenntnis, in dem nicht nur dargestellt wird, wie der Geist im Menschen zu sich selbst kommt, sondern auch wie der Mensch Wissen über sich und den Geist, dessen Ausdruck er ist, erlangt.

Nun wird heute niemand mehr die Voraussetzung des Hegelschen Systems teilen: daß nämlich der Natur eine geistige Realität, ein kosmisches Subjekt zugrunde liegt, auf das sich der Mensch beziehen und als Teil dessen er sich selbst erfahren und wiederfinden kann. Aber die in seinem System verkörperten Hoffnungen auf Einheit des Ausdrucks und Autonomie haben sich mit dem Tode Hegels nicht erledigt. Die romantische Rebellion des modernen Menschen setzt sich bis in die heutige Zeit fort, wenngleich sich ihre Formen ständig ändern. Hegels Leistung war es, die Vereinigung des scheinbar Unvereinbaren zu fordern: die Identität der Identität und der Nicht-Identität, d. h. die Einheit des einen Lebensprozesses und die im rationalen Bewußtsein implizierte Trennung zwischen Subjekt und Objekt. Es ist diese Idee, die das Hegelsche System aus der romantischen Philosophie heraushebt und tiefe Spuren im modernen Denken über das Subjekt hinterlassen hat.

Worum geht es in der Phänomenologie des Geistes, diesem schwierigen und dunklen Werk, das in einer Sprache geschrieben ist, die zwar ohne Fremdwörter auskommt, dessen Worte aber in einer solchen Anordnung stehen, daß die Sätze, die sie konstituieren, nur schwer verständlich sind? Hegel möchte die Abhängigkeit aller Elemente der Wirklichkeit von einem Absoluten zeigen. Das Absolute nennt Hegel «Geist», es verwirklicht sich durch Selbsterkenntnis im Menschen. Hegels Versuch heißt «Phänomenologie des Geistes», weil er beschreibt, wie die Dinge in unserem Bewußtsein erscheinen und wie die Formen des Bewußtseins selbst beschaffen sind. Die Phänomenologie ist ein Weg zur Erlangung absoluten Wissens des Bewußtseins über sich selbst. Auf diesem Weg soll das natürliche Bewußtsein, das endlich ist und der Welt als ein Anderes gegenübersteht, auf eine höhere Ebene hinaufsteigen, von der aus es sich selbst als Vermittler des Geistes erkennt. Hegels «Phänomenologie des Geistes» zeigt also, wie das Bewußtsein zum Selbstbewußtsein wird, wie es Wissen von sich selbst und seinen Voraussetzungen erlangt. Es ist diese Operation, die für unser Denken über die Möglichkeiten und Grenzen der Anschauung von Bedeutung ist.[10] Mit welcher Methode bringt sich das natürliche Bewußtsein auf die Höhe des Selbstbewußtseins?

Hegel fordert die Selbstüberprüfung des natürlichen Bewußtseins, das unter den Widersprüchen, die sich aus dieser Prüfung ergeben, zusammenbrechen und sich so auf eine neue Ebene des Wissens heben soll. Was ist, ist von anderem unterschieden. Nur dadurch, daß sie sich unterscheidet, ist eine Sache auch. Mit dieser Erkenntnis befinde ich mich bereits in einer Bewegung, die das Denken voranbringt. Das Bewußtsein unterscheidet etwas von sich, indem es etwas benennt. Hegel nennt diese Operation Dialektik. Sie funktioniert auf folgende Weise: Wir sehen einen Tisch, er existiert unabhängig von mir und meiner Erkenntnis. Sein Wesen und seine Wahrheit ist in ihm verborgen. Der Tisch hat ein «An-sich-Sein», um es in Hegels Terminologie zu sagen. Aber der Tisch bezieht sich auch auf mein Bewußtsein, wenn ich ihn anschaue, er erscheint mir. Dieses Sein nennt Hegel «Für-ein-anderes-Sein» eines Gegenstandes. Es ist die Verneinung des «An-sich-Seins». Aber diese Erscheinung wird dadurch verneint, daß sich das Bewußtsein die Erscheinung aneignet und auf Begriffe bringt. Das «An-sich-sein», das «Für-Anderes-Sein», Wesen und Erscheinung, werden in meinem Wissen zusammengebracht, der Gegenstand wird somit zu einem anderen. Der Begriff des Tisches ist zweifellos etwas anderes als das, was auf vier Beinen im Raum steht.

Aber auch das Bewußtsein hat sich in dieser Operation verändert. Nur ist die Einheit von Subjekt und Objekt, zwischen dem Gegenstand und dem Wissen von ihm, damit noch nicht erreicht. Durch die Konfrontation der Erfahrungen mit den Begriffen kommt das Denken des Menschen voran, es begibt sich in eine Bewegung, die Hegel Fortschritt nennt. Wir versuchen die Unangemessenheit einer Formel dadurch zu zeigen, daß wir sie zu verwirklichen suchen, indem wir eine Wirklichkeit aufbauen, die sich ihr fügt. Die Maßstäbe für die Gültigkeit unseres Wissens können nicht von außen kommen, sondern es sind die eigenen Begriffe von Wahrheit, die diesen Maßstab setzen. Um es in den Worten Hegels zu sagen:

«An dem also, was das Bewußtsein innerhalb seiner für das *Ansich* oder das *Wahre* erklärt, haben wir den Maßstab, den es selbst aufstellt, sein Wissen daran zu messen. ... Das wesentliche aber ist, dies für die ganze Untersuchung festzuhalten, daß diese beiden Momente, *Begriff* und *Gegenstand*, *für ein anderes* und *an sich selbst* sein, in das Wissen, das wir untersuchen, selbst fallen, und hiermit wir nicht nötig haben, Maßstäbe mitzubringen, und unsere Einfälle und Gedanken bei der Untersuchung zu applicieren ... Denn das Bewußtsein ist einerseits Bewußtsein des Gegenstandes, andererseits Bewußtsein seiner selbst; Bewußtsein dessen, was ihm das Wahre ist, und Bewußtsein seines Wissens davon. Indem beide für dasselbe sind, ist es selbst ihre Vergleichung.»[11]

Der Mensch hat es also gleichsam nur mit sich selbst und seinen Ideen von der Wirklichkeit zu tun. Wo das Bewußtsein mit dem Widerspruch versöhnt ist und sich von der Vorstellung befreit, es sei von etwas Fremdartigem behaftet, erkennt es sich als das Selbsterkennen des Geistes. Wir werden später sehen, was das für Hegels Interpretation der Geschichte bedeutet.

Aber kehren wir zu der Frage der sinnlichen Gewißheit zurück. Denn mit ihr beginnt die «Phänomenologie des Geistes». Hegel erhebt zum Problem, was andere für evident halten: die unmittelbare Wahrnehmung des Bewußtseins. Was sich dem natürlichen Bewußtsein, das sich passiv verhält und die Außenwelt über die Sinne in sich aufnimmt, darbietet, ist, wenn es darüber nicht reflektiert, nichts weiter als die Wirklichkeit. Aber sobald das natürliche Bewußtsein eine sinnliche Erfahrung macht, wird es von der Vielfalt der Eindrücke überwältigt. Kann es eine Erkenntnis geben, die reicher wäre, als der unmittelbare sinnliche Eindruck der Außenwelt? Hegel gibt darauf folgende Antwort:

«Das Wissen, welches zuerst oder unmittelbar unser Gegenstand ist, kann kein anderes sein als dasjenige, welches selbst unmittelbares Wissen, Wissen des Unmittelbaren oder Seienden ist. Wir haben uns ebenso unmittelbar oder aufnehmend zu verhalten, also nichts an ihm, wie es sich darbietet, zu verändern und von dem Auffassen das Begreifen abzuhalten. Der konkrete Inhalt der sinnlichen Gewißheit läßt sie unmittelbar als die reichste Erkenntnis, ja als eine Erkenntnis von unendlichem Reichtum erscheinen, für welchen ebenso wohl, wenn wir im Raume und in der Zeit, als worin er sich ausbreitet, hinaus-, als wenn wir uns ein Stück aus dieser Fülle nehmen und durch Teilung in dasselbe hineingehen, keine Grenze zu finden ist. Sie erscheint außerdem als die Wahrhafteste; denn sie hat von dem Gegenstande noch nichts weggelassen, sondern ihn in seiner ganzen Vollständigkeit vor sich. Diese Gewißheit aber gibt in der Tat sich selbst für die abstrakteste und ärmste Wahrheit aus. Sie sagt von dem, was sie weiß, nur dies aus: es ist; und ihre Wahrheit enthält allein das Sein der Sache. Das Bewußtsein seinerseits ist in dieser Gewißheit nur als reines Ich; oder Ich bin darin nur als reiner Dieser und der Gegenstand ebenso nur als reines Dieses.»[12]

Hegel erschüttert diese Gewißheit sogleich, wenn er feststellt, daß es doch eine Beziehung zwischen dem Objekt und jenem gibt, der dieses Objekt sieht: Dieser als Ich und Dieser als Gegenstand. Hegel führt dafür ein Beispiel an. Ein Baum, der angeschaut wird, kann uns nicht zurufen, er sei ein Baum. Nur das Subjekt, das diesen Baum sieht, kann ihm diese Bezeichnung geben. Und auch nur derjenige, der den Baum in dem konkreten Fall sieht, kann dies sagen. Aus dem Sein des Baumes treten also der Baum und das Subjekt, das ihn wahrnimmt, heraus. Subjekt und Gegenstand sind also Vermittelte. Das Sein des Baumes braucht für seine Gewißheit das Ich. Aber das ist nicht alles, was das Bewußtsein erfährt, wenn es sich prüft. Es macht die Erfahrung, daß seine sinnliche Gewißheit nur in Raum und Zeit ist: es kann eine Sache nur als Hier und Jetzt bezeichnen. Der Baum, der am Nachmittag gesehen wird, muß nicht auch am Abend gesehen werden, und den Baum, den ich in der Landschaft sehe, sehe ich nicht in einem Hörsaal. Was in Zeit und Raum ist, verändert sich ständig, ist im Fluß und es ist vom Standpunkt des Betrachters abhängig, ob und wie es ist. Hegel findet dafür wieder eine komplizierte Formulierung:

«Auf die Frage: was ist das Jetzt? antworten wir also zum Beispiel: *das Jetzt ist die Nacht.* Um die Wahrheit dieser sinnlichen Gewißheit zu prüfen, ist ein einfacher Versuch hinreichend. Wir schreiben diese Wahrheit auf; eine Wahrheit kann durch Aufschreiben nicht verlieren; ebenso wenig dadurch, daß wir sie aufbewahren. Sehen wir jetzt, *diesen* Mittag, die aufgeschriebene Wahrheit wieder an, so werden wir sagen müssen, daß sie schal geworden ist. Das Jetzt, welches Nacht ist, wird *aufbewahrt*, d.h. es wird behandelt, für was es ausgegeben wird, als ein *Seiendes*; es erweist sich aber vielmehr als ein Nichtseiendes. Das *Jetzt* selbst erhält sich wohl, aber als ein solches, daß nicht Nacht ist; ebenso erhält es sich gegen den Tag, der es jetzt ist, als ein solches, das auch nicht Tag ist, oder als ein *Negatives* überhaupt. Dieses sich erhaltende Jetzt ist daher nicht ein unmittelbares, sondern ein vermitteltes, denn es ist als ein bleibendes und sich erhaltendes dadurch bestimmt, daß anderes, nämlich der Tag und die Nacht, nicht ist. Dabei ist eben noch so einfach als zuvor, *Jetzt*, und in dieser Einfachheit gleichgültig gegen das, was noch bei ihm herspielt; so wenig die Nacht und der Tag sein Sein ist, ebenso wohl ist es auch Tag und Nacht; es ist durch dies sein Anderssein gar nicht affiziert. Ein solches Einfaches, das durch Negation ist, weder Dieses noch Jenes, ein Nichtdieses, und ebenso gleichgültig, auch Dieses wie Jenes zu sein, nennen wir ein Allgemeines; das Allgemeine ist also in der Tat das Wahre der sinnlichen Gewißheit.»[13]

Was in Zeit und Raum ist, verändert sich stetig, was aber bleibt, ist das allgemeine «Dieses». Das «Jetzt» bleibt als Sein, es ist in uns aufgehoben, wenngleich der Lauf der Zeit es ständig widerlegt.

Hegel verwendet das «reine» Ich in einem anderen Sinn, als er in der Philosophie bislang verwendet wurde. Er begreift es als Mangel. Denn das «reine» Ich ist nichts weiter als Ausdruck seiner Sinne. Es ist scheinbar ganz bei sich, weil es den Widerspruch zwischen den Dingen, die es wahrnimmt und den Begriffen, die es von ihnen hat, nicht bemerkt. Erst wenn es seine Erfahrungen in Worte faßt, verändert sich seine Beziehung zu den Dingen. Denn es muß, was es weiß, in Worte fassen können. Menschliches Bewußtsein ist sprachliches Bewußtsein. Das Vermögen des Menschen, sich auszudrükken, ist eine Eigenschaft des Wissens selbst. Eine Erfahrung, über die nichts gesagt werden kann, liegt jenseits jenes Bewußtseins, das Wissen produziert. Aber während wir die Erfahrungen in Worte fassen, machen wir die Erfahrung, daß wir die Totalität der sinnlichen Wahrnehmung nicht auszudrücken vermögen, daß unsere Beschreibung nur eine Auswahl jener Wirklichkeit ist, die wir erfahren haben. Wir müssen uns entscheiden, über welche Eigenschaften welcher Dinge wir etwas sagen wollen. Die Totalität des Sinneseindrucks, den ich gewinne, wenn ich einen überfüllten Hörsaal betrete, ist nicht mitteilbar. Eine Aufzählung käme nie ans Ende, sie wäre chaotisch und käme doch nicht umhin, sie den Kategorien von Raum und Zeit, in denen das Bewußtsein gefangen ist, zu unterwerfen. Bewußtsein ist selektiv. Diese Erfahrung machen wir, wenn wir Erfahrungen auf Begriffe bringen müssen. Die sinnliche Gewißheit ist also nicht die reichste, sondern die ärmste Bewußtseinsform, weil sie nicht selektiv und damit zur Leere verdammt ist. Um es mit Hegel zu sagen: der gesunde Menschenverstand «ist überhaupt immer da am ärmsten, wo er am reichsten zu sein meint.»[14] Die sinnliche Gewißheit kann also kein Maßstab des Wissens sein, denn sobald wir versuchen, sie als Begriff zu verwirklichen, bricht sie zusammen. Einer Sache bewußt sein, heißt, sie als Gegenstand auf Begriffe gebracht zu haben und etwas über sie sagen zu können. Und zu diesem Zweck müssen die Gegenstände verallgemeinert werden.[15]

Für Hegel gibt es kein reines Wissen über das Besondere, kein Wissen, das nicht durch allgemeine Begriffe vermittelt ist. Das Besondere ist zum Vergehen verurteilt, es ist sterblich. Was bleibt, ist der allgemeine Begriff, durch den es vermittelt wird. Als Wesen mit sinnlicher Wahrnehmung begegnen wir mit unseren Sinnen immer wieder den besonderen Dingen, aber sobald wir sie begreifen und ausdrücken, verschwinden sie, wir können sie nur festhalten, indem wir sie den Begriffen unterordnen. Die Erfassung des Dinges ist seine Verneinung, verneinen wir diese Verneinung, dann bekommen wir das Ding als Begriffenes und auf Begriffe Gebrachtes zurück. Hegel erläutert dieses Problem am Begriff des Jetzt, der die sinnliche Gewißheit der Gegenwart nicht wiedergibt, sondern sie bezeichnet, wenn sie vorüber ist. Wenn wir aber den Begriff «Tag» oder «Heute» verwenden, dann ist die Gegenwart wiedergewonnen. Das «Jetzt» ist jetzt in einem größeren «Jetzt» aufgehoben, es hat seine Existenz gerettet, aber es ist durch den Begriff zu etwas anderem geworden. So verhält es sich auch mit den Gegenständen. Wir können auf sie deuten, aber damit ist nichts gewonnen. Wenn wir auf einen Tisch deuten und ihn dann auf den Begriff «Tisch» bringen, haben wir den Gegenstand verallgemeinert, denn der «Tisch» – als möglicher Ecktisch, Eßtisch, Schreibtisch – ist durch seine Bezeichnung ein anderer geworden. Die Sprache kann die sinnliche Gewißheit nicht ausdrücken. Wir können das Besondere nur erhalten, wenn wir es dem Allgemeinen unterordnen. Wer spricht, verallgemeinert. Das Besondere ist ein Vermittler des Begriffs und nicht umgekehrt. In Hegels Sprache hört sich das komplizierter an, als es in Wahrheit ist:

«Als ein Allgemeines *sprechen* wir auch das Sinnliche *aus*; was wir sagen ist: *Dieses*, d. h. das allgemeine Diese, oder: *es ist*; d. h. das Sein *überhaupt*. Wir *stellen* uns dabei freilich nicht das allgemeine Diese oder das Sein überhaupt *vor*, aber wir *sprechen* das Allgemeine *aus*; oder wir sprechen schlechthin nicht, wie wir es in dieser sinnlichen Gewißheit *meinen*. Die Sprache aber ist, wie wir sehen, das Wahrhaftere; in ihr widerlegen wir selbst unmittelbar unsere *Meinung*, und da das Allgemeine das Wahre der sinnlichen Erfahrung ist und die Sprache nur dieses Wahre ausdrückt, so ist es gar nicht möglich, daß wir ein sinnliches Sein, das wir *meinen*, je sagen können.»[16]

Wir haben bei dieser Operation die Erfahrung gemacht, daß die Strukturen des Objekts und des Subjekts identisch sind, daß die Vorstellung, jenseits des Bewußtseins hielten sich Objekte auf, die uns fremd sind, aufgegeben werden muß. Unser Bewußtsein ist nicht das Bewußtsein einer fremden Wirklichkeit, es ist «Bewußtsein seiner selbst in seinem Anderssein», wie Hegel selbst sagt. Das Bewußtsein erkennt die Außenwelt als etwas von sich Verschiedenes. Dann bringt es sie auf Begriffe und macht dabei die Erfahrung, daß es die Gegenstände der Erfahrung verändert, daß es sie überhaupt erst hervorbringt und daß diese Gegenstände nur dadurch sind, daß sie begriffen werden. Der Gegenstand hat die Struktur unseres Bewußtseins. Er wird darin aufgehoben, in jener dreifachen Bedeutung, die mit der deutschen Sprache ausgedrückt werden kann: 1. er verschwindet, 2. er wird sodann aufbewahrt in den Begriffen, die sich das Bewußtsein von den Dingen macht, und 3. er wird auf eine neue Stufe gehoben. Dabei hebt das Bewußtsein den Unterschied zwischen sich und dem Gegenstand auf, es erkennt, daß sich in ihm der Geist zur Selbsterkenntnis bringt. Es wird zum Selbstbewußtsein und erkennt in dieser Einsicht seine Freiheit. Das Selbstbewußtsein hat es nicht mit etwas Fremdem zu tun, sondern in seinem Wissen von etwas immer nur mit sich selbst, d. h. wer einen Baum untersucht, hat keine Beziehung zum Baum, sondern zu den Begriffen, die sich das Bewußtsein von ihm macht. Bewußtsein ist Selbstbewußtsein.[17]

«Mit dem Selbstbewußtsein sind wir also nun in das einheimische Reich der Wahrheit eingetreten», wie Hegel sagt. Das Selbstbewußtsein ist aber auf das Andere bezogen. Das Ich ist ein Wesen, das sein Anderes beinhaltet und ohne es nicht sein kann. Es kommt im Anderen zum Selbstbewußtsein. Das Subjekt ist auf das Überwinden einer bewußtseinsunabhängigen Realität hin angelegt, es bringt sich aus diesem Widerspruch, den es selbst erzeugt, stets wieder hervor. Es braucht die äußeren Dinge, um sich an ihnen zu bewähren. Der Mensch ist ein begehrendes Wesen, und indem er verzehrt, was er begehrt, überwindet er die fremde Wirklichkeit und gewinnt Integrität und Harmonie.[18] Das Subjekt ist also von der äußeren Wirklichkeit abhängig. Damit es sich wohlfühlt, muß die äußere Wirklichkeit es widerspiegeln, d. h. es konstruiert sich diese Wirklichkeit, damit es sich in ihr wiederfinden kann. Es sind die Begriffe, mit denen es sich diese Wirklichkeit unterwirft, mit denen es diese fremde Wirklichkeit vernichtet, sie in sich aufnimmt und verändert. Und in dieser sich unablässig fortsetzenden Tätigkeit des Bewußtseins verändert sich das Leben.

Hegel selbst drückt das so aus:

«Das Bewußtsein hat erst in dem Selbstbewußtsein, als dem Begriff des Geistes, seinen Wendungspunkt, aus dem es aus dem farbigen Scheine des sinnlichen Diesseits und aus der leeren Nacht des übersinnlichen Jenseits in den geistigen Tag der Gegenwart einschreitet.»[19]

Das Wissen soll aber nicht im Wissen bleiben, sondern es soll sich auch zum Leben verhalten. Es ist als Selbstbewußtsein nur als Anerkanntes. Als solches ist es ein Bewußtsein, das von sich im Anderen weiß. Es ist nur, weil es andere Menschen gibt, in denen es sich zur Anerkennung bringt. Das Ich schaut im Anderen sich selbst an. Im Abschnitt über «Herr und Knecht», der nicht zuletzt das marxistische Denken über die Gesellschaft angeregt hat, zeigt Hegel, wie Menschen um Anerkennung streiten und sich darin zu neuen Einsichten bringen. Im Kampf um Anerkennung soll der Andere gezwungen werden, das Bild, das man von sich selbst hat, zu seinem Bild zu machen. Dabei setzen Menschen potentiell ihr Leben aufs Spiel, und darin zeigt sich, daß ihnen ihr Selbstbewußtsein die eigentliche Realität ist. In der Furcht vor dem Tod aber erkennt das Selbstbewußtsein, daß es sich auslöscht, wenn es den Tod akzeptiert. Der Tod wäre das Ende des Strebens nach Anerkennung im Anderen. Deshalb kommt es zur Unterwerfung. Sie begründet das Verhältnis zwischen Herr und Knecht.

Im Verhältnis von Herr und Knecht zeigt sich noch ein verdorbenes Verhältnis, ein Verhältnis zwischen Menschen mit beschränktem Gesichtskreis. Sie wissen noch nicht um ihre Verbindung mit dem Allgemeinen, denn der Herr sucht Anerkennung darin, daß er sich den Knecht unterwirft und ihn zwingt, ihn als Herrn anzuerkennen. Der Knecht ist nur für den Herrn, er ist nicht bei sich, die Herrschaft ist in ihm verkörpert. Aber es gehört zum Wesen des Verhältnisses zwischen Herr und Knecht, daß diese Unterwerfung verleugnet wird. Was der Knecht für den Herrn leistet, das wird dem Knecht als seine eigene Leistung zurückgespiegelt, wenngleich er sich in ihr nur selbst abrichtet. Der Knecht erkennt sich als Unterworfener, wenn ihm zu Bewußtsein kommt, daß der Herr sich in ihm zum Ausdruck bringt. Er erlangt Herrschaft über sich selbst. Nur bleibt der Knecht unglücklich, weil seine Selbsterkenntnis der fortgesetzten Unterwerfung widerspricht. Und auch der Herr erkennt, daß der Knecht sein Wissen von sich selbst ist, ohne daß er nicht lebensfähig wäre. Aber die Herrschaft wird dabei selbst als

Knechtschaft erfahren, weil ihr die für seine Freiheit unabdingbare freie Anerkennung fehlt.

Es ist die schmerzliche Erfahrung des Objektverlustes und der angsterfüllten Vergänglichkeit, die Herr und Knecht dazu zwingen, über sich selbst zu reflektieren. Sie verwandeln sich in allgemeine Wesen, wenn sie ihre Verbindung mit dem Geist erkennen. Anders gesagt: wir erkennen den Geist, der durch uns spricht, nur im Dialog mit den Anderen. Das Selbst und der Andere sind in jedem Menschen als Prinzipien des Ich vorhanden. Ohne den Anderen, der das Ich herausfordert und in Anerkennungskonflikte verwickelt, könnte es keine Geschichte geben. Der Mensch wäre nichts weiter als ein unproduktiver Bestandteil der biologischen Natur.[20]

Was sich im Ich als Kampf um Anerkennung vollzieht, hat eine Entsprechung in der Außenwelt. Denn die menschliche Natur ist ein Ausdruck der geistigen Verhältnisse, in denen sie über sich und die Anderen nachsinnt. Auf einer bestimmten Entwicklungsstufe ermöglichen die Umstände es den Menschen, sich der Versöhnung mit sich selbst näherzubringen. Was also der Mensch erreicht, ist das Bewußtsein seiner selbst als freier Gedanke. Er erkennt die Macht, die Dinge zu verändern, sie seinen Vorstellungen zu unterwerfen. Er sieht in der Welt der von ihm selbst geschaffenen Gegenstände die Reflexion seiner selbst als ein allgemeines, denkendes Wesen. Am Ende lernt er, die Welt der materiellen Wirklichkeit und sich selbst als geistige Wesen zu betrachten, wenn er versucht, die äußere Wirklichkeit seinem Ich hinzuzufügen. Dabei nimmt sich das Bewußtsein des Einzelnen als Widerspruch zum Unveränderbaren wahr, es kann nicht anders, als ein einzelnes Individuum zu sein, und deshalb kann die Einheit mit dem Unveränderlichen nicht gelingen.

Das unglückliche Bewußtsein hebt sich auf, wenn die Menschen erkennen, daß die Vernunft der Grund ihrer Wirklichkeit ist. Sie wissen jetzt, daß ihr Denken nicht nur eine höhere Wirklichkeit besitzt als die äußeren Dinge, sondern daß das rationale Denken überhaupt den Lauf der Dinge bestimmt. Als rationale Wesen erkennen sie sich folglich in der Wirklichkeit und vertrauen darauf, daß sich ihr Denken und Handeln im Einklang mit der rationalen Grundlage des Universums befindet. Sie erkennen, daß die Vernunft als das Prinzip ihres Denkens die gesamte Wirklichkeit bestimmt. «Die Vernunft ist die Gewißheit des Bewußtseins, alle Realität zu sein.»[21]

Diesen Prozeß der Bewußtwerdung nennt Hegel «Geschichte». Die Geschichte ist der Fortgang des Weltgeistes im menschlichen Bewußtsein von der Freiheit.

Hegels Vorstellungen von der Gesellschaft und ihrem geschichtlichen Werden sind von seinen erkenntnistheoretischen Prämissen nicht zu trennen. Für Hegel und seine philosophischen Mitstreiter stellte sich das Problem, die moralischen Autonomiebestrebungen mit der Wiedergewinnung der Gemeinschaft zu vereinen, deren Ausdruck sie waren. Anders gesagt: wie ließ sich das Postulat, der Mensch sei frei und ungebunden, mit der Tatsache in Übereinstimmung bringen, daß er zugleich Teil einer Gemeinschaft war, deren Kultur er ausdrückte? Hegel hatte dieses Problem in seiner Erkenntnistheorie für sich bereits gelöst, indem er das Selbstbewußtsein als Wissen des Geistes von sich selbst definiert hatte. Er erklärt in seinen Schriften zur Politik und zur Geschichte auch nicht weiter, woher diese Übereinstimmung zwischen Freiheit und Ausdruck des Geistes kommt. Er setzt sie voraus. Die Philosophie der Weltgeschichte ist deshalb nichts weiter als eine Beschreibung jenes Prozesses, in dem der objektive Geist – so nennt Hegel den Ausdruck staatlicher und gesellschaftlicher Ordnungen in menschlichen Gemeinschaften – zu sich kommt. Hegels Frage lautet: wie muß eine Lebensform beschaffen sein, damit der Mensch ein Vermittler des Geistes, der sein Leben bestimmt, werden kann? Die Antwort lautet: der Mensch muß aus seiner Vereinzelung herausgetreten sein und sich als Teil der Gesellschaft betrachten, in der er lebt. Die höchste Abstraktion auf diesem Weg zur Verallgemeinerung ist für Hegel der Staat. Er ist der Ausdruck des allgemeinen Lebens. «Es ist der Gang Gottes in der Welt, daß der Staat ist», so Hegel.[22] Damit der Staat die Verkörperung des Allgemeinen sein kann, muß er sich auf ein rationales Niveau bringen. Er muß auf Vernunft beruhen. Solch einen Staat schien es ursprünglich aber nicht gegeben zu haben.

Wie aber soll ein Staat beschaffen sein, der vernünftig ist? Was ist für Hegel Vernunft? Vernunft ist die Macht, die Struktur, durch die wir die Dinge so sehen, wie sie sind: als Ideen. Wer vernünftig handelt, handelt in Übereinstimmung mit dieser Macht, er entspricht der Ordnung, der er gehört. Der Mensch kann nur er selbst sein, wenn er mit dieser umfassenden Ordnung verbunden ist. Hier zeigt sich noch einmal das romantische Verlangen nach Aufhebung des

Gegensatzes von Freiheit und Gebundenheit. Der Mensch ist frei, wenn er erkennt, daß er einer Ordnung gehört, die ihm entspricht. Er erreicht seine Identität, wenn er sich als Vermittler des Geistes erkennt, denn wenn die Substanz des menschlichen Willens das Denken oder die Vernunft ist, und wenn der Wille nur frei ist, wenn er diesem Denken folgt, dann zeigt sich darin die Kraft des absoluten Geistes. Diese Auffassung ist es, die Hegels Philosophie von der Autonomietheorie Kants unterscheidet. Denn, so Hegel, wenn Freiheit darin bestehen soll, gegen seine Neigungen, gegen Begierden und Autorität zu handeln, die den Willen bestimmen, dann ist Freiheit unvereinbar mit rationalem Handeln. Ein Handeln aus solcher Freiheit wäre abstrakt und ohne Inhalt; es wäre ein Handeln, das nicht in Gründen ruht. Kurz: Hegel nimmt Anstoß an einem Freiheitsbegriff, der sich von den Bedingungen löst, die ihn ermöglichen und in denen er ruht.

Und man wird Hegel in dieser Kritik auch zustimmen können. Worin wir ihm nicht zustimmen müssen, ist seine Auffassung, es sei der Wille des Geistes, jene differenzierte Welt von Begriffen und Ideen hervorzubringen, mit denen es der Mensch zu tun hat und die der menschlichen Freiheit einen Gegenstand verleihen. Wenn wir das Argument verändern und sagen, daß es die vom Menschen selbst geschaffenen Begriffswelten sind, die Macht über ihn gewinnen und aus der er die jeweils letzten Gründe seiner Freiheit bezieht, können wir es jedoch für uns fruchtbar machen. Die Menschen müssen sich auf die Umwelt, in der sie leben, beziehen. In diesem Sinn geht Hegel über das atomistische Freiheitsverständnis des Liberalismus hinaus, das für frei hält, was das Individuum als autonomes Subjekt sich selbst zum Ziel setzt. Sofern wir vom Postulat des absoluten Geistes absehen, ist in diesem Verständnis des gesellschaftlichen Seins eine Wahrheit verborgen, von der die klassische Aufklärung nichts weiß: daß es die selbst hergestellten Begriffswelten sind, die uns uneinholbar vorausliegen und denen wir entsprechen oder die wir herausfordern können. Aber diese Bindung des Menschen ruht nicht in göttlichen Ordnungen, die sich jenseits des menschlichen Bewußtseins befinden. Sie kommt aus der Autonomie des Subjekts, das die Ordnung als eine begreift, die ihm entspricht und die durch ihn hindurchspricht. Von Gesetzen beherrscht zu werden, die in einem selbst entstanden sind, heißt frei zu sein.

Für Hegel bestehen, im Unterschied zu Kant, moralische Grundsätze nicht jenseits der Gesellschaft, auf die sie angewendet werden. Sie konstituieren sich im Gegenteil in ihrer Mitte, als «sittliche Mächte», die sodann Gewalt über den Menschen erlangen und in ihm hervorbringen, was bereits besteht. Die Sittlichkeit ist ein Ausdruck der Gesellschaft, nicht des Individuums allein. Die Gesellschaft ist also nicht ein Ort frei gewählter Pflichten, sie ist nicht die Summe der Individuen, sondern Ausdruck des Geistes, der durch das Individuum spricht. Das ist mit Hegels Satz gemeint: «Die Individualitäten also verschwinden für uns und gelten uns nur als diejenigen, die das in Wirklichkeit setzen, was der Volksgeist will.»[23]

Deshalb ist auch der Staat nicht bloß ein Instrument des Individuums, das seine Zwecke durch ihn verfolgt. Er ist selbst Zweck, und die Individuen sind seine Werkzeuge. Und weil Staat und Individuen nicht auseinandertreten, sondern eine organische Einheit bilden, sind die Individuen frei. An anderer Stelle sagt Hegel, daß die Sprache und Kultur, in der Menschen einander begegnen, umfassender sind als die Sprache eines Individuums. (Hegel versteht Sprache hier als das Ensemble der Sitten und Gebräuche, als Kultur und nicht als Akt des Sprechens). Und deshalb kann es Identität nur geben, wenn das Individuum die Kultur ergreift und am Leben dieser Kultur teilhat. Es sind die Formen, die Rituale und Konventionen, in denen wir unser Leben verstehen und interpretieren, die uns als Wesen auf eine Gemeinschaft verweisen. Uns steht nichts anderes als unsere Kultur des Verstehens zur Verfügung, eine Kultur, die es außerhalb unserer Gemeinschaft, in der wir leben, nicht gibt. Diese Kultur formt unser Leben als Individuen und unsere Erfahrungen in der Öffentlichkeit. Die Beziehung kann gestört sein, aber sie verliert auch dann nicht ihren Bezug zur Gemeinschaft. Kurz: es sind die gemeinsam verstandenen Bedeutungen, die in Ritualen und Konventionen mitgeteilt werden, die eine Gesellschaft konstituieren und Macht über die Mitglieder dieser Gesellschaft gewinnen. Hegel nennt diese Institutionen und Gebräuche, die die «Sprache» einer Gesellschaft sind, «sittliche Mächte» oder Volksgeister. Zur Beschreibung jener umfassenden Ausdrucksform, in der alle gesellschaftlichen Ausdrucksformen aufgehoben sind, verwendet Hegel auch den Begriff des «objektiven Geistes».

Was ist diese Einsicht anderes als das Verlangen der modernen Kulturgeschichte, Menschen als Produkte ihrer selbst hergestellten Symbolwelten zu verstehen? Und wenn wir von der Prämisse Hegels absehen, das Leben sei Ausdruck des im Menschen zu sich kommenden objektiven Geistes, dann ist seine Auffassung von den selbst hervorgebrachten geistigen Strukturen – die er objektiven Geist nennt und denen die Menschen nicht entkommen können – jeder liberalen, atomistischen Theorie von Freiheit weit überlegen. Die Behauptung, Hegel sei ein Apologet des preußischen Machtstaates gewesen, wird durch die Lektüre Hegels selbst widerlegt. Denn nirgendwo steht, der rationale Staat, der in seinen Institutionen und Gebräuchen ausdrücken soll, was die Bürger anerkennen, sei der preußische Staat.[24] Der rationale Staat soll vielmehr jene Harmonie zwischen Freiheit und Ausdruck hervorbringen, die mit den Griechen und der griechischen Polis für Hegel verlorengegangen ist. Das Ziel der Geschichte ist die Synthese des modernen Strebens nach Autonomie und der Vorstellung, der Mensch ruhe in einer übermenschlichen Ordnung. Wie aber kann sich diese Synthese in der Geschichte vollziehen?

Wenn der absolute Geist sich selbst im Menschen verwirklichen will, benötigt er dafür eine Gemeinschaft, die dem Individuum die Möglichkeit gibt, zu erkennen, daß es Ausdruck des Geistes ist. Diese Gemeinschaft ist geworden. Deshalb ist die Weltgeschichte nichts anderes als der Plan der Vorsehung, in der der Geist Wirklichkeit hervorbringt. Die Geschichte erreicht ihren Höhepunkt in einem Staat, der die Freiheit als Endzweck des Geistes verkörpert. Freiheit heißt, das sei noch einmal in Erinnerung gerufen, seiner eigenen Vernunft zu folgen. Zwar findet jede Entwicklung stets nur in Gemeinschaften statt, denn Veränderung kann es, wie wir gesehen haben, nur geben, wenn ich mich im Anderen zur Anerkennung bringe, aber nicht jede Gemeinschaft wird auch dem Anspruch gerecht, Staat zu sein und darin der Vernunft zu entsprechen. Der Lauf der Geschichte muß, wenn wir Hegel beim Wort nehmen wollen, als Abfolge von Gemeinschaftstypen verstanden werden, die zunächst unvollkommen und am Ende vollkommen verkörpern, was der absolute Geist will. Hegel nennt diese konkreten historischen Gemeinschaften «Volksgeister». Sie sind die Subjekte der Geschichte. In Hegels Worten hört sich das so an:

«Die Weltgeschichte ist die Darstellung des göttlichen, absoluten Prozesses des Geistes in seinen höchsten Gestalten, dieses Stufenganges, wodurch er seine Wahrheit, das Selbstbewußtsein über sich selbst erlangt. Die Gestaltungen dieser Stufen sind die welthistorischen Volksgeister, die Bestimmtheiten ihres sittlichen Lebens, ihrer Verfassung, ihrer Kunst, Religion und Wissenschaft. Die Stufen zu realisieren, ist der unendliche Trieb des Weltgeistes, sein unwiderstehlicher Drang; denn diese Gliederung, sowie ihre Verwirklichung ist sein Begriff.»[25]

An anderer Stelle erläutert Hegel, worin das Wesen des Volksgeistes und seiner Beziehung zum absoluten Geist besteht:

«Der Volksgeist ist zugleich wesentlich ein besonderer, zugleich nichts als der absolute allgemeine Geist, – denn der ist Einer. Der Weltgeist ist der Geist der Welt, wie er sich im menschlichen Bewußtsein expliziert; die Menschen verhalten sich zu diesem als Einzelne zu dem Ganzen, das ihre Substanz ist. Und dieser Weltgeist ist gemäß dem göttlichen Geiste, welcher der absolute Geist ist. Insofern Gott allgegenwärtig ist, ist er bei jedem Menschen, erscheint im Bewußtsein eines jeden; und dies ist der Weltgeist. Der besondere Geist eines besonderen Volkes kann untergehen; aber ist ein Glied in der Kette des Ganges des Weltgeistes, und dieser allgemeine Geist kann nicht untergehen. Der Volksgeist ist so der allgemeine Geist in einer besonderen Gestaltung, über die er an sich erhaben ist, die er aber hat, insofern er existiert: mit dem Dasein, mit der Existenz tritt die Besonderheit ein. Die Besonderheit des Volksgeistes besteht in der Art und Weise seines Bewußtseins, das er sich über den Geist macht. Im gewöhnlichen Leben sprechen wir so: dies Volk hat diese Vorstellung von Gott gehabt, diese Religion, dies Recht; über Sittlichkeit hat es sich solche Vorstellungen gemacht. Wir sehen das alles etwa wie äußerliche Gegenstände an, die ein Volk gehabt habe. Aber bei oberflächlicher Betrachtung schon merken wir, daß die Dinge geistiger Art sind und keine andere Art ihrer Wirklichkeit haben können als der Geist ist, das Bewußtsein des Geistes vom Geist.»[26]

Was nun die Geschichte voranbringt, ist der Widerspruch zwischen der äußerlichen Wirklichkeit, so wie wir sie wahrnehmen, und dem Ziel, das sie hervorbringen soll. An diesen Widersprüchen gehen die Gesellschaften in der Geschichte zugrunde: daß sie nämlich nicht dem Ziel des Geistes entsprechen, und so bringen sie sich auf eine neue Stufe der Entwicklung. Die Stadien dieser Entwicklung werden in den Volksgeistern oder, wenn man einen anderen Begriff wählen will, in den historischen Gemeinschaften, in denen Menschen leben, dargestellt. Sobald die Gemeinschaften den Zwecken, denen sie dienen sollen, nicht mehr entsprechen, wenden sich die

Individuen von ihnen ab und versuchen, sich als Individuen jenseits der Zwecke, die die Gemeinschaft verfolgt, wiederzufinden. Man könnte auch sagen: die Geschichte wird vorangebracht, weil Menschen über sich und ihre Umwelt reflektieren und darin erkennen, daß das, was sie wahrnehmen, nicht länger den Begriffen entspricht, die sie sich von dieser Umwelt machen.

Nur behauptet Hegel, daß die Menschen nicht sogleich verstehen, daß sie mit ihren individuellen Handlungen einem Plan folgen und die Geschichte bewegen. Und tatsächlich ist es unmöglich, daß die Menschen der Vergangenheit jenes Wissen über die Gesetze der Geschichte haben können, das Hegel und seine Zeitgenossen hatten. Was Hegel also behauptet, ist, daß der Mensch der Gegenwart als Vernunft erkennt, was dem Menschen der Vergangenheit als bloße Leidenschaft erscheint. Hier kommt die «List der Vernunft» ins Spiel, die sich der Leidenschaften der Menschen bedient, um ihre Zwecke zu verwirklichen. So kann Hegel über Cäsar sagen: «Seine Arbeit war ein Instinkt, der das vollbrachte, was an und für sich an der Zeit war.» Zwar sind auch die Menschen der Vergangenheit nicht völlig ahnungslos, aber sie wissen nie mehr, als was aus ihrer eigenen Vergangenheit heraufscheint. Was sich in ihrer Gegenwart ereignet, erfassen sie freilich nur instinktiv, als Trieb und Konflikt, in denen sich die Geschichte absichtsvoll voranbringt.[27]

Die welthistorischen Individuen, also jene Menschen, die mit Einsicht gesegnet sind, weisen die Wege, die alle Menschen gehen werden. Einige wissen also stets früher als andere, wohin die Reise geht – ein Gedanke, den Marx später aufgreift –, und sofern wir diese Vorstellung entmystifizeren, gibt sie uns eine gute Erklärung dafür, wie sich Veränderungen im Leben von Menschen vollziehen: indem nämlich einige eher als andere sehen, daß *ihre* äußere Wirklichkeit nicht mehr mit den Begriffen übereinstimmt, die *sie* sich von ihr machen.

Der Erfolg der Veränderungen freilich hängt immer davon ab, daß sich die Begriffe der welthistorischen Individuen mit denen aller anderen Menschen decken. So galt der Terror der französischen Revolution Hegel als Beleg für ein unangemessenes Verständnis der Revolutionäre von der menschlichen Freiheit, eines Verständnisses, das nicht einsah, daß Freiheit heißt, sich mit sich und seiner Umwelt im Einklang zu wissen.[28]

Hegel weist den «Volksgeistern» der Vergangenheit bestimmte Eigenschaften zu, in denen sich zeigt, inwieweit die Menschen sich in Übereinstimmung mit sich selbst befanden. Es ist das religiöse Bewußtsein, die Vorstellung, die sich die Völker von Gott machen, die darauf hinweist, auf welches Niveau sich die Menschen der Vergangenheit jeweils gebracht hatten. Die vorgriechischen Völker befanden sich noch in Abhängigkeit von der äußeren Natur, sie hatten das Absolute noch nicht als Subjekt begriffen. Eine neue Entwicklungsstufe tritt mit den Juden auf, die Gott als Geist auffassen, ihn aber vom Menschen und den Dingen, die der Mensch wahrnimmt, trennen. Der Mensch ist auf dieser Stufe noch nicht mit Gott vereint, er empfindet sich nicht als sein Vermittler, sondern als sein Gegensatz.

Erst die Griechen entwickelten für Hegel eine Vorstellung von Gott als einem Subjekt, das sich nicht jenseits der Natur befindet, sondern in ihr zum Ausdruck kommt. Hinzu kommt, daß die Götter der Griechen im Menschen, die sie vorstellen, verkörpert sind. Der Mensch ist kein Sklave des Absoluten, sondern sein Ausdruck. Diese Freiheit habe die Griechen, so Hegel, befähigt, mit sich selbst in Einklang zu leben. Nur konnte sich der Geist in ihnen nicht zur Selbsterkenntnis bringen, weil die Freiheit auf die Polis und ihre Bürger beschränkt war, weil sie Fremde und Sklaven ausschloß. Die Griechen hatten es nicht zu der Erkenntnis gebracht, daß der Mensch als solcher frei ist. In dem Augenblick, in dem sich die Menschen der allgemeinen Vernunft also zuwenden, fällt die Polis als unangemessener Ausdruck des absoluten Geistes in sich zusammen. Das Ende der Polis ist zugleich die Geburtsstunde des sich zum allgemeinen Bewußtsein emanzipierenden Individuums. Dieses Individuum wird in eine Welt geworfen, die von Despoten regiert wird und in der es weder Vernunft noch Freiheit gibt. Es entkommt diesem Widerspruch im Stoizismus durch innere Emigration. Hegel nennt diesen geistigen Zustand das «unglückliche Bewußtsein». Dieses Bewußtsein weiß sich als allgemeine Vernunft, wird aber von äußeren Mächten dominiert und beherrscht, ohne daß es dagegen etwas ausrichten könnte. Deshalb ist es unglücklich.[29] Erst das Christentum versöhnt das Individuum mit dem Allgemeinen, aber zunächst nur in der Gemeinschaft der Kirche, nicht in der politischen Sphäre. Es sind die germanischen Nationen, die dieses Werk der Versöhnung in den folgenden achtzehn Jahrhunderten vollbringen. Hören wir Hegel selbst, wie er darüber in seinen Vorlesungen zur Philosophie der Weltgeschichte spricht:

«Von der Weltgeschichte kann nach dieser abstrakten Bestimmung gesagt werden, daß sie die Darstellung des Geistes sei, wie er zum Wissen dessen zu kommen sich erarbeitet, was er an sich ist. Die Orientalen wissen es nicht, daß der Geist oder der Mensch als solcher an sich frei ist. Weil sie es nicht wissen, sind sie es nicht. Sie wissen nur, daß Einer frei ist. ... Dieser Eine ist darum nur ein Despot, nicht ein freier Mann, ein Mensch. In den Griechen ist erst das Bewußtsein der Freiheit aufgegangen, und darum sind sie frei gewesen; aber sie, wie auch die Römer, wußten nur, daß Einige frei sind, nicht der Mensch als solcher. ... Erst die germanischen Nationen sind im Christentum zum Bewußtsein gekommen, daß der Mensch als Mensch frei ist, die Freiheit des Geistes seine eigenste Natur ausmacht. Dies Bewußtsein ist zuerst in der Religion, in der innersten Region des Geistes aufgegangen; aber dies Prinzip auch in das weltliche Wesen einzubilden, dies war eine weitere Aufgabe, welche zu lösen und auszuführen, eine schwere, lange Arbeit der Bildung erfordert. Mit der Annahme der christlichen Religion hat z. B. nicht unmittelbar die Sklaverei aufgehört, noch weniger ist damit zugleich in den Staaten die Freiheit herrschend, sind die Regierungen und Verfassungen auf eine vernünftige Weise organisiert, auf das Prinzip der Freiheit gegründet worden. Diese Anwendung des Prinzips auf die Weltlichkeit, die Durchdringung, Durchbildung des weltlichen Zustandes durch dasselbe ist der lange Verlauf, welcher die Geschichte selbst ausmacht. ... Die Weltgeschichte ist der Fortschritt im Bewußtsein der Freiheit, – ein Fortschritt, den wir in seiner Notwendigkeit zu erkennen haben.»[30]

In dem Augenblick, wo die Vielfalt der privaten Assoziationen im Staat aufgehoben werden, ist die Einheit des konkreten mit dem allgemeinen Willen möglich geworden. Symbolisch zeigt sich diese Synthese in der Monarchie, die das Ganze manifestiert, und den Ständen, durch die das Volk am Ganzen teilhaben kann. Je mehr sich der Staat von den Personen entfernt, die ihn konstituieren, sich also in die Abhängigkeit von Gesetzen bringt, desto mehr folgt er allgemeinen, rationalen Prinzipien. Auf der spirituellen Ebene sind es die Reformation und der Protestantismus, die die Reinheit des Geistes wiederherstellen und von der sinnlichen Bedeutung trennen, die der Katholizismus ihm zuschrieb. Hegel zieht daraus den Schluß, katholische Länder hätten darin versagt, den Staat als Verkörperung des Absoluten vollständig zu realisieren. Die protestantische Religion ist demnach die Grundlage des modernen Staates, der die Trennung der politischen und religiösen Sphären überwindet und die Aufklärung vorbereitet.[31]

Am Ende jenes Entwicklungsprozesses, der in der Philosophie

Hegels zu seinem Höhepunkt kommt, erkennen die Menschen, daß sie mit dem Allgemeinen verbunden sind, daß der Geist durch sie hindurchspricht. In dieser Erkenntnis sind sie ganz bei sich, sie sind innerlich frei. Es ist, wenn man Hegel folgen möchte, die Leistung der christlichen Kultur, daß sie diese Selbsterkenntnis im Menschen hervorbringt. Das moderne Denken über die Welt weiß sich im Einklang mit der Wirklichkeit, die es beschreibt. Es ist ein gesetzgebendes Denken, das sich von allen Beschränkungen befreit hat und sich die Umwelt unterwirft. Darin vollzieht sich zugleich eine Entgöttlichung der Welt. Aber für Hegel sind Aufklärung und Religion eins, sofern die Religion durch Einsicht aus den Subjekten hervorgebracht wird. Das ist gemeint, wenn Hegel in seinen Vorlesungen zur Philosophie der Weltgeschichte sagt:

> «Wissen heißt, etwas als Gegenstand vor seinem Bewußtsein haben und dessen gewiß sein; und genau dasselbe ist Glauben auch. ... Gott will nicht engherzige Gemüter und leere Köpfe zu seinen Kindern, sondern er verlangt, daß man ihn erkenne, er will Kinder haben, deren Geist an sich arm, aber reich an Erkenntnis seiner ist, und die in der Erkenntnis Gottes allen Wert setzen.»[32]

Der Kampf der Aufklärung gegen die Religion beruhe, so Hegel, auf einer Selbsttäuschung. Die Aufklärung verlegt die Vernunft in den Menschen selbst, der sich sodann die Wirklichkeit nach seinem Ebenbild unterwirft. So aber bleibe die Aufklärung bloß auf der Ebene des Verstandes stehen, sie verliere den Blick für die Gemeinschaft, in der Menschen leben und in der sich die Vernunft zu erkennen gibt. Hegel kritisiert an der Aufklärung, daß sie Individuen sieht, wo in Wahrheit Menschen in Ordnungen existieren. In der französischen Revolution zeigten sich für Hegel die Schattenseiten jener Emanzipation des autonomen Subjekts, das sich die Welt unterwirft und dem dabei die Welt verlorengeht. Wir verlieren die Vorstellung von der wahren Struktur der Dinge, wenn wir sie uns nach Belieben anpassen wollen. Wir wissen dann nichts mehr über die Beschaffenheit einer Sache. In unserem Unvermögen, eine neue Welt zu finden, zerstören wir sie. Anders gesagt: eine Veränderung, die nicht den Ordnungen entspricht, in denen die menschlichen Gemeinschaften existieren, ist von der Vernunft, die sie zu verwirklichen vorgibt, weit entfernt. Eine freie Gesellschaft kann für Hegel nur eine Schöpfung aller Mitglieder sein, die sie konstituieren. Die Vorstellung des Nur-Sich-Selbst-Gehorchens setzt eben voraus, daß die Gesetze, denen man unterworfen ist, aus eigenem Entschluß entstanden sind. Eine solche Voraussetzung aber ist sinnlos. Es gibt keine aus der Ordnung herausgehobene Norm, auf die sich mein Handeln beziehen kann. Die eigenen Voraussetzungen und Möglichkeiten sind nicht hintergehbar, sie können in der Geschichte nicht übersprungen werden. Der Mensch kann das Zeitalter, in dem er lebt, nicht verlassen. Daran scheiterte die Aufklärung: daß sie die Veränderung des Menschengeschlechts als bloß technisches Problem behandelte und von den Identifikationsmöglichkeiten, die sich aus der kulturellen Gebundenheit ergeben, absah. «Was das Individuum betrifft, so ist ohnehin jedes ein Sohn seiner Zeit; so ist auch die Philosophie, ihre Zeit in Gedanken erfaßt. Es ist ebenso töricht zu wähnen, irgendeine Philosophie gehe über die gegenwärtige Welt hinaus, als, ein Individuum überspringe seine Zeit, springe über Rhodus hinaus», wie Hegel es in der Vorrede zu seiner «Rechtsphilosophie» formuliert hat.[33]

Aber selbst in diesem großen Scheitern sah Hegel verschlungene Pfade, auf denen sich am Ende die Vernunft zum Durchbruch brachte. Die List der Vernunft bewirkte, daß die Bilderstürmer der französischen Revolution, denen Autorität nichts mehr galt, von der eigenen Raserei überwältigt wurden. Ohne daß es ihnen zu Bewußtsein gekommen wäre, wurden sie zu Wegbereitern Napoleons, der «Weltseele zu Pferde», dessen Staat die Differenzierung der menschlichen Gesellschaft auf einer höheren Ebene wieder herstellte. So wird dem Nachgeborenen einsichtig, daß die Handlungen der Menschen in einem Geschehenszusammenhang stehen, den sie nicht beeinflussen. Erst wenn das Geschehen vorüber ist, verstehen die Menschen, die an ihm teilhatten, was wirklich geschehen war. Das bedeutet aber auch, daß der rationale Staat, in dem der Geist sich selbst verwirklicht, nicht verstanden werden kann, bevor er sich aus der Geschichte hervorgebracht hat und Wissen des Geistes von sich selbst geworden ist. Wie die Ereignisse zusammenhängen, wie sie sich zu einer neuen Kultur der Deutung verdichten und die Menschen in Bewegung bringen, – das kann der einzelne, der vom Strudel der Ereignisse sich hinwegziehen läßt, nicht erkennen und nicht verstehen.

Wir verstehen die Revolution des Jahres 1917 anders als sie Nabokov und Trockij verstanden, weil wir im Besitz eines Wissens sind, über das die Zeitgenossen nicht verfügten. Wir wissen, daß, als Nabokov am Tag des Oktoberaufstandes im Jahre 1917 bei der Morgentoilette war, Trockij zur gleichen Zeit den Aufstand koordinierte, die Bauern in Sibirien aber noch nicht erfahren hatten, daß die Monarchie ans Ende gekommen war, und daß das Ineinandergreifen dieser Handlungen und Deutungen das Geschehen veränderte. Nabokov, Trockij und die Bauern wußten davon nichts, sie wußten nur von sich selbst und ihren Leidenschaften. Eine Interpretation des Geschehens ist immer erst möglich, wenn die Ereignisse vorüber sind. Hegel bringt diese Erkenntnis in eine elegische Formulierung: «Die Eule der Minerva beginnt erst mit der einbrechenden Dämmerung ihren Flug».[34]

Die Geschichte ist also die Selbstverwirklichung der Vernunft. Aber wie kann eine Wirklichkeit vernünftig sein, die nicht dem Absoluten entspricht? Tatsächlich sind die frühen Stadien der menschlichen Wirklichkeit nicht rational. Aber weil diese Stadien selbst der Notwendigkeit folgen und von der Vernunft vorgeschrieben sind, sind sie ungeachtet ihrer Unvollkommenheit Entsprechungen der Vernunft. Auf welchem Niveau die Vernunft in der Geschichte verwirklicht wird, schreibt die Vernunft selbst vor. Das ist gemeint, wenn Hegel sagt: «Was vernünftig ist, das ist wirklich; und was wirklich ist, das ist vernünftig.»[35]

Die Geschichte ist also ein Fortschritt im Bewußtsein der Freiheit, in dem sich der Geist im Menschen verwirklicht. Es ist der europäische Mensch der Gegenwart, es ist Hegel selbst, der diese Erkenntnis gewinnt und dadurch seine Entfremdung überwindet, der ganz bei sich ist und frei wird. Über die Zukunft kann nichts gesagt werden, nicht einmal über die Gegenwart, in der jener Zeitgenosse lebt, der zur Freiheit gekommen ist. Die Geschichte kann niemals ans Ende kommen. Deshalb erlaubte das Hegelsche System radikale wie konservative Auslegungen von Freiheit. Während die einen die Hegelsche Synthese über sich hinaustreiben und auf neue Höhen führen wollten, sahen die anderen die Vernunft im konservativen preußischen Staat verwirklicht. Keiner dieser Versuche wurde dem Anliegen Hegels wirklich gerecht.[36]

Hegels Konzeption der Geschichte ergriff zwar nicht die Massen, aber überall in Europa betörte sie die Intellektuellen. In keinem anderen Land Europas übte Hegel eine größere Wirkung aus als in

Rußland, wo er Liberalen, Konservativen und Radikalen gleichermaßen zum Abgott wurde. Ivan Kireevskij und Alexander Herzen erinnerten sich daran, wie in den 40er Jahren des 19. Jahrhunderts die Sozialisten aller Schattierungen in Hegels Formulierungen aufeinander eingeredet hätten. Jede Banalität, die in den Salons in St. Petersburg und in der Emigration verkündet wurde, sei mit Zitaten aus der «Phänomenologie des Geistes» angereichert worden.[37]

Dabei war die «Hegelei» nicht nur eine Marotte versponnener und weltfremder Salonsozialisten. Hegels Fortschritt im Bewußtsein der Freiheit gab jenen, die von diesem Fortschritt noch weit entfernt waren, die in «vergangenen Jahrhunderten» lebten, eine Perspektive. Denn die Vernunft brachte am Ende alle Völker auf das Niveau, das Hegel beschrieben hatte. Darin lag der Trost der Hegelschen Philosophie: daß sie Rußlands Eintritt in die Geschichte nicht nur ermöglichte, sondern zwingend vorschrieb.[38] Zugleich war Hegels Philosophie der Weltgeschichte die Geburtsstunde der «Rückständigkeit». Denn wer sich im Lauf der Geschichte nicht wiedererkannte, lebte in vergangenen Zeiten, die zu überwinden ihm die Vernunft aufgetragen hatte. Hegel beschrieb einen Ist-Zustand, seine Leser jenseits des alten Europa aber lasen aus der Philosophie der Weltgeschichte eine Defizitgeschichte, an der sie so lange litten, wie sie Anhänger Hegels blieben. Nur so wird das Diktum des russischen Philosophen Petr Čaadaev aus den 30er Jahren des 19. Jahrhunderts verständlich, Rußland sei ein Land ohne Geschichte.[39] Hegels Philosophie wurde in den Händen der radikalen Intelligencija zu einer extremen Modernisierungsideologie, für die Slawophilen zeichnete sich in ihr eine Möglichkeit ab, Fortschritt im Bewußtsein der Freiheit an Ordnungen zu binden, die es nur in Rußland, nicht aber in Europa zu geben schien. Rußlands geistiger Weg nach Europa war ein Weg der Vernunft, wie ihn Hegel beschrieben hatte. Es scheint mir kein Zufall zu sein, daß Hegel vor allem dort zur Ikone wurde, wo sich von dem, was er beschrieb, nichts zeigte.

Und auch die marxistische Dialektik des Weltenlaufs wäre ohne den Hegelschen Anstoß nicht denkbar gewesen, wenngleich das Menschenbild des Marxismus dem Technizismus und Rationalismus der radikalen Aufklärung näherstand als dem romantischen Ordnungsdenken Hegels. Es ist die Idee der Geschichte als der Verwirklichung der Vernunft, die Dialektik von Herr und Knecht und die Vorstellung vom Menschen als einem gesellschaftlichen Wesen, was von Hegel im Marxismus bleibt. Das zeigte sich noch einmal in der einflußreichen marxistischen Lesart der «Phänomenologie des Geistes», die der russische Emigrant Alexandre Kojève, (Aleksandr Koževnikov) in den 1930er Jahren an der Pariser «Ecole pratique des Hautes Etudes» vortrug.[40] In seinem Postulat, der Mensch habe es mit einer bewußtseinsunabhängigen Außenwelt zu tun, über die er sich erhebt und die er sich unterwirft, kehrt der Marxismus aber zur ahistorischen radikalen Aufklärung zurück. Und darin ist diese Interpretation dem Wissen Hegels vom Ausdruck, der das Leben auch ist, unterlegen.

Nun wird man nicht behaupten können, daß Hegels Synthese einer Philosophie der Weltgeschichte wirklich geglückt ist. Niemand wird heute noch nach letzten Gründen, die dem Leben einen Sinn geben, nach Gesetzen suchen, die die Geschichte strukturieren und auf Höhepunkte bringen. Wenn der französische Historiker Roger Chartier davon spricht, Geschichte zu betreiben bedeute, Hegel hinter sich zu lassen, dann ist damit jene Teleologie gemeint, die den Menschen zum Werkzeug der Vernunft degradiert.[41] Man kann Hegels Anliegen aber auch auf bescheidenere Zwecke reduzieren. Letztlich ging es ihm darum, die sich selbst bestimmende rationale Freiheit des Kantischen Individuums mit seinen Ausdrücken und der Natur zu versöhnen, in der es lebt. In welcher Gemeinschaft sich diese Versöhnung am Ende auf den Begriff bringt, ist gegenüber der unbestreitbaren Tatsache, daß Menschen in selbst hergestellten Bedeutungssystemen wurzeln, denen sie nicht entkommen können, zweitrangig. Menschen streben nach Freiheit, aber sie werden in diesem Streben mit den Begriffen und Bedeutungen konfrontiert, die sie selbst entworfen haben und die eine namenlos gewordene Autorität über sie ausübt. Der Mensch ist kein atomisiertes Wesen, sondern immer auf Anerkennung und Verstehen hin angelegt, er ist ein Wesen, das nur in der Kultur als Mensch sein kann. Und wo der Mensch erkennt, daß seine Freiheit nicht darin besteht, keine Ordnung zu haben, sondern sich zu ihr auf je verschiedene Weisen zu verhalten, ist er mit sich versöhnt. Er ist so lange bei sich, wie die Wirklichkeit mit den Begriffen übereinstimmt, die sie konstituieren. Das ist es, was uns Hegel auch heute noch mitzuteilen weiß.

Wir verstehen, daß wir der sinnlichen Gewißheit nicht trauen dürfen, daß die Wirklichkeit eine ist, die auf den Begriff gebracht worden ist, und daß es die Begriffe sind, mit denen wir sie stets neu für uns ausrichten. Das menschliche Bewußtsein ist ein sprachliches, ein vermittelndes Bewußtsein, das die Wirklichkeit zu seinen Bedingungen formt. Zu diesen Bedingungen gehört es, daß das Bewußtsein in sich den Widerspruch von «innen» und «außen» immer wieder herstellen muß, um Erfahrungen machen zu können, obwohl die Unterscheidung zwischen «innen» und «außen» die Struktur des Bewußtseins selbst ist. Das Bewußtsein ist zugleich ein intersubjektives Bewußtsein, das in der Verständigung mit anderen darüber, was Wirklichkeit sein soll, diese Wirklichkeit auslegt. In dieser Verständigung entstehen Gemeinschaften, die von den Traditionen, eine Sache zu verstehen, zusammengehalten werden. Hegel nannte diese Traditionen «Volksgeister», wir können uns damit begnügen, sie Kultur zu nennen.[42] Und was Hegel Fortschritt nennt, können wir durch den Begriff der Bewegung ersetzen. Bewegung entsteht, wenn die menschliche Deutung mit den Deutungsstrukturen, in denen Menschen stehen, in einen Widerspruch gerät. Aber auch diese Konfrontation ist nicht von der Kultur abgelöst, aus der sie kommt und auf die sie sich bezieht. Der Mensch vermittelt sich immer auch als Ausdruck des «Allgemeinen», so hätte Hegel gesagt. Das alles können wir von Hegel lernen, ohne seine metaphysischen Gedanken vom Weltgeist, der in der Geschichte zu sich kommt, übernehmen zu müssen.

Die moderne Suche nach einem freien Subjekt, das mit seiner Situation versöhnt ist, ist ein Erbe der Hegelschen Frage. Um es in den Worten Charles Taylors zu sagen:

> «Wenn der philosophische Versuch, Freiheit zu bestimmen, darin besteht, einen Begriff vom Menschen zu gewinnen, der freies Handeln als Reaktion auf das bestimmt, was wir sind, oder als eine Reaktion auf eine Aufforderung, die allein von der Natur oder aber von einem Gott an uns ergeht, der jenseits der Natur ist, dann wird dieser Versuch stets auf Hegels kraftvolle und durchdringende Gedankengänge über den verkörperten Geist zurückgreifen, die hinter seinen Schlußfolgerungen stehen.»[43]

Für den Historiker bedeutet dies, daß er sich Rechenschaft über die Beschaffenheit, über die Möglichkeiten und Grenzen seiner Bewußtseinsformen ablegt, daß er Wirklichkeit als Produkt seiner intersubjektiven Reflexion begreift und einsieht, daß seine Freiheit nicht darin besteht, sich von den Bedingungen, die die Erkenntnis ausrichten, zu befreien, sondern sich zu ihnen zu verhalten. Und das ist nicht alles, was von Hegel bleibt. Wenn wir eingesehen haben, daß das Gewordene eine Geschichte hat, dann erhalten wir einen Begriff von Veränderung, der aus dem Verstehen der Gegenwart erwächst, eine Einsicht, die es uns ermöglicht, die Vergangenheit als Verständnis der Gegenwart neu zu begreifen. Nur würden wir in diesen Veränderungen heute nicht mehr den Gang Gottes durch die Welt sehen, sondern mit Ranke gegen den Fortschrittsoptimismus zu bedenken geben, daß jede Epoche auf gleiche Weise unmittelbar zu Gott ist. So verlieren für den Historiker nicht nur die Ereignisse in der Zeit, sondern auch die verschiedenen Kulturen, die zur gleichen Zeit nebeneinander bestehen, ihre hierarchische Ordnung. Ansonsten gilt der Hegelsche Satz: «Wer die Welt vernünftig ansieht, den sieht sie auch vernünftig an».[44]

Hegel ist der Anfang einer reflektierten Geschichtsschreibung, die den Historiker in die Geschichte mit einschreibt. Alles, was danach noch über die Geschichte gesagt wurde, war ein Abarbeiten an der Hegelschen Frage.

Drittes Kapitel

Leopold von Ranke, Johann Gustav Droysen und der Historismus

Am Anfang war Hegel. Hegel war kein Historiker, aber er veränderte das Denken über die Geschichte, und darin übte er eine Wirkung aus, die über die philosophische Bestimmung des Erkennens hinausreichte. Hegels Philosophie veränderte nicht nur das Denken über die Gesellschaft. Wer sich fortan mit dem geschichtlichen Gewordensein des Menschen befassen wollte, hatte nicht nur über die Subjekte der Vergangenheit, sondern auch über das Verhältnis des Betrachters zu seinem Gegenstand nachzudenken.

Alles Gewordene hat Geschichte. Das war die Entdeckung der romantischen Philosophie, die Hegel auf den Begriff gebracht hatte und die der Geschichte als Wissenschaft eine neue Legitimation verschaffte. In seiner Vorlesung «Über das Studium der Geschichte» beschrieb Jacob Burckhardt die Entstehung des Interesses an der Vergangenheit als Reaktion auf die Veränderung der Lebenswelten, die sich in Europa am Ende des 18. Jahrhunderts vollzogen hatte. Die Geschichte bestehe, so Burckhardt, «um die Vergangenheit mit der Gegenwart zu vermitteln.»[1] Die Zeitgenossen erkannten, daß sich ihre Gegenwart von der Vergangenheit unterschied, daß französische Revolution, napoleonische Kriege und Industrialisierung niemanden unberührt gelassen hatten. Die elementare Gewalt, mit der die Veränderung in das Leben von Millionen Menschen trat, weckte ein Bedürfnis, sich Gewißheit über die Gründe und die Bestimmung des Geschehens zu verschaffen, in das man selbst geworfen war. Geschichte war, um es in den Worten Burckhardts zu sagen, ein Versuch, Kontinuität in ein Leben zu bringen, das als Unordnung wahrgenommen wurde.[2] Und das war nicht alles, was sich aus der Geschichtlichkeit des Lebens ergab. Wo Geschichte den Menschen bestimmte, so wie Herder und Hegel es beschrieben hatten, konnte es allgemeingültige Grundsätze des Ethischen und Politischen nicht mehr geben. Die Begründung der politischen Institutionen und des moralischen Handelns konnte jetzt nicht mehr von ihrer historischen Entstehungsbedingung gelöst werden. Der Schlüssel zur Wahrheit lag nicht im abstrakten Vernunftbegriff der Aufklärung, sondern in der Geschichte. Diese Sicht auf die Welt rechtfertigte nicht nur die Verschiedenartigkeit der Völker und Nationen, sie setzte den Nationalismus des frühen 19. Jahrhunderts ins Recht, weil sie die Volksgeister nur noch in ihrer Ausschließlichkeit und Einzigartigkeit wahrnahm. Und auch der Primat des Staates als der Verkörperung der sittlichen Mächte und der Vernunft gewann eine ungeahnte Bedeutung.

Mensch sein hieß, sich der eigenen Geschichtlichkeit bewußt zu sein und sich im Verweis auf die Vergangenheit selbst zu verstehen. Der sogenannte Historismus suchte nach einer Vergegenwärtigung der Vergangenheit zum Zweck der Orientierung für die Zukunft. Gesellschaften und Nationen, Individuen und Kollektive vergewisserten sich ihrer selbst, indem sie in die Vergangenheit schauten und erkannten, wie sie geworden waren, was sie waren. Sie waren auf der Suche nach dem Gang der Geschichte, so wie Hegel ihn beschrieben hatte.[3] Die «Geschichte ist das Bewußtsein der Menschheit über sich selbst», so formulierte es Droysen in seiner Historik.[4]

Wie aber konnte man gesichertes Wissen von den Ereignissen der Vergangenheit, die die Gegenwart bestimmten, gewinnen? Hegel hatte darauf keine Antwort gegeben. Über die Niederungen der historischen Empirie habe er nichts zu sagen, denn es sei «das Verlangen nach vernünftiger Einsicht, nach Erkenntnis, nicht bloß nach einer Sammlung von Kenntnissen», die die philosophische Geschichte vor der Faktengeschichte auszeichne.[5] Mit solch einem Hinweis aber konnten sich Historiker, die die Ereignisse der Gegenwart im Licht der Vergangenheit deuteten, nicht zufrieden geben. Die Frage der Historischen Schule lautete deshalb, wie eine verwissenschaftlichte Erkenntnis der Vergangenheit, die der Gegenwart Orientierung geben will, gewonnen werden kann und auf welcher Methode sie beruhen sollte. In dieser Frage liegt, zumal in Deutschland, der Ursprung der Geschichte als Wissenschaft. Mit Leopold von Ranke erreichte dieser Versuch, Geschichtsforschung als Wissenschaft zu etablieren, einen ersten Höhepunkt.

Ranke wurde 1795 geboren, er studierte Theologie und Philologie in Halle und Leipzig und wurde, nachdem seine «Geschichten der romanischen und germanischen Völker» erschienen waren, 1825 an die Berliner Universität berufen. Hier erwarb er sich bald den Ruf eines Apologeten des preußischen Staatskonservativismus. Seine Geschichtskonzeption war eine Reaktion auf die Hegelsche Geschichtsphilosophie. Bereits in den 1820er Jahren hatte sich der junge Ranke den Kritikern Hegels um den Berliner Juristen Friedrich Karl von Savigny angeschlossen, die dem Philosophen vorwarfen, die Geschichte nur als Beispiel für seine These zu gebrauchen, daß die Verschiedenheit der Welt nichts weiter sei als das Vermögen des Geistes, sich auf verschlungenen Wegen zur Erkenntnis seiner selbst zu bringen. Für Savigny hingegen war die Verschiedenheit der Erscheinungen selbst Wirklichkeit, und es sei die eigentliche Aufgabe der Geschichte, sie zu erkennen.

Hegel und Savigny waren gleichermaßen von den Wirkungen kosmischer Mächte überzeugt, nur wollten der Jurist und seine Anhänger diese Wirkungen empirisch nachweisen, während Hegel sie vorausgesetzt hatte. Und es war die Geschichte, mit deren Hilfe Menschen sich selbst in der Gegenwart erkannten. Daraus ergab sich für Savigny zwingend, daß die Rechtsgrundsätze, denen Menschen sich unterwarfen, aus der Geschichte abzuleiten seien. Das abstrakte Naturrecht lehnte er ab. Geltung hatte nur, was den Traditionen der Überlieferung entsprach, aus der man kam. Deshalb konnte es wohl Verschiedenheit, aber keinen Fortschritt geben. Jede Epoche hatte demnach ihr eigenes Ziel und ihren eigenen Wert. Und es kam für den Historiker, der die Menschen der Vergangenheit beschreiben wollte, darauf an, sie nicht den moralischen Maßstäben der Gegenwart zu unterwerfen und sie zu verurteilen oder zu preisen. Es war dieser Gedanke, den Ranke seiner Beschäftigung mit der Geschichte zugrundelegte.[6]

1826 erhob der Hegelianer Heinrich Leo in einer Rezension den Vorwurf, Ranke habe es in seinen «Geschichten der romanischen und germanischen Völker 1494 bis 1514» versäumt, Machiavellis Bedeutung für den Gang der Weltgeschichte herauszustellen und ihn moralisch zu beurteilen. Nur lag eine solche Bewertung nicht in Rankes Absicht. Seine Absicht, so entgegnete Ranke seinen Kritikern, sei es nicht gewesen, Machiavellis Lehren auf ihre Überzeugungskraft und Moralität hin zu überprüfen, sondern ihn als Menschen seiner Zeit verstehbar zu machen. Es sei nicht die Aufgabe des Historikers, so hatte er bereits im Vorwort zu seinen «Geschichten der romanischen und germanischen Völker» hervorgehoben, «die Vergangenheit zu richten» und die «Mitwelt zum Nutzen zukünftiger Jahre zu belehren», sondern zu «sagen, wie es eigentlich gewesen» sei.[7] Leo hingegen wollte Machiavelli als Instrument der Vernunft, als Prinzip des modernen Staates beschrieben sehen, den er, ohne es zu wissen, repräsentiert habe. Rankes Postulat, es sei Aufgabe des Historikers, in den nackten Tatsachen die Wahrheit zu erkennen, galt den Hegelianern als Irrweg. Im Besonderen verliere der Historiker das Allgemeine, aus dem sich alle Wirklichkeit hervorbringe. Ranke aber fühlte sich mißverstanden: Was das Allgemeine sei, könne nicht gesetzt, sondern müsse im Besonderen durch empirische Quellenkritik gefunden werden. Das Vernunftdenken selbst könne solche Begriffe vom Allgemeinen nicht gewinnen. In seiner Abhandlung «Der Fortschritt in der Geschichte» formulierte Ranke seine Absage an Hegel auf folgende Weise:

«Die Philosophen, namentlich aber die Hegelsche Schule, haben hierüber gewisse Ideen aufgestellt, wonach die Geschichte der Menschheit wie ein logischer Prozeß in Satz, Gegensatz, Vermittlung, in Positivem und Negativem sich abspinnt. In der Scholastik aber geht das Leben unter, und so würde auch diese Anschauung von der Geschichte, dieser Prozeß des sich selbst nach verschiedenen logischen Kategorien entwickelnden Geistes auf das zurückführen, was wir oben bereits verwarfen. Nach dieser Ansicht würde bloß die Idee ein selbständiges Leben haben. Alle Menschen aber wären bloße Schatten oder Schemen, welche sich mit der Idee erfüllten. Der Lehre, wonach der Weltgeist die Dinge gleichsam durch Betrug hervorbringt und sich der menschlichen Leidenschaften bedient, um seine Zwecke zu erreichen, liegt eine höchst unwürdige Vorstellung von Gott und der Menschheit zugrunde; sie kann auch konsequent nur zum Pantheismus führen. Die Menschheit ist dann der werdende Gott, der sich durch einen geistigen Prozeß, der in seiner Natur liegt, selbst gebiert. Ich kann also die leitenden Ideen nicht anders bezeichnen, als daß sie die herrschenden Tendenzen in jedem Jahrhundert sind. Diese Tendenzen können indessen nur beschrieben, nicht aber in letzter Instanz in einem Begriff summiert werden. Sonst würden wir auf das oben Verworfene neuerdings zurückkommen. … Vom Standpunkt der göttlichen Idee kann ich mir die Sache nicht anders denken, als daß die Menschheit eine unendliche Mannigfaltigkeit von Entwicklungen in sich birgt, welche nach und nach zum Vorschein kommen, und zwar nach Gesetzen, die uns unbekannt sind, geheimnisvoller und größer als man denkt.[8]

Wenngleich Ranke Fortschritt für nicht nachweisbar hielt, galt ihm doch die Geschichtswissenschaft als ein Verfahren zur Erkenntnis philosophischer Wahrheiten. Auch für Ranke kam es darauf an, jene objektiven Realitäten aufzudecken, die den Staat konstituieren, um so nachzuweisen, was Hegel nur behauptet, aber empirisch nicht bewiesen hatte. Diesem Zweck diente die historische Methode. Ranke war also keineswegs ein Positivist ohne Ziel und Absicht. Für ihn war die Geschichte einfach die bessere Philosophie. Diese Philosophie bediente sich einer Methode strikter Unparteilichkeit. Sie begegnete den Gegenständen nicht mit Begriffen, sondern versuchte, die Begriffe aus den einzelnen Gegenständen durch genaue und überprüfbare Beobachtung zu gewinnen. Das war aber nur möglich, wenn die Menschen der Vergangenheit nicht dem Urteil der Gegenwart unterworfen, wenn ihre Handlungen nicht der Auslegung des Historikers eingefügt wurden. «Ein reines Urteil ist nur möglich, wenn man jedweden nach dessen eigenem Standpunkt, nach dem ihm innewohnenden Bestreben würdigt», so Ranke.[9]

Das menschliche Handeln der Vergangenheit steht nicht vor dem Gericht des Historikers, der es zu bewerten hätte. Historische Ereignisse sind nicht bloß Äußerungen des Weltgeistes, der sich auf verschlungenen Wegen listig zum Ausdruck bringt. Sie sind Äußerungen jenes Lebens, das die Menschen der Vergangenheit lebten, und als solche haben sie ihren eigenen Wert. «Jedes Volk» habe deshalb «seine eigene Politik». Daß liberale Institutionen der Politik für Deutschland ungeeignet seien, – diese Einsicht konnte man angeblich aus der Geschichte gewinnen. Dem Einwand, ein solcher Historismus laufe am Ende auf einen radikalen Wertrelativismus hinaus – denn unter den genannten Prämissen wären Stalinismus und Nationalsozialismus Herrschaftsformen, die der Zeit entsprachen –, begegnet Ranke mit dem Hinweis, den Herrschenden sei stets einsichtig, wie sich das Staatsschiff fortzubewegen habe; in der Verschiedenheit der Nationen und Staaten zeige sich die göttliche Absicht, die Idee der Menschheit in der Verschiedenheit zum Ausdruck zu bringen. Die Ansicht der Geschichte selbst erweise diesen Zusammenhang.[10] Dieses Argument freilich wird heute niemanden mehr überzeugen, und wer etwas verstand, fand es auch damals nicht überzeugend. Denn Ranke bezog die organische Ganzheit auf den Staat und unterdrückte alle übrigen Traditionslinien, die Gesellschaft konstituierten. Wäre Ranke konsequent gewesen, dann hätte er nicht nur die Verschiedenheit der Staaten und Nationen, sondern auch die Verschiedenheit aller Gemeinschaftsformen, die in einem Staat leben, hervorheben müssen. Ranke aber interessierte sich nur für die Diplomatie und die Regierungen als Repräsentationen der Nationen. Und ihnen allein mochte er zugestehen, mit der Geschichte verbunden zu sein. Nun war ein solches Urteil nur möglich, weil Ranke, Hegel gleich, voraussetzte, daß die Staatsmänner der Stimme der Geschichte folgten. Darin widerlegte Ranke seine Absicht, nur zu zeigen, wie es eigentlich gewesen sei, zwar selbst, aber er schützte sich vor dem Vorwurf, seine Konzeption der Geschichte sei willkürlich und beruhe auf einem ethischen Nihilismus.

Ranke sah im Gegensatz zu den Empiristen in den konkreten Erscheinungen nicht Abbilder der Wirklichkeit, sondern Äußerungen kosmischer Mächte. Für Hegel war das Wissen von diesen Mächten eine Konstruktionsleistung des Selbstbewußtseins, in Rankes Konzeption wurden die Menschen von diesem Wissen bloß beherrscht. Deshalb gab es für den Historiker keine Möglichkeit, die objektive Wirklichkeit zu erkennen, die das Leben der Menschen bestimmte. Sie ließ sich durch intuitives Verstehen der Fakten allenfalls erahnen. Weil aber der Historiker ein Organ des allgemeinen Geistes sei, der sich in ihm zu Wort bringe, so Ranke, werde die Frage nach der Möglichkeit objektiver Erkenntnis obsolet. Denn was erkannt wird, ist, was erkannt werden soll. Wie aber soll ein Historiker Werkzeug des Geistes sein, wenn ihm dieser Geist nicht zugänglich ist? Und was ließ sich dann noch über den Sinn und den Weg der Geschichte sagen? Auf diese Frage weiß Ranke keine Antwort. Was er über die Erkenntnismöglichkeiten des Historikers sagt, bleibt nebulös. Die Wirklichkeit sei nur über die Untersuchung des Besonderen in der Geschichte zu erschließen, sie sei aber nicht vollständig zu erkennen, sondern nur in Umrissen zu erahnen. Es war nun Aufgabe des Historikers, in der Untersuchung des Besonderen und Individuellen der Wahrheit so nah wie möglich zu kommen und darin die Totalität des vergangenen Geschehens einzufangen.

Ranke glaubte an die Möglichkeit, die Lebensverhältnisse der Vergangenheit könnten in ihrer Totalität erfaßt und begriffen werden. Für den Historiker kam es jetzt nur noch darauf an, Quellen zusammen zu tragen und Dokumente anzuhäufen, die ihm Auskunft über die Menschen der Vergangenheit gaben. Er brachte sich der Wahrheit um so näher, je mehr Quellen er entdeckte und je mehr er über eine Person der Vergangenheit sagen zu können glaubte. Solches Quellenstudium erschöpfte sich freilich nicht in bloßer Anhäufung von Dokumenten. Der Historiker, der Dokumente sammelt, um in ihnen den Lebensäußerungen vergangener Menschen nachzuspüren, so Ranke, müsse überprüfbare Regeln der Quelleninterpretation einhalten, unparteiisch sein und sich selbst zurücknehmen. Er müsse sein Ich auslöschen, um sich in den Menschen der Vergangenheit ganz hineinzuversetzen. Sobald der Historiker in den Gegenstand vollständig eingedrungen sei, müsse er das geistige Wesen, das dem Gegenstand seinen Charakter verleiht, durch «Divination» erschließen.[11]

Über den Sinn der Weltgeschichte freilich lasse sich nichts sagen. Dieses Wissen komme allein Gott zu. Ranke verwarf Hegels Vorstellung von der Geschichte als eines Fortschritts im Bewußtsein der Freiheit, die rational erklärbar sei. Hegels Behauptung, der Geist bediene sich in der Vergangenheit auch des Unvernünftigen, um sich im Menschen zur Erkenntnis seiner selbst zu bringen, gibt Ranke eine neue Wendung. Für ihn ist, was Hegel als «List der Geschichte» erschien, ein Zeichen der Zeit. «Jede Epoche ist unmittelbar zu Gott, und ihr Wert beruht gar nicht auf dem, was aus ihr hervorgeht, sondern in ihrer Existenz selbst, in ihrem Eigenen selbst», wie Ranke in seinen Vorlesungen über die Epochen der neueren Geschichte sagt.[12] Man könnte auch sagen, daß Ranke den Begriff des Fortschritts gegen den der Bewegung austauscht. Die Geschichte hat einen Verlauf, der mit Sinn behaftet ist. Nur liegt dieser Sinn nicht in der Verbesserung des Menschengeschlechts. Zwar könne man behaupten, daß «die großen Werke, welche die Kunst und Literatur hervorgebracht hat, heutzutage von einer größeren Menge genossen werden als früher. Aber es wäre lächerlich, ein größerer Epiker sein zu wollen als Homer, oder ein größerer Tragiker als Sophokles.» Kurz: In moralischer Hinsicht lasse sich «der Fortschritt nicht verfolgen.»[13] In jeder Epoche zeigt sich also die Widerspiegelung des göttlichen Willens, wonach die Staaten in der Verfolgung ihrer Interessen stets gut handeln.

«Alle Zeiten zusammen konstituieren die historische Menschheit. Wenn man sie kennenlernen will, muß man auf beides sein Augenmerk richten: die unendliche Mannigfaltigkeit des Lebens, das die Jahrhunderte erfüllt, und den Gang der großen Abwandlungen, in denen es sich bewegt. Es gibt die mannigfaltigsten Entwickelungen, welche alle zum Leben und zur Erscheinung zu kommen bestimmt sind. So denke ich, daß die Gottheit die historischen Geschlechter der Menschen in ihrer Gesamtheit überschaut und wert hält.»[14]

Wie Hegel sieht auch Ranke im Staat die Verkörperung von Ideen. Aber weil er den Fortschritt aus der Geschichte verbannt hat, hat es der Historiker nur noch mit der Absicht zu tun, die Einzigartigkeit dieser Ideen im Staat nachzuweisen. Staaten sind deshalb organische Institutionen, die geschichtlich geworden sind und keinen anderen Weg gehen können als jenen, den ihnen die Geschichte vorgeschrieben hat. Rankes Behauptung, er begegne der Geschichte nicht mit abstrakten Begriffen, sondern gewinne sie aus empirischer Beobachtung und historischer Methode, entbehrt also jeder Grundlage, denn er setzt ebenso wie Hegel voraus, was erst zu beweisen wäre. Und weil Ranke die Wirklichkeit nicht nur als Ensemble von Ideen verstand, sondern diese Ideen allein im Staat verkörpert sah, hatte er auch keinen Begriff vom Leben jenseits der Staatsbürokratie und der Diplomatie. Tatsächlich aber war es diese Form der politischen Geschichte, die bis in die 1960er Jahre die Arbeit der Historiker in Deutschland maßgeblich bestimmt hat. Und auch heute ist diese Art erzählender Politikgeschichte, die sich über die Voraussetzungen, aus denen sie kommt, keine Rechenschaft ablegt, aus den Universitäten nicht verschwunden.[15]

Nun erschöpft sich, was Historismus genannt wird, nicht im Rankeschen Objektivitätsideal. Zur Historischen Schule gehörten Historiker mit unterschiedlichen Interessen und Fragen. Hier seien nur Wilhelm von Humboldt, Johann Gustav Droysen, Heinrich von Treitschke, Heinrich Sybel, Theodor Mommsen oder Wilhelm Dilthey genannt. Mit Ranke verband sie die Methode des kritischen Quellenstudiums, das Verfahren des Verstehens vergangener Lebensäußerungen und die Auffassung, im Staat und seiner Außenpolitik zeige sich die Kraft der sittlichen Mächte, die durch die Geschichte schreiten. Die Aufklärungskritik und die Einsicht, daß menschliche Freiheit nicht abstrakt begriffen, sondern an den Ort gebunden werden muß, wo sie sich bewährt, kam aus der Philosophie Hegels. Die Überhöhung und Mystifizierung des Staates als eines Ortes, an dem die Freiheit und der Ausdruck des Menschen ineinanderfielen, ergab sich aus dem Quellenstudium der Historiker selbst. Rankes Objektivitätsideal aber, das sich durch Auslöschung des Historikers verwirklichte, teilten in dieser Konsequenz nur wenige Historiker. Das gilt vor allem für Johann Gustav Droysen, dessen «Historik» noch im Bann des Hegelschen Denkens stand.

Droysen wurde 1808 in der preußischen Kleinstadt Treptow als Sohn eines Militärgeistlichen geboren. In der religiösen Umgebung seiner Heimatstadt kam er mit der aufgeklärten Theologie in Berührung, die das geistige Klima der preußischen Reformära repräsentierte. 1826 legte Droysen die Abschlußprüfung am Gymnasium in Stettin ab und schrieb sich an der Berliner Universität als Lehramtsstudent ein. 1831 wurde er promoviert, 1833 habilitierte er sich im Fach Klassische Philologie. An der Berliner Universität hörte er nicht nur die Vorlesungen August Boeckhs, die ihm die philologische Methode der Textauslegung näherbrachten. Er wurde zum Anhänger Hegels, dessen Vorlesungen über die «Phänomenologie des Geistes» und die «Philosophie der Weltgeschichte» er in diesen Jahren hörte. Ohne den Anstoß Hegels ist, was in Droysens theoretischer Begründung der Geschichtswissenschaft, der «Historik», gesagt wird, nicht verständlich. Das zeigte sich bereits in seiner 1833 erschienenen «Geschichte Alexanders des Großen» und der zwischen 1836 und 1843 veröffentlichten zweibändigen «Geschichte des Hellenismus», die das Hegelsche Denken über die Rolle der griechischen Antike in der Geschichte fortschrieb. Man könnte auch sagen, daß Droysen in jener Zeit ein Hegelianer war, der sein Urteil auf das Studium von Quellen gründete.[16]

1840 erhielt Droysen einen Ruf an die Universität Kiel. Hier verlagerte sich sein Interesse auf die Geschichte der Neuzeit. Zugleich politisierte Droysen seine Geschichtsschreibung in einem Maße, wie es für Ranke nicht denkbar gewesen wäre. Seine 1846 veröffentlichten «Vorlesungen über die Zeitalter der Freiheitskriege» waren nicht bloß Darstellung eines Ereignisses, wie es eigentlich gewesen sei, sondern verstanden sich als liberale Kritik an der Reaktion und als Plädoyer für einen Nationalstaat unter preußischer Führung. «Die Sache der Nation ist jetzt bei Preußen … Die deutsche Macht zu sein ist seine geschichtliche Aufgabe.»[17] Diesem Ideal, daß nämlich die Geschichte Preußen den Auftrag erteilt habe, Deutschlands Mission zu sein, blieb Droysens Geschichtsschreibung fortan verpflichtet. In solchem Geist lehrte er sie seit 1851 in Jena und von 1859 bis zu seinem Tod im Jahr 1886 in Berlin.

Droysen trug, was er über die historische Methode zu sagen hatte, 1857 erstmals in Form einer Vorlesung vor. 1868 erschien eine erste Fassung dieser Vorlesung unter dem Titel «Grundriß der Historik», eine vollständige Ausgabe wurde allerdings erst 1937 veröffentlicht. Sie lautete: «Historik. Vorlesungen über Enzyklopädie und Methodologie der Geschichte».[18]

Gleich den übrigen Mitgliedern der Historischen Schule sah auch Droysen in der Geschichtswissenschaft ein Instrument zur Erforschung der Vergangenheit aus Perspektiven der Gegenwart. «Es gibt nichts Seiendes, das nicht sein Werden, seine Geschichte hätte», wie es in der «Historik» heißt.[19] Aber Droysens Geschichtskonzeption war nicht bloß ein Verfahren, empirische Gewißheit über die Gegenstände der Vergangenheit zu erhalten, sondern auch eine Reflexion über den Ort und die Rolle des Historikers, der solchen Gegenständen begegnet. Die historische Erkenntnis ist Selbsterkenntnis, sie ist das Wissen um das Gewordensein der eigenen Existenz. In diesem Wissen um die Geschichtlichkeit des Ich stand Droysen Hegel näher als Ranke, dem der Standort des Historikers nicht zum eigentlichen Problem wurde. In seinem Geschichtsverständnis war Droysen seinen Zeitgenossen freilich weit voraus. Bisweilen erinnert, was in der «Historik» über die Geschichte gesagt wird, an Positionen, wie sie die moderne Hermeneutik vertritt, wenn Droysen davon spricht, das menschliche Interesse an der Vergangenheit sei in der Geschichtlichkeit des Lebens selbst begründet. Das Leben ist nicht nur geschichtlich geworden, es ist von Geschichte bestimmt. Menschen schauen die Geschichte nicht nur an, sie sind ein Teil von ihr. Der Mensch ist dadurch, daß er «in der Geschichte und die Geschichte in ihm ist». Menschen kommen als geschichtslose Wesen zur Welt, aber sie können ihr Leben nicht jenseits der Umstände verbringen, in die sie hineingeboren werden. Der Mensch werde in die «historische Gegebenheit seines Volkes, seiner Sprache, seiner Religion, seines Staates» hineingeboren, und er verinnerliche diese Gegebenheiten, ohne dies zu wissen. Erst wenn dem Menschen zu Bewußtsein komme, daß er ein geschichtliches Wesen sei, werde das historische Interesse in ihm geweckt. Die Entdeckung der eigenen Geschichtlichkeit sei die Voraussetzung für das Interesse an der Vergangenheit.[20] Zugleich aber setzt die historische Forschung die Einsicht voraus, daß auch der Historiker ein Vermitteltes, ein «geschichtliches Resultat» ist. «Die erkannte Tatsache dieser Vermittlungen ist die Erinnerung.» Darin folgt Droysen noch seinem Lehrer Hegel, der diese Erkenntnis nur auf andere Begriffe gebracht hatte.[21] Worin aber besteht der Sinn der historischen Methode?

«Sie muß uns in den Stand setzen, das, was wir historisch denkend und forschend zu tun haben und was fort und fort instinktmäßig getan wird, im Bewußtsein der Mittel und Zwecke zu tun: Sie muß die wissenschaftliche Rechtfertigung unseres Studiums enthalten und auf die Fragen Antwort geben, die man bisher wohl praktisch löste, aber theoretisch wer weiß welchen anderen Wissenschaften zu beantworten überließ».[22]

Wie kann historisches Wissen gewonnen werden, wenn der Historiker selbst nur ein vermitteltes Subjekt ist? Droysen empfiehlt, das Erkenntnismodell der Naturwissenschaften auch auf die Erkenntnis der Vergangenheit anzuwenden. Darin folgte er zweifellos einer Anregung Immanuel Kants, der in der «Kritik der reinen Vernunft» die Forderung erhoben hatte, die Vernunft müsse Prinzipien zur Erkenntnis der Natur aufstellen und diese Prinzipien im Experiment auf ihre Richtigkeit hin überprüfen. Die Natur selbst gibt keine Antworten, wenn man sie nicht befragt. Die Vernunft werde zwar von der Natur belehrt, aber nur zu den Bedingungen der Vernunft. Mit anderen Worten: wer fragt, nötigt die Befragten, auf eben jene Fragen zu antworten. Nicht anders verfährt auch Droysen. Ihm gilt die Forschung des Historikers als ein Verfahren, in dem Annahmen über die Außenwelt im Experiment überprüft und auf diesem Weg bestätigt oder widerlegt werden. Wenn sich in einem solchen Experiment eine Annahme über die Außenwelt nicht bestätigen läßt, dann hat sie als falsch zu gelten. Fragen lassen sich aber nur stellen und überprüfen, wenn sie einen Gegenstand haben, auf den sie sich beziehen können. Was aber ist der Gegenstand des Historikers? Er ist nicht die Vergangenheit, denn diese ist vergangen, wie Droysen sagt, sondern das «in dem Jetzt und Hier noch Unvergangene», mit dem es der Historiker zu tun hat. Er erforscht nicht die Vergangenheit, sondern Quellen, die aus der Vergangenheit kommen. Was nicht aufbewahrt wurde, kann auch nicht befragt werden.

«Der erste Schritt zur richtigen historischen Erkenntnis ist die Einsicht, daß sie es zu tun hat mit einer Gegenwart von Materialien. Da sind Schriftsteller, Akten, Monumente, Gesetze, Zustände, Überbleibsel aller Art, von denen wir freilich wissen, daß ihr Ursprung in andere und andere Zeiten hinaufreicht; aber sie liegen uns so gegenwärtig vor, daß wir sie erfassen können, und nur, weil sie so noch in der Gegenwart stehen, können wir sie erfassen und unter anderem als Material der historischen Forschung benutzen.»[23]

Nun ist aber der Gegenstand nichts ohne die Frage, die an ihn herangetragen wird. Es ist die Fragestellung, die den Gegenstand konstituiert. Droysen ist überhaupt der Begründer jener Fragestellung, mit denen Generationen von Studenten in Proseminaren konfrontiert wurden. Eine antike Tonscherbe oder eine Burgruine, ein Personenregister oder der Speiseplan eines Klosters im Mittelalter sind für sich nichts. Erst die Frage verwandelt eine Tonscherbe von Abfall in einen historischen Gegenstand. Nur wer sich für die Eßgewohnheiten und die gesellschaftlichen Konventionen mittelalterlicher Mönche interessiert, wird im Speiseplan mehr erkennen als ein Stück Papier. Hinzu kommt, daß die Gegenstände mit den Fragen, die wir an sie richten, ihre Beschaffenheit verändern. Trockijs Geschichte der Revolution kann uns Wissen über die revolutionären Ereignisse vermitteln. Aber sie kann uns auch eine Vorstellung über die Geschichtsschreibung selbst geben. Wenn wir uns dafür interessieren, wie die Ereignisse der Revolution in der Geschichtsschreibung interpretiert wurden, wird uns Trockijs Darstellung zu einem anderen Gegenstand. Wir müssen also, bevor wir uns den Gegenständen nähern, Klarheit darüber gewinnen, was wir wissen wollen.

Sodann muß der Historiker ebenso wie der Naturwissenschaftler Hypothesen aufstellen, indem er «einen gedanklichen Zusammenhang voraussetzt, der an sich möglich ist, und nun versucht, ob er sich in diesem Material bestätigt», wie Droysen sagt.[24] Die Gegenstände, die aus der Frage gewonnen wurden, werden jetzt von der Hypothese her befragt, so daß die Gegenstände nur solche Antworten geben, die sich auf die gestellte Frage beziehen.

«Die Forschung sucht etwas, sie ist nicht auf ein bloß zufälliges Finden gestellt; man muß zuerst wissen, was man suchen will, erst dann kann man finden; man muß die Dinge richtig fragen, dann antworten sie.»[25]

So wie also der Naturwissenschaftler die Natur benötigt, um im Experiment seine Hypothesen zu bestätigen, zwingt der Historiker die Quellen, seine Annahmen zu bestätigen oder zu widerlegen. Wann immer sich eine Übereinstimmung zwischen dem Material und der Hypothese zeigt, kann die Hypothese als gesichertes Wissen gelten.

Wenngleich Historiker Hypothesen aufstellen und zu verifizieren suchen, wollen sie nicht erklären, sondern verstehen. Die Methode der Historiker sei verstehend, den Naturwissenschaftlern komme es hingegen auf Erklärung an. «Das Wesen der historischen Methode ist forschend zu verstehen.»[26] Was aber zeichnet dieses Verstehen gegenüber dem Erklären aus? Es ist ein Verfahren, das von den Gegenständen bestimmt ist, mit denen es die Wissenschaft zu tun hat. Historiker untersuchen Gegenstände, die über Menschen, ihre Handlungen und ihre Ideen Auskunft geben. Und tatsächlich ist die antike Tonscherbe, von der soeben die Rede war, für uns doch nur in der Weise von Relevanz, wie sie das Handeln und Deuten von Menschen beinhaltet. An den Gegenständen, so Droysen, «interessiert uns ... nichts als eben diese menschliche Signatur, die ihnen gegeben ist.»[27]

Historiker, die sich mit den Menschen der Vergangenheit beschäftigen, sehen den historischen Menschen, und dabei sehen sie auch sich selbst und ihr Verhältnis zu den Dingen. Historiker wollen menschliches Handeln verstehen, Bedeutungen entschlüsseln. Sie suchen nicht nur nach historischer Erkenntnis, sie sind der menschlichen Natur überhaupt auf der Spur. Nichts, was menschlich sei, sei dem Menschen fremd, wie Droysen sagt. Was den menschlichen Geist bewege, könne deshalb auch stets verstanden werden.

Für Droysen ließ sich das menschliche Leben nur verstehen, nicht aber erklären. Denn die Lebensäußerungen vergangener Menschen seien von Gefühlen, Empfindungen und Trieben bestimmt, die man nicht in Kausalketten einbinden und erklären könne wie die «toten» Gegenstände der Natur. Wer verstehen wolle, müsse sich in den Anderen hineinversetzen. Droysen sah in der Trennung von Verstehen und Erklären aber keinen Einwand gegen die Wissenschaftlichkeit historischer Forschung. Sie suche zwar zu verstehen, aber sie gewinne ihre Erkenntnis ebenso wie die Naturwissenschaft empirisch durch Überprüfung von Hypothesen. Darin erweise sich die Überlegenheit der Geschichtswissenschaft gegenüber der Geschichtsphilosophie. Hegel habe, wie Droysen hervorhebt, in seiner Philosophie der Weltgeschichte, «windige und windschiefe Spekulationen», aber kein gesichertes Wissen vorgetragen.[28]

Rankes Geschichtsschreibung, die bloß zeigen wollte, wie es eigentlich gewesen sei, hielt Droysen für einen unbefriedigenden Versuch, die spekulative Philosophie Hegels zu widerlegen. Denn die Sammlung von Fakten sei nicht das Geschäft des Historikers. Die Welt bestehe in jedem Moment aus einem «Durcheinander von Geschäften, Zuständen, Interessen, Konflikten, Leidenschaften», das unter jeweils verschiedenen Perspektiven betrachtet werden könne und müsse.[29] Faktensammlungen sind Repräsentationen des Chaos, erst die Frage bringt die Fakten in eine lesbare Ordnung. Die historische Wissenschaft sei so wenig eine Photographie der Wirklichkeit wie die Naturwissenschaft eine Sammlung aller Einzelheiten der natürlichen Welt sei.

Droysen sprach aber nicht nur vom Werden, sondern auch vom Wachsen der menschlichen Lebenswelten. Hier schien noch einmal das Erbe der Hegelschen Philosophie auf. In der Natur, so Droysen, zeige sich die Wiederholung des ewig Gleichen, in der Geschichte die Steigerung als Modus der Bewegung. «Die sittliche Welt nach ihrem Werden und Wachsen, nach dem Nacheinander ihrer Bewegung auffassen, heißt, sie geschichtlich auffassen.»[30] Im Unterschied zu Ranke begriff Droysen die Geschichte im Hegelschen Sinn als ein Ganzes, das nur als Ganzes verstanden werden konnte, – so wie das Verstehen eines Gesprächs nicht nur die Erfassung der einzelnen Worte ist, die einen Satz konstituieren, sondern des Zusammenhanges, der aus dem Satz spricht. Hier zeigen sich uns die Grenzen unseres Vermögens, zu verstehen. Das Verstehen ist eine Operation, die den Horizont des Verstehenden nicht überschreiten kann. Wir können einen Zusammenhang immer nur aus unserer Lebenswelt heraus verstehen. Gleichwohl war Droysen davon überzeugt, der Historiker könne mit der Methode des Verstehens zu objektivem Wissen gelangen.

Droysen wußte, daß Menschen sich in Kulturen verstehen, in Staaten, Nationen, Religionen und Sprachen. Aber er sah in den «Volksgeistern», in denen wir uns verstehen, Ausdrucksformen einer objektiven Realität. Indem der Historiker die Ideen ergreift, die aus der «sittlichen Welt» sprechen, wird er zum Sprachrohr der objektiven Realität. Diese Argumentationsakrobatik führt ihn am Ende zu folgendem Schluß:

«Natürlich nicht von meiner subjektiven Willkür, von meiner kleinen und kleinlichen Persönlichkeit aus werde ich die großen Aufgaben der historischen Darstellung lösen wollen. Indem ich von dem Standpunkt, von dem Gedanken meines Volkes und Staates, meiner Religion aus die Vergangenheit betrachte, stehe ich hoch über meinem eigenen Ich. Ich denke gleichsam aus einem höheren Ich, in welchem die Schlacken meiner eigenen kleinen Person hinweggeschmolzen sind.»[31]

Im Gegensatz zu Ranke sah Droysen die «relative Wahrheit» seines eigenen Standpunktes. Wissen, das ohne Ansehen des eigenen Standpunktes gewonnen werde, sei nichts weiter als eine «eunuchische Objektivität». Gleichwohl begriff auch Droysen die Umstände, in denen sich Menschen immer schon vorfinden, als Ausdruck objektiver Strukturen. Am Ende löscht sich also auch hier das Ich aus: indem es erkennt, daß es Teil eines Kollektivs ist, aus dem der Geist spricht. Hier erweist sich Droysen als gelehriger Schüler Hegels.

«Die historische Forschung weiß, daß die Persönlichkeiten die Medien, aber auch nur die Medien sind, durch die diese Dinge hingehen, daß die Gaben der einzelnen, deren Wollen und Wünschen, deren eigenste Totalität nur die Etappen, nur die Maschen sind für das rastlose Werden der Dinge, daß die Dinge, wie unser Ausdruck ist, ihres Weges gehen trotz des guten oder bösen Willens derer, durch welche sie sich vollziehen.»[32]

Menschliches Leben ist Deutung, es sind die Ideen, die dem Leben eine Struktur geben und die dem Menschen zum Gegenstand werden. Für die Historiker des 19. Jahrhunderts aber stand das Individuum im Mittelpunkt des forschenden Interesses, sie interessierten sich für die Handlungen und Deutungen von Menschen, so wie diese zu ihrer Zeit über ihre Umwelt dachten. Als Quellen des Historikers kamen deshalb nur Überreste in Frage, in denen sich solche Ideen zeigten. Sie mußten sodann in einer Weise interpretiert werden, daß die Interpretation einen Anspruch auf Wissenschaftlichkeit erheben konnten. Dieses Verfahren nannten die Historiker des 19. Jahrhunderts «Verstehen». Es unterschied sich von der naturwissenschaftlichen Erklärung im Gegenstand. Droysen aber erkannte, daß sich ein solches Verstehen nicht über den Standpunkt des Verstehenden erheben konnte. Wer keine Fragen stellt, bekommt von den Dokumenten auch keine Antwort. Und sie geben stets nur Antworten, die den Fragen entsprechen, die gestellt werden. Droysen erschütterte also das naive Vertrauen darauf, in der Sammlung von Gegenständen aus der Vergangenheit werde die Vergangenheit selbst wieder hervorgebracht. Das ist es, was von Droysen und seiner historischen Methode bleibt.[33]

Was nicht überzeugt –, das ist die Wiedereinführung des objektiven Geistes als Voraussetzung des menschlichen Seins, die Vorstellung, menschliche Ideen seien nicht nur Ausdruck des Herkommens und der Kultur, sondern Reflexe eines objektiven Geistes, der durch diese Gemeinschaften hindurchspricht. Die Vergangenheit müsse, so hat es Jacob Burckhardt den Historikern empfohlen, «als Continuität des Geistes» aufgefaßt werden.[34] So aber wurden Menschen zu Werkzeugen einer Geschichte, die den Gang Gottes in der Welt repräsentierte. Das menschliche Sein sei, sagt Droysen, nichts weiter als Ausdruck und Erscheinungsform der sittlichen Mächte, die sich im Staat als höchster Abstraktionsform der menschlichen Gemeinschaft verkörpern. «Aber über den Geschichten ist die Geschichte».[35] Frei sein heißt, den Ordnungen entsprechen, in denen man lebt. Deshalb interessierte sich die Historische Schule am Ende auch nicht mehr für die Lebensäußerungen einzelner Menschen, sondern nur noch für die «Volksgeister» und die Staaten, in denen sich der objektive Geist zum Ausdruck brachte. Die deutschen Historiker des 19. Jahrhunderts schrieben deshalb vor allem Geschichten der großen Politik, der Kriege und der Diplomatie. Ihre Geschichten sprachen von Ideen und Gedanken, aber sie hatten über die Individuen und ihre konkrete Umwelt nichts zu sagen. Historiker sollten nicht die «persönliche Bekanntschaft» eines Individuums der Vergangenheit machen, sondern «seine historische Bedeutung erforschen und klarstellen».[36]

Nun war ein solcher Rückgriff auf objektive Strukturen für die Historiker des 19. Jahrhunderts schon allein deshalb notwendig, um dem Vorwurf zu entgehen, ihre Geschichtsschreibung sei ohne moralischen Standpunkt und relativistisch. Denn wenn jede Epoche sich auf gleiche Weise zu Gott verhielt, dann war über den Fortschritt im Bewußtsein der Freiheit nichts mehr zu sagen. Ranke und Droysen führten deshalb die Geschichte als objektiven Prozeß wieder ein, um nachzuweisen, daß das, was geschah, stets dem Guten diente, auch wenn es nicht den Anschein hatte.

Der Historismus ist ein Phänomen, das aus dem romantischen Denken erwuchs, dessen Wirkungen aber über Deutschland weit hinausreichten. Konkurrierende Formen der Geschichtsschreibung entstanden erst, als der soziale Ort, an dem Menschen leben, in den Gesichtskreis der Historiker geriet. Diese Geschichtsschreibung verdankte ihren Anstoß nicht zuletzt der Marx'schen Anregung, Geschichte als Sozialwissenschaft zu betreiben und von den materiellen Lebensbedingungen der Menschen her zu erzählen. Sie erweiterte den Horizont der Historiker, und sie verortete die Menschen, über die sie Auskunft gab, in ihrer sozialen Umwelt. Über die Methode, wie ein Gegenstand zu befragen sei, hatte sie indessen nichts Neues zu sagen.

Viertes Kapitel

Karl Marx oder die sozialen Bedingungen der Geschichte

Die historistische Geschichtsauffassung folgte Hegel in der Annahme, es seien die menschlichen Ideen, die dem Prozeß der Geschichte eine Gestalt gaben. Diese Ideen waren nicht nur ein Ausdruck des Volksgeistes, den sie konstituierten. Sie gehörten ihm. Der Volksgeist wiederum spiegelte sich in den sittlichen Mächten, in den staatlichen Institutionen und seinen Rechtsformen. Das Individuum selbst verschwand in diesem Kosmos, es war nichts weiter als ein Repräsentant jenes Geistes, den es im Staat verwirklichte. Deshalb hatten die Historiker des 19. Jahrhunderts auch keinen Begriff von den menschlichen Lebensformen. Sie wußten nichts über die soziale Gebundenheit, über Armut und Reichtum, über Arbeit und Eigentum, Klima und Geographie. Kurz: sie übersahen, daß der Mensch sich und andere nicht nur in Staat und Nation, sondern auch in der sozialen Umgebung versteht, in der er lebt. Es ist Karl Marx, der auf diese Frage eine Antwort gibt, die in der deutschen Geschichtswissenschaft allerdings erst spät zur Wirkung kam.

Karl Marx wurde am 5. Mai 1818 in Trier geboren. Zwar waren seine Großväter Rabbiner gewesen, doch diese Tradition setzte sich in der Familie nicht fort. Sein Vater, der in Trier eine Anwaltskanzlei betrieb und es zu beachtlichem Wohlstand brachte, hatte mit dem Judentum gebrochen und war zum Protestantismus übergetreten. Er änderte sogar seinen Vornamen, hieß nicht mehr Herschel, sondern Heinrich. Nach dieser kulturellen Abnabelung öffnete sich für die Familie Marx ein Weg in die preußische Gesellschaft. Die Assimilation ging der Gleichberechtigung voraus. Nun scheint die Familie Marx diesen Schritt aber auch aus Überzeugung vollzogen zu haben, denn der junge Karl wurde in einem liberal-demokratischen Geist erzogen, der von der Religion schon nichts mehr wissen wollte.

1835, nach dem Abitur, schrieb sich Marx an der Universität Bonn im Fach Rechtswissenschaften ein, aber bereits ein Jahr später zog es ihn zum Studium nach Berlin. Hier kam er mit den Lehren Hegels in Berührung. Sie brachten ihn dazu, sich fortan nur noch mit Philosophie zu beschäftigen. Hegel war bereits 1831 gestorben. Es war der Philosophieprofessor Eduard Gans, der seither das Hegelsche System für eine große Zuhörerschaft an der Berliner Universität erläuterte. Ihn hörte auch Marx. Was Gans über Hegel zu sagen hatte, ging über eine Popularisierung der Geschichtsphilosophie nicht hinaus. Und es mag für den jungen Marx von Belang gewesen sein, daß Gans dieser Philosophie eine sozialistische Färbung gab. Für ihn war die Hegelsche Lehre vor allem eine Interpretation der Geschichte als eines Prozesses fortwährender Rationalisierung, der sich in Übereinstimmung mit dem Willen des Geistes wußte. In der Geschichte zeigte sich, wie sich die Vernunft nach und nach die Welt der Dinge unterwirft und am Ende eins mit ihr wird. Es war die Aufgabe der Philosophie, dieses Werden als Übereinstimmung von Vernunft und Wirklichkeit zu begreifen. Was Marx hier hörte, stand im Gegensatz zu jenen romantischen Vorstellungen, die den Menschen stets nur als Ausdruck, aber nicht als Meister seiner Umwelt präsentierten.[1]

Marx verstand sich damals als Hegelianer, und damit begab er sich in einen Gegensatz zu den konservativen Juristen und Historikern um Friedrich Karl von Savigny, zu denen auch Ranke gehörte. Savigny hatte das Postulat der Aufklärung, Gesetze müßten nach den Prinzipien der Vernunft frei gesetzt werden, verworfen und stattdessen auf die Verwurzelung des Rechts in der menschlichen Lebenswelt verwiesen. Hegel hätte gegen eine solche Argumentation eingewandt, daß Ordnungen entstehen, weil sich die abstrakten Prinzipien an der empirischen Wirklichkeit immer wieder aufs Neue abarbeiten. Denn wäre es nicht so, dann hätte es in der Geschichte der Menschheit keine Veränderungen gegeben. Marx folgte den Hegelianern in dieser Interpretation, wenngleich er das Bewußtsein schon damals nicht als Schöpfer, sondern als Teil der äußeren Wirklichkeit verstand, die es zu begreifen galt. Es war der Konflikt zwischen den Linkshegelianern und den Romantikern um die Definition der menschlichen Freiheit, der den jungen Marx zutiefst bewegte. Das kam nicht zuletzt in seiner Dissertation zum Ausdruck, einem Traktat über die «Differenz der demokritischen und epikureischen Naturphilosophie». Marx' Dissertation trat noch im Hegelschen Duktus auf, theoretisch aber beschritt sie schon eigene Wege. Der Geist solle sich weder der Welt, wie er sie wahrnimmt, unterordnen, noch solle er die Vernunftprinzipien, die er in sich entdeckt, für absolut halten. Stattdessen empfiehlt Marx, die vorgefundene Welt nicht im Begriff aufzuheben, sondern sie mit den Mitteln der Vernunft zu beherrschen. Das Bewußtsein ist Teil jener Außenwelt, die es im Prozeß der Aneignung aufhebt. Zwar kommen die Maßstäbe, die das Bewußtsein zur Beurteilung der Außenwelt besitzt, aus ihm selbst und nicht aus der Welt, die es beobachtet. Aber ohne die Existenz dieser Welt könnte es sich keine Maßstäbe zu ihrer Beurteilung erarbeiten. Marx bestreitet die Gültigkeit von Regeln, die nicht aus der gesellschaftlichen Praxis des Subjekts selbst kommen. Wenn also Hegels Behauptung, das Selbstbewußtsein sei der Motor der geschichtlichen Bewegung, weiterhin gelten solle, dann müsse es dem Prozeß der Geschichte selbst entspringen, könne aber nicht nach Regeln operieren, die außerhalb der Geschichte aufgestellt worden seien. Auch Marx sehnte sich nach der Überwindung der Differenz zwischen dem Subjekt und seiner Umwelt. Aber er sah andere Gründe und andere Differenzen als Hegel.[2]

Marx blieb freilich ein Hegelianer, er sprach seine Wahrheiten in den Worten und im Denkstil Hegels aus, wenngleich er sich von der Bewußtseinsphilosophie des Meisters allmählich löste. Den eigentlichen Anstoß, über dessen Anregung neu nachzudenken, erhielt Marx von Ludwig Feuerbach, einem Hegel-Schüler, der in seinem Werk «Das Wesen des Christentums» aus dem Jahre 1841 eine naturalistische Kritik der Religion vorgetragen hatte. Feuerbach rehabilitierte die Natur und kehrte zu jenem materialistischen Standpunkt zurück, den Hegel hatte überwinden wollen. Seine Interpretation der Religion nahm Marx zum Anlaß, die Frage nach der menschlichen Freiheit neu zu stellen. Für Feuerbach galten alle Aussagen von Menschen über Gott als mystifizierter Ausdruck des menschlichen Wissens über sich selbst: Was der Mensch begreift und in Begriffe faßt, ist nichts anderes als die Reproduktion seines eigenen Bewußtseins. Die Religion ist ein Gegenstand, in dem der Mensch auf andere Weise von sich weiß. In ihr entäußert der Mensch sein eigenes Wesen, er abstrahiert von sich und verlegt die Bedingungen seines Seins in das Jenseits, nur um dann zu erkennen, daß er selbst es ist, dem dieses Jenseits gehört. Gott kann keine anderen Eigenschaften besitzen als jene, die ihm Menschen zuschreiben. Die Religion aber kehrte das Verhältnis um, indem sie behauptet, die Gottheit sei die Bedingung des menschlichen Seins. So verselbständigt sich in der Religion das göttliche Sein und gewinnt Macht über den Menschen, der es geschaffen hat. Deshalb, so Feuerbach, sei die Religion die «Entzweiung» des Menschen, sie erniedrige den Menschen vor sich selbst, um die Gottheiten zu erhöhen. «Die Religion ist das bewußtlose Selbstbewußtsein des Menschen.» Für Feuerbach war die Aufhebung der Religion die Rückkehr des entfremdeten Menschen zu sich selbst. Sie machte ihn frei und ungebunden und ließ ihn die Dinge so sehen, wie sie wirklich waren und nicht wie sie sich in religiöser Verschleierung zu erkennen gaben.[3]

Marx folgte Feuerbach darin, daß auch er die Religion für eine Verschleierung der wahren Verhältnisse hielt. Er empfand die Feuerbachsche Religionskritik als Befreiung. Sie ermöglichte es, den Schleier zu lüften, der die Wirklichkeit verhüllte und die sozialen Übel der Gesellschaft verdeckte. Wer die sozialen Verhältnisse verändern wollte, mußte die religiösen Lehren kritisieren, die sie rechtfertigten. Die Religionsphilosophie Feuerbachs radikalisierte aber nicht nur den Antiklerikalismus der Linkshegelianer. Sie veränderte das Bild vom Menschen und seinen Möglichkeiten, frei zu sein. Das zeigte Marx erstmals 1843 in seinem Aufsatz «Zur Kritik der Hegelschen Rechtsphilosophie. Einleitung», in dem er das Verhältnis des Menschen zum Staat neu bestimmte. Hegel habe den Menschen zu einer Kreatur des absoluten Geistes herabgewürdigt. In Wahrheit aber sei das Allgemeine nur ein Ausdruck des individuellen Seins. Hegel habe den Menschen als den subjektiven Ausdruck des Staates verstanden, obwohl doch der Staat nichts weiter sei als der sich selbst verobjektivierende Mensch. So wie die Religion nicht den Menschen, sondern der Mensch die Religion schafft, so schaffe nicht die Verfassung das Volk, sondern das Volk die Verfassung. Sobald begriffen worden sei, daß die Menschen nicht Werkzeug, sondern Schöpfer des Staates sind, werde die Trennung zwischen Staat und Mensch und damit auch die menschliche Entfremdung selbst aufgehoben. Das Bewußtsein ist unglücklich, weil es als Staatsbürger von sich selbst abstrahieren muß und nicht bei sich ist. Es ist ein entzweites Bewußtsein, das sich in Zwängen weiß, die ihm nicht entsprechen. Es kommt also darauf an, daß der Mensch die Gesellschaft aus sich hinaustreibt, sodann das private als gesellschaftliches Leben identifiziert und so durch freie Selbstvergewisserung zu sich selbst zurückkommt. Veränderungen treten nur dort auf, wo Menschen den tieferen Sinn ihres eigenen Verhaltens verstehen und den Schleier lüften, der die Sicht auf die Dinge versperrt. Man muß die Welt aus dem Traum über sich selbst aufwecken.

«Der Mensch macht die Religion, die Religion macht nicht den Menschen. Und zwar ist die Religion das Selbstbewußtsein und das Selbstgefühl des Menschen, der sich selbst entweder noch nicht erworben oder schon wieder verloren hat. ... Die Religion ist die allgemeine Theorie dieser Welt, ihr enzyklopädisches Kompendium, ihre Logik in populärer Form, ihr spiritualistischer Point d'honneur, ihr Enthusiasmus, ihre moralische Sanktion, ihre feierliche Ergänzung, ihr allgemeiner Trost- und Rechtfertigungsgrund. ... Die Religion ist der Seufzer der bedrängten Kreatur, das Gemüt einer herzlosen Welt, wie sie der Geist geistloser Zustände ist. Sie ist das Opium des Volkes. Die Aufhebung der Religion als des illusorischen Glücks des Volkes ist die Forderung seines wirklichen Glücks. Die Forderung, die Illusionen über seinen Zustand aufzugeben, ist die Forderung, einen Zustand aufzugeben, der der Illusionen bedarf. Die Kritik der Religion ist also im Kern die Kritik des Jammertales, dessen Heiligenschein die Religion ist. ... Es ist also die Aufgabe der Geschichte, nachdem das Jenseits der Wahrheit verschwunden ist, die Wahrheit des Diesseits zu etablieren. Es ist zunächst die Aufgabe der Philosophie, die im Dienste der Geschichte steht, nachdem die Heiligengestalt der menschlichen Selbstentfremdung entlarvt ist, die Selbstentfremdung in ihren unheiligen Gestalten zu entlarven. Die Kritik des Himmels verwandelt sich damit in die Kritik der Erde, die Kritik der Religion in die Kritik des Rechts, die Kritik der Theologie in die Kritik der Politik.»[4]

Hegel hatte die Entfremdung durch Aneignung und Aufhebung des scheinbar Fremden durch das Bewußtsein überwunden. Freiheit gewinnt, wer einsieht, daß die Dinge zu einem Teil von uns werden, wenn wir sie erfassen und begreifen. Marx hingegen sieht in den Phänomenen Trübungen des Bewußtseins, die durch Negation aus der objektiven Wirklichkeit entfernt und als Täuschung entlarvt werden müßten. Diese Denkoperation war freilich nur möglich, weil Marx das Subjekt und die «objektive Wirklichkeit» wieder voneinander trennte und die Ideen zu Reflexen der Natur erklärte. Die Versöhnung des Menschen mit der Außenwelt, der Natur, vollzieht sich bei Hegel zu den Bedingungen des Bewußtseins. Marx hingegen sah in der sinnlichen Auseinandersetzung des Menschen mit der Natur eine Subjekt-Objekt-Beziehung, die nicht im Bewußtsein aufgehoben war. Es ist die Arbeit, in der sich dieses Verhältnis repräsentiert. Im Prozeß der Arbeit befriedigt der Mensch seine Bedürfnisse. Aber er kooperiert dabei auch mit der Außenwelt, indem er sich ihr in der Arbeit vermittelt. Wie sich Menschen auf je verschiedene Weise gegenüber den Gegenständen ihrer Wahrnehmung verhalten, das bestimmt die menschliche Wirklichkeit. So formulierte es Marx auch in den 1844 verfaßten, aber erst 1932 veröffentlichten «Ökonomisch-Philosophischen Manuskripten»:

«Das Gattungsleben, sowohl beim Menschen als beim Tier, besteht physisch einmal darin, daß der Mensch (wie das Tier) von der unorganischen Natur lebt, und umso universeller der Mensch als das Tier, umso universeller ist der Bereich der unorganischen Natur, von der er lebt. … Die Universalität des Menschen erscheint eben in der Universalität, die die ganze Natur zu seinem unorganischen Körper macht, sowohl insofern sie 1. ein unmittelbares Lebensmittel, als inwiefern sie 2. die Materie, der Gegenstand und das Werkzeug seiner Lebenstätigkeit ist. Die Natur ist der unorganische Leib des Menschen, nämlich die Natur, soweit sie nicht selbst menschlicher Körper ist. Der Mensch lebt von der Natur, heißt: die Natur ist sein Leib, mit dem er in beständigem Prozeß bleiben muß, um nicht zu sterben. Daß das physische und geistige Leben des Menschen mit der Natur zusammenhängt, hat keinen anderen Sinn, als daß die Natur mit sich selbst zusammenhängt, denn der Mensch ist ein Teil der Natur.»[5]

Marx war also alles andere als ein vulgärer Materialist, der die Außenwelt für eine unvermittelte Realität hielt. Aber im Gegensatz zu Hegel reduzierte er das Leben in dieser Welt nicht auf eine Synthese der Idee. Wir sind in der Welt als produzierende, verzehrende Wesen, die sich in der Weise, wie sie sich zu den Gegenständen verhalten, selbst wahrnehmen. Wir sind also immer schon in der leiblichen Welt, wenn wir damit beginnen, sie zu verstehen. Deshalb ist es nicht der Widerspruch zwischen den Ideen und ihrer Wirklichkeit, der das Leben verändert, sondern die Spannung zwischen den Lebensweisen und ihren Ideen. Um den Gang der Weltgeschichte zu verstehen, kommt es darauf an, den Menschen in seinen Arbeits- und Lebensweisen zu zeigen, in denen er sich seine Welt aneignet. Die Geschichte ist die Geschichte der menschlichen Selbstentfremdung und ihrer Überwindung. Darin folgt Marx Hegel. Aber diese Entfremdung schlägt sich nicht in den Ideen nieder, sondern in der Lebenspraxis. Sie kann deshalb auch nur in der Veränderung dieser Praxis überwunden werden.

«Die Menschen haben sich bisher stets falsche Vorstellungen über sich selbst gemacht, von dem, was sie sind oder sein sollen. Nach ihren Vorstellungen von Gott, von dem Normalmenschen usw. haben sie ihre Verhältnisse eingerichtet. Die Ausgeburten ihres Kopfes sind ihnen über den Kopf gewachsen. Vor ihren Geschöpfen haben sie, die Schöpfer, sich gebeugt. Befreien wir sie von den Hirngespinsten, den Ideen, den Dogmen, den eingebildeten Wesen, unter deren Joch sie verkümmern. Rebellieren wir gegen diese Herrschaft der Gedanken. Lehren wir sie, diese Einbildungen mit Gedanken zu vertauschen, die dem Wesen des Menschen entsprechen ... und die bestehende Wirklichkeit wird zusammenbrechen.»[6]

Diese Philosophie des Geschehens entfalten Karl Marx und Friedrich Engels in ihrer Schrift «Die deutsche Ideologie» aus dem Jahre 1846. Sie zeigt die Begründer des historischen Materialismus noch als theoretische Erben Hegels. Darin unterscheiden sie sich vom vulgären Materialismus, wie er von Karl Kautsky, August Bebel, vor allem aber von Vladimir I. Lenin und seinen ideologischen Anhängern vertreten wurde.[7] In der «Deutschen Ideologie» ging es dem frühen Marx noch um die Frage, wie die Autonomie des Subjekts und seine Versöhnung mit sich selbst gelingen könne, eine Frage, die der späte Marx zugunsten eines ökonomischen Reduktionismus dann hinter sich ließ. Hier verstand Marx das Proletariat noch als jene Klasse, deren partikulares Interesse mit dem Interesse der gesamten Gesellschaft zusammenfiel, weil das Unrecht schlechthin an ihr verübt wurde. Seine Emanzipation hob nicht nur die Klassengesellschaft auf. Sie stellte den Menschen überhaupt erst wieder her. Das Proletariat emanzipiert sich stellvertretend für die Menschheit, für alle Menschen. Es war der Messias der Geschichte. Wie er werden konnte, was er wurde – das ist das eigentliche Thema der «Deutschen Ideologie».

Marx und Engels waren keine Historiker. Sie verstanden sich als Geschichtsphilosophen, die das erkenntnistheoretische Modell Hegels vom Kopf auf die Füße stellen wollten. Hegel habe die Phrasen über die bestehende Welt, nicht aber die bestehende Welt selbst kritisiert. Ziel aller Philosophie müsse es aber sein, nach dem «Zusammenhang ihrer Kritik mit ihrer eigenen materiellen Umgebung zu fragen».[8] Marx' Geschichte bewegte sich auf der Hegelschen Bahn des Fortschritts, aber es waren nicht die Ideen, sondern die materiellen Bedürfnisse und Umstände, die den Lauf der Geschichte diktierten. Diese Geschichte hatte einen Anfang und ein Ende. Und so kam es, daß Marx nur von solchen Ereignissen «erzählte», die den Anfang mit dem Ende sinnvoll verknüpften. Niemand wird von der Marx'schen Geschichtsphilosophie erwarten dürfen, daß sie ihre Leser über die Interpretation der Quellen belehrt.

Die Voraussetzungen der Geschichte sind die materiellen Lebensbedingungen der Menschen: die vorgefundenen ebenso wie die selbsterzeugten. Zu den vorgefundenen Bedingungen, in denen der Mensch immer schon existiert, bevor er sich und andere versteht, gehören die körperliche Organisation des Menschen und die natürliche Umwelt. «Alle Geschichtsschreibung muß von diesen natürlichen Grundlagen und ihrer Modifikation im Lauf der Geschichte durch die Aktion der Menschen ausgehen.»[9] Was für Hegel die Idee ist, wird hier als Widerschein der Lebensverhältnisse begriffen, in denen Menschen existieren. Zwar unterscheiden sich Menschen von den Tieren durch ihr Selbstbewußtsein und die Fähigkeit, ihre Existenz in der Religion zu veräußern. Aber die Menschen werden sich dieses Unterschiedes erst bewußt, wenn sie begreifen, daß sie im Unterschied zum Tier ihre Lebensmittel selbst herstellen können. Diese Fähigkeit ergibt sich aus der körperlichen Verfassung des Menschen. Man könnte auch sagen, daß das Leben eine Repräsentation der Produktionsweisen ist. Die Arbeitsweise und ihre materiellen Bedingungen zeigen, was die Menschen wirklich sind. Um es mit einem Beispiel zu sagen: nomadische und seßhafte Lebensweisen kommen nicht aus den Veranlagungen von Menschen, sondern ergeben sich aus jeweils verschiedenen klimatischen und geographischen Umständen. Niemand wird auch bestreiten wollen, daß Nomaden ihr Zusammenleben auf andere Weise organisieren müssen als seßhafte Bauern. So begründen sich am Ende unterschiedliche Traditionen und Möglichkeiten, die Welt anzuschauen, ohne daß es dazu eines freien Entschlusses bedurft hätte. Das ist es, was Marx meint, wenn er vom Leben als einem Reflex der Produktionsweise spricht.

Bewegung aber gibt es erst, wenn Menschen damit beginnen, Produkte herzustellen. Eine solche Produktion aber setzt voraus, daß Menschen nachfragen, was andere produzieren. Sie beginnt, wenn sich die Menschen vermehren und miteinander kommunizieren. Die innere Konstitution einer menschlichen Gemeinschaft und ihre Beziehungen zu anderen Gemeinschaften hängen von ihrer Produktionsweise ab. Hegel und die romantischen Historiker hatten stets nur von den Beziehungen der Volksgeister zueinander gesprochen, aber übersehen, daß über die politische und soziale Beschaffenheit von Nationen nichts von Belang gesagt werden kann, wenn wir über die Beziehungen der gesellschaftlichen Gruppen, die eine Nation konstituieren, nichts mitzuteilen haben. Wer wissen will, wie eine Gemeinschaft beschaffen ist, muß sich über die ökonomischen und sozialen Beziehungen jener Menschen aufklären, die in ihr leben.[10] Deshalb kann nicht einmal die Geschichte der Außenpolitik ohne einen Verweis auf die Produktions- und Lebensweisen auskommen, die sie repräsentiert.

Die Produktionsverhältnisse einer Gesellschaft, sagt Marx, werden vom Stand der Produktivkräfte bestimmt. Sie entsprechen dem Niveau der menschlichen Arbeitskraft, der Werkzeuge und Maschinen. Sobald sich die Produktivkräfte qualitativ verändern, verwandeln sich auch die Produktionsverhältnisse, in denen Menschen arbeiten und kommunizieren. Es ist also die Produktionsweise, die das politische Verhältnis begründet, das Menschen mit anderen Menschen eingehen. Die Veränderung dieser Verhältnisse nennt Marx Fortschritt. Darin folgt er Hegel. Aber dieser Fortschritt kommt aus den Produktionsweisen des Menschen und nicht aus den Begriffen, die sich das Bewußtsein von der geistigen Welt macht.

Jede Produktion, die über den Eigenverbrauch hinausgeht, setzt eine Teilung der Arbeit voraus, denn wer Überschuß produziert, kann nichts anderes mehr tun, als Güter für andere zu produzieren. Er wird zum Sklaven der Produktion. Wenn Menschen Produkte für andere herstellen, dann können sie nicht mehr alles zugleich tun, sie müssen ihre Arbeit aufteilen. Die kleinste arbeitsteilige Einheit ist die Familie. Aber auch diese Einheit verschwindet mit der fortschreitenden Arbeitsteilung als Ort der Produktion. Am Ende versteht sich der Mensch in der modernen arbeitsteiligen Gesellschaft nicht mehr als Mensch. Die Arbeitsteilung negiert sein Menschsein. Denn die arbeitsteilige Welt ist eine entfremdete Welt, weil sie den Produzenten von seinen Produkten trennt, die ihm dann als eine fremde Macht gegenübertreten. «Die entfremdete Arbeit kehrt das Verhältnis dahin um, daß der Mensch eben, weil er ein bewußtes Wesen ist, seine Lebenstätigkeit, sein Wesen nur zu einem Mittel für seine Existenz macht.»[11]

Wo produziert wird, werden Produkte hergestellt, die gelagert und verkauft werden müssen. Und wo die Produktion über die Befriedigung der elementaren Bedürfnisse hinausgeht, entsteht Eigentum. Arbeitsteilung und Privateigentum sind Ausdrücke für ein und dieselbe Sache. Aus der Arbeitsteilung erwächst der Gegensatz von Stadt und Land, von geistiger und körperlicher Arbeit. Die Arbeitsteilung trennt Menschen in Klassen mit unterschiedlichen Interessen und führt die Unterdrückung einer Klasse durch eine andere in die Geschichte ein. Sie unterwirft den Menschen der Macht unsichtbarer Kräfte, über die er keine Gewalt mehr hat, wie sie noch der Mensch in der Urgesellschaft besaß, der sich und seine Umwelt zu seinen Bedingungen beherrschte. Die Arbeitsteilung zwingt die Menschen, sich so zu verhalten, wie es die Strukturen von ihnen erwarten, die sie selbst über sich errichtet haben.

Wer Bücher schreibt oder Studenten unterrichtet, kann keine Kartoffeln anbauen. Er muß sich darauf verlassen können, daß andere diese Tätigkeit ausführen. Aber weder die einen noch die anderen können die Bedingungen der Produktion diktieren. Sie werden von den Zwängen der Arbeitsteilung bestimmt. Wir alle kennen dieses Gefühl der Ohnmacht und des Ausgeliefertseins, wenn von Wirtschaftskrisen, Währungsschwankungen und Arbeitslosigkeit die Rede ist. Wir wissen, daß Menschen diese Krisen verursachen, und zugleich sehen wir ein, daß es die unsichtbaren Strukturen, die wirtschaftlichen Zwänge sind, die unsere Möglichkeiten einschränken und die uns wie in einem reißenden Strom gegen unseren Willen mitziehen. Der Einzelne beherrscht nicht das Ganze, dessen Teil er ist. Und wer wollte Marx darin wirklich widersprechen? Die Arbeitsteilung ist also der Sündenfall, der den Menschen von seiner Natur entfremdet und ihn einer Unfreiheit ausliefert, die er selbst zu verantworten hat. Niemand erklärt dieses Marx'sche Paradoxon besser als Marx selbst.

«Und endlich bietet uns die Teilung der Arbeit gleich das erste Beispiel davon dar, daß, solange die Menschen sich in der naturwüchsigen Gesellschaft befinden, solange also die Spaltung zwischen dem besonderen und gemeinsamen Interesse existiert, solange die Tätigkeit also nicht freiwillig, sondern naturwüchsig geteilt ist, die eigne Tat des Menschen ihm zur fremden, gegenüberstehenden Macht wird, die ihn unterjocht, statt daß er sie beherrscht. Sowie nämlich die Arbeit verteilt zu werden anfängt, hat Jeder einen bestimmten ausschließlichen Kreis der Tätigkeit, der ihm aufgedrängt wird, aus dem er nicht heraus kann; er ist Jäger, Fischer oder Hirt oder kritischer Kritiker und muß es bleiben, wenn er nicht die Mittel zum Leben verlieren will – während in der kommunistischen Gesellschaft, wo Jeder nicht einen ausschließlichen Kreis der Tätigkeit hat, sondern sich in jedem beliebigen Zweig ausbilden kann, die Gesellschaft die allgemeine Produktion regelt und mir eben dadurch möglich macht, heute dies, morgen jenes zu tun, morgens zu jagen, nachmittags zu fischen, abends Viehzucht zu betreiben, nach dem Essen zu kritisieren, wie ich gerade Lust habe, ohne je Jäger, Fischer, Hirt oder Kritiker zu werden. Dieses Sichfestsetzen der sozialen Tätigkeit, diese Konsolidation unsres eigenen Produkts zu einer sachlichen Gewalt über uns, die unsrer Kontrolle entwächst, unsre Erwartungen durchkreuzt, unsre Berechnungen zunichte macht, ist eines der Hauptmomente in der bisherigen geschichtlichen Entwicklung, und eben aus diesem Widerspruch des besonderen und gemeinschaftlichen Interesses nimmt das gemeinschaftliche Interesse als Staat eine selbständige Gestaltung.»[12]

Arbeitsteilung schafft Eigentum, und wo Eigentum entsteht, muß es geschützt werden: durch Rechtsvorschriften und einen Apparat, der die Einhaltung von Vorschriften erzwingen kann. Ihn nennt Marx den Staat. Er ist der Überbau, der dem Stand der Produktionsverhältnisse entspricht, in denen Menschen leben. Anders ausgedrückt: die Produktionsweisen verweisen auf die Eigentumsformen, die Eigentumsformen schaffen sich den Staat, der ihnen entspricht. Und weil die Funktion des Staates sich darin erschöpft, Eigentumsverhältnisse zu schützen, ist er stets nur das Instrument der herrschenden Klassen, die dort entstehen, wo die Arbeitsteilung Gesellschaften zersetzt. Der Staat als eine selbständige Kraft der Mediatisierung tritt zwischen das Verlangen des Einzelnen, frei zu sein und das Interesse der Gemeinschaft, geschützt zu werden. Das ist gemeint, wenn Marx behauptet, der Staat und seine Rechtsäußerungen seien der Überbau der ökonomischen Basis.

Hier bringt Marx das Bewußtsein des Menschen von sich und seiner Umwelt ins Spiel. Ihm ist die Reflexion des Menschen nichts weiter als ein Widerschein der Verhältnisse, in denen Menschen leben und arbeiten. Menschen gehen in ihrer Produktion Verhältnisse zu anderen Menschen ein. Aber sie werden dabei von den Verhältnissen überwältigt. Sie können nicht mehr anders, als sich in diesen Verhältnissen zum Ausdruck zu bringen. «Das Bewußtsein kann nie etwas anderes sein als das bewußte Sein, und das Sein der Menschen ist ihr wirklicher Lebensprozeß.»[13]

Für den Historiker, der den Gegenständen der Vergangenheit auf der Spur ist, kommt es also darauf an, die Verhältnisse zu untersuchen, in denen Menschen sich etwas vorstellen. Es sind die Lebensverhältnisse als Geburtsstätten der Ideen, mit denen es der Historiker immer nur zu tun hat. In diesem Sinn ist auch die Philosophie Hegels nur ein Abbild jener gesellschaftlichen Wirklichkeit, die sie auf den Begriff zu bringen behauptet.

«Auch die Nebelbildungen im Gehirn des Menschen sind notwendige Sublimate ihres materiellen, empirisch konstatierbaren und an materielle Voraussetzungen geknüpften Lebensprozesses. ... Nicht das Bewußtsein bestimmt das Leben, sondern das Leben bestimmt das Bewußtsein. In der ersten Betrachtungsweise geht man von dem wirklichen Bewußtsein als dem lebendigen Individuum aus, in der zweiten, dem wirklichen Leben entsprechenden, von den wirklichen lebendigen Individuen selbst und betrachtet das Bewußtsein nur als ihr Bewußtsein. ... Sobald dieser tätige Lebensprozeß dargestellt wird, hört die Geschichte auf, eine Sammlung toter Fakta zu sein, wie bei den selbst noch abstrakten Empirikern, oder eingebildete Aktion eingebildeter Subjekte, wie bei den Idealisten. Da, wo die Spekulation aufhört, beim wirklichen Leben, beginnt also die wirkliche, positive Wissenschaft, die Darstellung der praktischen Betätigung, des praktischen Entwicklungsprozesses der Menschen. Die Phrasen vom Bewußtsein hören auf, wirkliches Wissen muß an ihre Stelle treten. Die selbständige Philosophie verliert mit der Darstellung der Wirklichkeit ihr Existenzmedium.»[14]

Wie nun setzt sich das Geschehen, das Marx Geschichte nennt, in Bewegung? Es beginnt mit der Erzeugung der Lebensmittel und den Bedürfnissen nach ihnen. Sie seien «eine Grundbedingung aller Geschichte». Wo Bedürfnisse befriedigt werden, entstehen Werkzeuge, die diese Befriedigung ermöglichen, und mit ihnen werden neue Bedürfnisse geweckt. Diese Erzeugung neuer Bedürfnisse nennt Marx die «erste geschichtliche Tat».[15] Mit der Produktion der Lebensmittel tritt der Mensch überhaupt erst in die Geschichte ein. Er wird zum Werkzeug des Fortschritts.

Nun ist aber der Mensch nicht nur ein Produzent, er ist ein gesellschaftliches Wesen, das sprechen und sich anderen Menschen mitteilen kann. Die Sprache verweist uns auf Kommunikation. In ihr teilen wir uns unser Verlangen mit, frei zu sein. Das Bewußtsein kann sich aber erst dann von der Welt emanzipieren, wenn die Trennung von körperlicher und geistiger Arbeit bereits vollzogen ist. Denn nur unter diesen Umständen kann es sich einbilden, etwas anderes zu sein als das Abbild der Wirklichkeit. Der Hegelsche Idealismus ist also das Produkt einer verkehrten Welt.

Das Leben verändert sich, wenn das Bewußtsein mit den Produktivkräften und den gesellschaftlichen Verhältnissen in einen Widerspruch gerät, wenn sich aus der Arbeitsteilung eine ungleiche Verteilung von Produkten ergibt und die Eigentumsverhältnisse als ungerecht empfunden werden. Daraus entstehen Spannungen, die die Produktionsverhältnisse und die an sie gebundenen staatlichen Ordnungen aufbrechen, wenn sie für die neuen Produktivkräfte zu eng werden. Die Entstehung des Geldes, die Erfindung der Dampfmaschine oder der Eisenbahn provozieren neue Produktionsmethoden, die sich unter den gegebenen Verhältnissen nicht verwirklichen lassen. Sie sprengen die alten Produktionsverhältnisse und revolutionieren die staatlichen Ordnungen, die solche Verhältnisse ausdrücken.

Der Protest der Menschen gegen Verhältnisse, die sie als ungerecht empfinden, ist nicht voraussetzungslos, denn in der arbeitsteiligen Welt werden die Menschen in Rollen gedrängt, die sie gegen ihren Willen ausfüllen müssen. Die soziale und politische Tätigkeit ist zu einer sachlichen Gewalt über den Menschen geworden, die er nicht mehr kontrolliert. Tatsächlich sind die Auseinandersetzungen der Menschen im Staat um Demokratie und Wahlrecht nur die «illusorischen» Formen jenes wirklichen Kampfes, der der Klassenkampf ist. Die Entwicklung der Arbeitsteilung bringt soziale Klassen hervor, die sich über ihr Verhältnis zu den Produktionsmitteln bestimmen. Jede Klasse, die nach der Herrschaft strebt, muß ihr Interesse zum Interesse der Allgemeinheit erklären, um ihre Herrschaft zu legitimieren, die immer eine Herrschaft der Minderheit ist. Sie verwirklicht sich im Staat, den sie dann zum Ausdruck der Allgemeinheit erklärt.

Wie aber können die sozialen Mächte überwunden werden, die den Individuen als fremde, jenseits ihrer selbst stehende Gewalten gegenübertreten und die sie nicht mehr kontrollieren? Die Entfremdung des Menschen wird überwunden, wenn sie für ihn unerträglich geworden ist, wenn die Masse der Menschen nichts mehr besitzt als den eigenen Körper und wenn die Produktivkräfte einen solch hohen Entwicklungsgrad erreicht haben, daß die kommunistische Gesellschaft nicht wieder nur den Mangel verwaltet, sondern den Überfluß verteilt. Denn sonst, so Marx, werde der «Streit um das Notwendige wieder beginnen» und am Ende werde sich «die ganze alte Scheiße» wieder herstellen. Sodann müssen die Produktivkräfte in einen Widerspruch zu den Produktionsverhältnissen geraten sein, sie müssen destruktiv wirken. «In der Entwicklung der Produktivkräfte tritt eine Stufe ein, auf welcher Produktionskräfte und Verkehrsmittel hervorgerufen werden, welche unter den bestehenden Verhältnissen nur Unheil anrichten, welche keine Produktionskräfte mehr sind, sondern Destruktionskräfte (Maschinerie und Geld) – und was damit zusammenhängt, daß eine Klasse hervorgerufen wird, welche alle Lasten der Gesellschaft zu tragen hat, ohne ihre Vorteile zu genießen.»[16]

Der Kommunismus ist eine Beschreibung für die Aufhebung der Selbstentfremdung des Menschen. Er wird für den Menschen zu einer Möglichkeit, wenn sich die beschriebenen Widersprüche im Weltmaßstab zur Geltung gebracht haben. Denn der Weltmarkt ist eine übermenschliche fremde Macht, die die gesamte Menschheit knechtet. Das Proletariat ist deshalb nur als weltgeschichtliche Existenz möglich. Nur wird dieser Kommunismus nicht hergestellt, er ist kein Ideal, nach dem sich die Wirklichkeit ausrichtet. «Wir nennen Kommunismus die wirkliche Bewegung, welche den jetzigen Zustand aufhebt.»[17]

In der kommunistischen Gesellschaft wird nicht nur das Privateigentum, sondern auch die Entfremdung des Menschen von sich selbst aufgehoben. Der Mensch gewinnt die Kontrolle über sein Verhältnis zu anderen Menschen zurück. In der kommunistischen Gesellschaft kann jeder in jedem Zweig des Lebens arbeiten, weil die Gesellschaft die allgemeine Produktion regelt und allen ermöglicht, alles zu tun. Im Überfluß wird die Arbeitsteilung obsolet und die Entfremdung hebt sich auf. Mit der Aufhebung der Klassen wird die Arbeit aufgehoben, aus Klassen werden Gemeinschaften freier Individuen. Im Kommunismus besteht nichts mehr unabhängig vom Individuum, das Individuum emanzipiert sich von den sozialen Kräften, von denen es geknechtet wird. Anders gesagt: mit dem Ende der Geschichte verschwindet auch die Gesellschaft aus dem Leben des Menschen. Es sind die revolutionären Ideen, die diese Bewegung der Geschichte am Ende voranbringen, auch wenn sie in den materiellen Bedingungen des Lebens wurzeln.

Die Ideen einer Epoche, also die Volksgeister, von denen Hegel sprach, sind für Marx nicht Ausdruck der Sitten und Gebräuche eines Volkes. Denn wo Klassen bestehen, kann es keinen Volksgeist geben. Die Ideen sind Ausdruck der herrschenden Klasse, die ihre geistige Macht zur allgemeinen erklärt und sich darin universalisiert. Indem die herrschenden Klassen darüber bestimmen, was über eine Sache gesagt werden kann und wie über sie gesprochen werden muß, zwingen sie die Mitglieder der Gesellschaft, das partikulare Interesse der Herrschenden als das Interesse aller anzuerkennen.

«Die herrschenden Gedanken sind weiter nichts als der ideelle Ausdruck der herrschenden materiellen Verhältnisse; also der Verhältnisse, die eben die eine Klasse zur herrschenden machen, also die Gedanken ihrer Herrschaft.»[18]

Zur Umwälzung kommt es, wenn die Ideen nicht mehr den Verhältnissen entsprechen, die sie ermöglichen, wenn die unterdrückten Klassen dem Sagbarkeitsregime der Unterdrücker ihre eigene Auslegung der Welt entgegenstellen. Dabei sind die intellektuellen Wortführer, die früher als andere entdecken, daß die Geschichte neuen Wegen folgt, ihren Zeitgenossen voraus. Mit der Ankunft des Proletariats in der Geschichte wird der ewige Kampf der Klassen und ihrer Ideen überwunden, weil sich das Proletariat als jene Klasse, die nur noch ihre Arbeitskraft, ihr Menschsein besitzt, an die Stelle der Menschheit selbst setzt. Dies gelingt, weil es zu einer solch erdrückenden Mehrheit geworden ist, daß es sich als Menschheit konstituieren kann.

Die Marx'sche Geschichtsphilosophie war ein Versuch, die verloren geglaubte Freiheit des Individuums zurückzuerobern und darin die Strukturen zu überwinden, die es knechteten. Dem Proletariat fiel dabei die welthistorische Aufgabe zu, diesen Emanzipationsprozeß für alle Menschen zu vollziehen. Hegel hatte dieses Problem so gelöst, daß er die Strukturen im Bewußtsein zur Aufhebung brachte. Indem der Mensch erkannte, daß er selbst Produzent des Gehäuses der Unfreiheit war, wurde er frei, weil es keine außermenschliche Macht gab, die ihm diese Beschränkung auferlegte. Freiheit ist die Einsicht in die Notwendigkeit. Für Marx hingegen ist frei, wer das Reich der Notwendigkeit verläßt und durch nichts mehr beschränkt ist. Der freie Mensch ist voraussetzungslos, er ist bei sich, indem er sich ungebunden weiß. Die Geschichte hat keinen anderen Zweck, als diese Freiheit im Menschen zu verwirklichen. Bei Marx hört sich das so an:

«Die Verwandlung der persönlichen Mächte (Verhältnisse) in sachliche durch die Teilung der Arbeit kann nicht dadurch wieder aufgehoben werden, daß man sich die allgemeine Vorstellung davon aus dem Kopfe schlägt, sondern nur dadurch, daß die Individuen diese sachlichen Mächte wieder unter sich subsumieren und die Teilung der Arbeit aufheben. Dies ist ohne die Gemeinschaft nicht möglich. Erst in der Gemeinschaft mit anderen hat jedes Individuum die Mittel, seine Anlagen nach allen Seiten hin auszubilden; erst in der Gemeinschaft wird also die persönliche Freiheit möglich. In den bisherigen Surrogaten der Gemeinschaft, im Staat usw. existierte die persönliche Freiheit nur für die in den Verhältnissen der herrschenden Klasse entwickelten Individuen und nur, insofern sie Individuen dieser Klasse waren. Die scheinbare Gemeinschaft, zu der sich bisher die Individuen vereinigten, verselbständigte sich stets ihnen gegenüber und war zugleich, da sie eine Vereinigung einer Klasse gegenüber einer andern war, für die beherrschte Klasse nicht nur eine ganz illusorische Gemeinschaft, sondern auch eine neue Fessel. In der wirklichen Gemeinschaft erlangen die Individuen in und durch ihre Assoziation ihre Freiheit.»[19]

Was kann ein Historiker, der sich über das Handeln von Menschen ins Bild setzen möchte, mit Marx noch anfangen? Es ist die Einsicht, daß die Existenz des Menschen eine Geschichte hat, die den Historiker auf Marx verweist. Menschen haben eine gewordene Existenz, die uns darüber Auskunft gibt, woher sie kommen und warum sie so und nicht anders sind. Gleich Hegel versteht auch Marx die Geschichte als ein Fortschreiten des Bewußtseins zur Freiheit. In ihr überwindet der Mensch seine Selbstentfremdung und erreicht einen Zustand, in dem er ganz bei sich ist. Aber das Werden des Bewußtseins zum Selbstbewußtsein ist keine Leistung des Ich allein. Es sind die immer schon vorgefundenen materiellen Lebensbedingungen, die es dem Bewußtsein ermöglichen, zum Selbstbewußtsein zu werden. Und es ist der Mensch, der die Verhältnisse schafft, in denen er leben muß. Nur gewinnen sie Macht über ihn, er ist ihnen ausgeliefert und kann sie nicht mehr kontrollieren, denn er hat keine andere Wahl, als sich zu den Lebensbedingungen zu verhalten, die immer schon «da» sind. Deshalb sind das Selbstbewußtsein und die Ideen, die es über sich und andere hat, Spiegelungen von Lebensverhältnissen. Das ist es, was von der Marx'schen Anregung bleibt: die Einsicht, daß wir wissen müssen, in welchen Umständen Menschen leben, deren Handeln wir verstehen wollen. Marx verweist den Historiker auf Lebensbedingungen, die außerhalb der Ideenwelt liegen. Anders gesagt: man kann einen Menschen und sein Verhältnis zu anderen Menschen nicht verstehen, wenn man davon absieht, daß er ißt, trinkt, arbeitet, Geld ausgibt, Waren herstellt und sein Eigentum vor dem Zugriff anderer schützen will. Wer menschliches Handeln verstehen will, muß nach den sozialen und ökonomischen Bedingungen des Lebens fragen. Er muß «Gesellschaftsgeschichte» betreiben. Diese Erkenntnis setzte sich in Frankreich eher als in Deutschland durch, vor allem in der französischen Struktur- und Mentalitätengeschichte der «Annales».[20] In Westdeutschland war es die historische Sozialwissenschaft der Bielefelder Schule, die auf die Marx'schen Fragen neue Antworten gab, wenngleich sie mitunter vergaß, daß nicht die Strukturen, sondern die Menschen, die mit diesen Strukturen leben, das eigentliche Objekt der historischen Forschung sind.[21]

Aber Marx war kein professioneller Historiker. Ihm kam es darauf an, den Beweis zu führen, daß der Mensch im Prozeß der Geschichte seine Selbstentfremdung überwand und zu sich zurückkam. Für ihn hatte das menschliche Leben einen übergeordneten Sinn, von dem die historischen Menschen nichts wußten. Sie wurden gegen ihren Willen in einen Zustand versetzt, der es ihnen ermöglichte, ihre Bewußtseinstrübung zu überwinden und frei zu werden. Es war der Widerspruch zwischen den Produktivkräften und den Produktionsverhältnissen, der das Werden des Selbstbewußtseins verursachte. Gleich Hegel sind es kosmische Kräfte – hier der Geist, dort die Produktivkräfte –, die das Leben verändern und am Ende den Menschen zu der Einsicht führen, daß er zu sich zurückkommen muß. «Ich bin. Aber ich habe mich nicht. Darum werden wir erst», um es mit den Worten Ernst Blochs zu sagen.[22]

Wer in die Vergangenheit schaute, konnte die Zukunft erkennen. Deshalb interessierte sich Marx nur für solche historischen «Tatsachen», die diesen Zusammenhang erwiesen. Die Ideen, die Religion, die Kultur, die Sexualität und die Gewalt, – sie waren nichts weiter als Reflexe des historischen Prozesses. Für sich bedeuteten sie dem Historiker nichts. Marx' monokausale Geschichtstheorie nahm den Menschen das Leben. Denn was ließ sich denn über die Sexualität, die Gewalt, die Leidenschaft und die Liebe noch sagen, wenn sich in ihnen nichts weiter zeigte als ein Ausdruck der Lebensverhältnisse? Über die Kultur und die Traditionen, in denen Menschen leben, hatte Marx nichts mitzuteilen. Am Ende wurden die Menschen selbst zu Statisten im Spiel der Geschichte. Denn die Proletarier, von denen Marx sprach, waren eine Klasse *an sich*. An der Verfügungsgewalt über die Produktionsmittel konnte man erkennen, welcher Klasse jemand angehörte. Es war also nicht von Bedeutung, ob sich ein Mensch als Mitglied einer Gemeinschaft wußte. Deshalb interessierte sich die historische Sozialwissenschaft der 1970er Jahre auch nicht für die Selbstbeschreibung und Distinktion von Arbeitern. Wer zur Arbeiterklasse gehörte, das entschieden nicht die Arbeiter selbst, sondern der Historiker.[23]

Das Marx'sche Menschenbild war statisch. Denn Marx sah in der Verschiedenheit der Menschen nur eine Verschleierung des eigentlichen, freien und ungebundenen Menschen. Mit anderen Worten: der Mensch war stets der Gleiche. Es waren die Verhältnisse, die die Menschen zu Verschiedenen machten, und es war die Aufgabe der Geschichte, sie als wahre Menschen wiederherzustellen. Solches Argumentieren übersieht freilich, daß die Arbeitsteilung und die Differenzierung der Gesellschaft die Menschen so verändern, daß sie zu ihrem «Ursprung» nicht zurückkommen können. Man kann die Welt nur in der Kultur verstehen, es gibt keinen neutralen Ort, von dem aus sie sich anschauen ließe. Die Fähigkeiten des modernen Menschen sind nicht verkümmert. Sie haben sich ausdifferenziert und sind dadurch zu anderen geworden. Eine Gesellschaft, in der Fischer auch Kritiker sind, wäre nicht überlebensfähig. Deshalb ist Marx' Vorstellung, in der Überflußgesellschaft werde der Kritiker zum Fischer und der Fischer zum Kritiker werden, weltfremd. Denn es war doch kein Zufall, daß in der Sowjetunion die Studenten wohl zur Arbeit in die Kolchosen, die Kolchosbauern aber nicht in die Labore geschickt wurden.

Menschen, die an sich und ihrer Umwelt arbeiten, werden zu Anderen. Aber diese Auseinandersetzung vollzieht sich in der Welt, in die man geworfen ist. Deshalb ist die Freiheit, nach der der Mensch verlangt, immer wieder eine andere. Was unter Freiheit je zu verstehen ist, bemißt sich an den Wertmaßstäben der historischen Menschen. Handeln und Deuten begründen Tradition. Wir könnten ohne Kultur nicht leben, wir könnten uns anderen nicht einmal mehr mitteilen, wenn uns keine Deutungsmuster mehr zur Verfügung stünden. Von der kulturellen Gebundenheit der menschlichen Freiheit hatte Marx keinen Begriff.

Dann: Der Mensch hat Emotionen, er hat sexuelle Bedürfnisse, er ist gewalttätig, er liebt und er haßt. Wer wird denn wirklich behaupten wollen, die emotionale Verfassung des Menschen sei ein Ausdruck seiner Produktionsweise? Ökonomische Krisen haben einen Einfluß auf unseren Alltag. Aber wir nehmen diese Krisen durch die Kultur wahr. Wir sprechen in der Kultur. Und in ihr interpretieren und rationalisieren wir unsere Umwelt. Deshalb können die Antworten von Menschen, die von einer Krise herausgefordert werden, unterschiedlich sein. Durch eine Entmystifizierung des Hegelschen Idealismus ist also in jedem Fall mehr gewonnen als durch seine materialistische Überwindung.

Leben ist Zwang. Und nichts spricht dafür, daß sich die unsichtbaren Mächte und komplexen Systeme, die die modernen Gesellschaften beherrschen, von selbst auflösen. Wir werden allenfalls eine alte gegen eine neue Form der Hörigkeit austauschen und neue Begriffe von Freiheit gewinnen. Marx' utopische Verheißung, unter den Bedingungen des modernen Kapitalismus werde das unglückliche Bewußtsein, die Selbstentfremdung überwunden und im Kommunismus der Mensch mit sich selbst versöhnt, ist eine Behauptung, die den Historiker nichts angeht. Denn Historiker sind Interpreten. Sie sind keine Propheten. Ansonsten gilt der Satz Otto Vosslers: «Bei allen angeführten Propheten aber ist nachsichtig zu bedenken, daß Propheten nie wissen, was sie prophezeiten.»[24]

Gleichwohl ist, was Marx über das Verstehen menschlicher Lebensbedingungen zu sagen hatte, nicht obsolet geworden. Marx gab Antworten auf Fragen, von denen die konservativen Historiker des 19. Jahrhunderts nichts wußten. Und niemand wird bestreiten wollen, daß diese Fragen nichts von ihrer Relevanz verloren haben. Man muß nicht an den Sozialismus glauben, um sich von Marx noch etwas sagen lassen zu können.

Fünftes Kapitel

Hermeneutik: Wilhelm Dilthey, Martin Heidegger, Hans-Georg Gadamer

Alle philosophischen Versuche, von denen bisher die Rede war, dienten dem Zweck, Geschichte als einen mit Sinn behafteten Prozeß des menschlichen Werdens zu erweisen. Hegel, Ranke, Droysen und Marx ging es um die Frage, wie sie und ihre Zeitgenossen geworden waren, was sie waren. Das wollten sie erkennen.

Nun ist mit einem solchen Zugang für das Verständnis individueller Menschen und ihrer Handlungen aber nur wenig gewonnen. Wenn Geschichtswissenschaft mehr sein soll als das Erweisen und Erkennen von Gesetzen, dann muß sie sich den historischen Akteuren selbst zuwenden. Ranke und Droysen hatten dafür die Grundlage geschaffen, als sie die menschlichen Handlungen der Vergangenheit aus den Fängen des Weltgeistes befreiten. Es ist wahr: auch Ranke und Droysen hatten keinen Zweifel an den Wirkungen überindividueller mentaler Strukturen, die die Geschicke von Staaten und Völkern lenkten, aber weil über diese Strukturen nichts gesagt werden konnte, spielten sie in der Arbeit der Historiker keine Rolle. Der Historiker hatte keine andere Aufgabe mehr, als die Handlungen und die Deutungen von Handlungen vergangener Menschen zu untersuchen. Dafür benötigte er eine Methode. Droysen hatte sie forschendes Verstehen genannt.

Verstehen heißt lesen, was da steht. Doch der Sinn steht keinesfalls einfach da. Man muß ein Bild oder ein Gedicht «lesen», wenn es verstanden werden soll. Es genügt nicht, es nur zu betrachten. Denn wer ganz nah am Text ist, sieht nur noch Buchstaben, er versteht nichts mehr. Er könnte sich ebensogut eine weiße Wand anschauen. Aber wer versteht schon eine weiße Wand? Das Lesen ist also das Modell allen Verstehens, ein Lesen freilich, das sich nicht auf das Verstehen geschriebener Sätze beschränkt, sondern auf das Verstehen symbolischer Lebensäußerungen überhaupt erstreckt. In diesem Sinn lesen wir Texte, Bilder, Statuen, Architektur und Musik. Nur steht, wer ein Bild interpretiert, vor der schwierigen Aufgabe, daß er die Botschaft stummer Zeugen in Worte übersetzen muß.[1] Gleichwohl müssen alle Interpretationen, seien es die von Handlungen, mündlichen Mitteilungen oder Objekten, ein Problem lösen, das sich auch beim Lesen von Texten einstellt: daß die Umstände, unter denen eine Mitteilung gemacht wird, nicht mehr eingesehen werden können, daß sich die Mitteilung, während sie mitgeteilt wird, bereits vom Kontext ihrer Entstehung gelöst hat.

Für das Lesen von Texten ist das leicht zu verstehen, denn die Vergangenheit ist vergangen und der Autor fern. Man kann dessen Absichten erahnen, aber wenn man seine Absichten ermittelt zu haben glaubt, hat man es doch nur wieder mit neuen Mitteilungen zu tun, die gedeutet werden müssen. Paul Ricoeur hat für diese Operation die Formel gefunden, daß der Interpret jedes Werk so deuten müsse, als sei dessen Verfasser bereits gestorben. Unter diesen Bedingungen steht nicht nur das Lesen von Texten, sondern das Verstehen jeder sinnhaften Äußerung. Denn auch das Sprechen und Handeln setzt mehrere Deutungsmöglichkeiten frei. Selbst wenn der Mitteilende anwesend ist, kann er nicht vollständig den Sinn seiner Äußerung festlegen. Verstehen muß immer der andere. Und Handlungen lassen sich nur verstehen, wenn sie «erlitten» werden. «Ich ist ein Anderer». Im Lesen und Verstehen ist das Ich stets der Andere des gemeinten Sinns. Die Interpretation ist eine «Übung des Zweifels», der Kritiker ist ein Meister des Verdachts, wie es Ricoeur in seinem Buch «Die Interpretation» gesagt hat.[2] Wer richtig versteht, versucht nicht, dem gedeuteten Gegenstand zu entsprechen, sondern ihn auf eine Weise zu erschließen, von der er selbst nichts weiß und von der doch auch gesagt werden kann, daß sie ihn erschließt. Historiker, die ihre Profession als eine Wissenschaft vom Menschen verstehen, üben sich in der Deutung des Unverstandenen, aber sie benötigen Methoden, um das Verhalten von Menschen nicht nur zu verstehen, sondern auch zur Darstellung zu bringen.

Hermeneutik ist die Lehre vom Verstehen, aber wie etwas verstanden wird, hängt immer davon ab, was verstanden wird. Was nicht auf seinen Sinn hin befragt wird, versteht sich gewöhnlich «von selbst», wie es auch in der Redensart «das versteht sich doch von selbst» heißt. Aber selbst dort, wo Menschen sich verstehen, üben sie sich im Verstehen. Das Verstehen ist eine menschliche Eigenschaft, es macht menschliche Kommunikation überhaupt erst möglich. Gäbe es nicht das Vermögen des Menschen, zu verstehen, könnten fremde Kulturen einander nicht begegnen. Überall ist Verstehen. Und das ist, weil Menschen, die miteinander kommunizieren, einander Deutungen zurufen, eine Existenzweise des Menschen. Das ist selbst dort so, wo sich Menschen auf Konventionen des Sprechens geeinigt haben. Aber nicht immer gelingt das Verstehen. Es ist einfach, eine Anordnung zu verstehen, aber es ist oftmals ein schwieriges Unterfangen, die Bedeutung von Sätzen zu verstehen, die aus einem fremden kulturellen Kontext kommen. Was sich nicht im Selbstverständlichen bewegt, verunsichert uns. Die Anstößigkeit des Fremden widerlegt die Gewißheiten des Alltags. An seiner Überwindung übt sich das Verstehen.[3] Es ist die Aufgabe des Historikers, die Repräsentationen, die sich ihm zu erkennen geben, zu befragen, damit sie ihm etwas zu verstehen geben. Um es mit den Worten Wilhelm Diltheys zu sagen: «Die Auslegung wäre unmöglich, wenn die Lebensäußerungen gänzlich fremd wären. Sie wäre unnötig, wenn in ihnen nichts fremd wäre. Zwischen diesen beiden äußersten Gegensätzen liegt sie also. Sie wird überall erfordert, wo etwas fremd ist, das die Kunst des Verstehens zu eigen machen soll.»[4] Deshalb benötigt man ein Verfahren, mit dem ein angemessenes Verständnis des Unverstandenen erworben werden kann.

In Europa kam die Hermeneutik als eine spezifische Lehre der Verstehenstechnik mit der Reformation auf, als der Protestantismus das katholische Postulat herausforderte, die Heilige Schrift könne nur von kirchlichen Autoritäten gedeutet werden. Für die Protestanten gab die Heilige Schrift selbst Auskunft darüber, wie sie zu verstehen sei. Man mußte sie nur richtig zu lesen verstehen, Mißverständnisse durch geschickte Auslegung beheben. In dieser Tradition steht jene philologische Hermeneutik, die sich auf die Arbeit am Text beschränkt. Es sind Wilhelm Dilthey und Martin Heidegger, die dieses enge, aus der religiösen Sphäre kommende Deuten von Texten zu einer Hermeneutik erweitern, die sich auf alle Lebensäußerungen des Menschen bezieht, die das Verstehen zur Wesensart des Menschen überhaupt erhebt.

Wilhelm Dilthey, der 1833 geboren wurde und 1911 starb, gilt als der Begründer der modernen Hermeneutik. Auch er stand noch im Bann Hegels, dessen Schüler Kuno Fischer er in Heidelberg gehört hatte. Dilthey war bis zu seiner Berufung auf einen Lehrstuhl für Philosophie an der Berliner Universität im Jahre 1882 ein eher unbedeutender Theoretiker, der von den Zeitgenossen kaum wahrgenommen wurde. Erst in Berlin entstanden seine Hauptwerke «Einleitung in die Geisteswissenschaften» (1883) und das nach seinem Tod erschienene Fragment «Der Aufbau der geschichtlichen Welt in den Geisteswissenschaften» (1907–1910), die seinen späten Ruhm als Philosoph der Hermeneutik begründeten. Sein Interesse an der Hermeneutik wurde indessen früh geweckt. Wahrscheinlich ließ sich Dilthey, als er in den 1850er Jahren nach Berlin kam, von den Vorlesungen August Boeckhs und Leopold von Rankes inspirieren.

Die Historische Schule hatte das geschichtliche Bewußtsein emanzipiert und die Geschichte als eine Wissenschaft etabliert, deren Methoden sich von denen der Naturwissenschaften unterschieden. Und sie hatte die Erfahrung an den Anfang aller Erkenntnismöglichkeit gesetzt. Das ist es, was Dilthey von der Historischen Schule übernahm. Als Philosoph aber ging er über das Anliegen der Historiker hinaus. Ihm kam es darauf an, die erkenntnistheoretischen Grundlagen der Geisteswissenschaften philosophisch aufzuweisen, um so den vermeintlichen Relativismus des Historismus zu überwinden. Dilthey sah in der Geschichtswissenschaft überhaupt nur eine von mehreren Möglichkeiten, Geschichte zu schreiben. Der Philosophie fiel dabei die Aufgabe zu, diesen unterschiedlichen Möglichkeiten, Geschichte zu schreiben, ein erkenntnistheoretisches Fundament zu legen. In diesem Sinn war die Philosophie eine «Wissenschaft der Wissenschaften», die die Methoden der Erfahrungswissenschaften entwickelt.

Mit Diltheys Namen ist die Trennung der Geistes- von den Naturwissenschaften verbunden. Für eine solche Trennung gibt es gute Gründe. Der Mensch und seine Lebensäußerungen könnten, so Dilthey, nicht auf die Natur zurückgeführt werden. Menschliches Leben sei nur verständlich im Verweis auf die Geschichtlichkeit der menschlichen Existenz. Deshalb haben Natur- und Geisteswissenschaften jeweils andere Methoden und Begriffe, mit denen sie ihren Gegenständen begegnen müssen: hier die «physischen Vorgänge», die Notwendigkeiten, welche in ihnen liegen, dort die «fremden Lebensäußerungen», die Sinn und Bedeutung haben. Dilthey nennt die Methode der Geisteswissenschaften «Verstehen», jene der Naturwissenschaften «Erklären».[5]

Wenn Menschen verstehen, weil sie sich auf einen Sinn beziehen, der kulturell erzeugt wird, dann stellt sich die Frage, wie es um das

Erkenntnismodell der Naturwissenschaften im Unterschied zu den Geisteswissenschaften bestellt ist. Ist es tatsächlich so, daß der Mensch verstanden, die Natur aber erklärt wird, wie Dilthey einst behauptet hatte?

Es ist zweifellos wahr, daß Handlungen, die verstanden werden können, stets mit Sinn behaftet sind. Damit ist nicht gemeint, daß sie sinnvoll sein müssen, um verstanden zu werden, sondern daß sie mit Sinn ausgestattet sind. Sinnhaft sind Handlungen, Sätze und Rituale, weil sie einen für jedermann zugänglichen Sinn entwerfen. Auf diesen objektiven Sinn bezieht sich der subjektive Sinn. Mit anderen Worten, es gibt immer schon eine Sinnerwartung, auf die ich mit meinem Sinn antworte. Wenn zum Beispiel ein Mensch mit ausgebreiteten Armen und lächelnd auf mich zugeht, dann hat dies den objektiven Sinn einer freundlichen Begrüßung. Es ist also immer der mögliche Sinn, auf den sich unser Verstehen bezieht. Und auch das Mißverständnis kann es nur geben, wenn ich versuche, den Sinn einer Sache zu erfassen. Anders gesagt: Menschen eignen sich ihre Außenwelt über symbolische Repräsentationen an, die Realität nicht abbilden, sondern herstellen. Um uns in der Realität zurechtzufinden, brauchen wir Organisationsformen des Wissens. Davon können am Ende auch die Naturwissenschaften nicht absehen, denn wir können uns gegenüber der sinnfreien Natur nur über die Vermittlung sinnhafter Symbole verhalten.[6]

Dilthey bestritt die Existenz transzendentaler Kategorien, die der Erfahrung vorausgehen. Immanuel Kant hatte die transzendentalen Kategorien als a priori-Bestimmungen gesetzt, die nicht in der Erfahrung selbst sind, sondern sie ermöglichen. In Diltheys Konzeption werden die Kategorien durch Erfahrung gewonnen. Er versteht allerdings Erfahrung nicht als sinnliche Wahrnehmung von etwas, sondern als Ausdruck der Lebensäußerungen, die aus dem geschichtlichen Leben der Menschen kommen. Die Kategorien, die der menschlichen Erkenntnis zugrundeliegen, sind also selbst ein Ausdruck des Lebens. Es ist deshalb die Aufgabe des Geisteswissenschaftlers, dieses Leben zu untersuchen.

Wie begründet nun Dilthey die Selbständigkeit der Geisteswissenschaften? Sie liegt in der Weise begründet, wie wir uns zu den Gegenständen verhalten. Das Physische hat stets eine räumliche Ausdehnung und kann über die Zeit hinweg nicht nur beobachtet, sondern auch gemessen werden. Die Phänomene der Natur sind uns über unsere Sinne zugänglich, und mit mathematischen Methoden bringen wir diese Phänomene in Kausalzusammenhänge. Aber wir haben zugleich die Erfahrung von uns selbst, wir nehmen uns selbst wahr, nicht als ein Fremdes, nicht als Gegenüber, sondern als geistiges Wesen, das in einem Lebenszusammenhang steht. Was aus uns selbst kommt, ist das Vertraute, das Unmittelbare; was sich jenseits unseres Bewußtseins aufhält, ist das Fremde. Gleichwohl hält Dilthey an der Objektivierung der Außenwelt fest. Denn das Leben des Menschen beruht auf Trieben und Willensäußerungen, die sich entäußern, sich auf eine Außenwelt beziehen und die sich immer auf gleiche Weise zu erkennen geben. Deshalb können wir einen Begriff von einer kausal determinierten Außenwelt konstruieren, die sich von unserem geistigen Inneren unterscheidet. Allein der menschliche Körper, der auch Teil der physischen Natur ist, unterhält ein engeres Verhältnis zu unserem geistigen Inneren, weil sich die Triebe und Willensäußerungen des Geistes in körperlichen Regungen niederschlagen.

Wie aber können wir gewiß sein, daß das, was wir an uns wahrnehmen, auch anderen Menschen zukommt? Denn nur unter der Voraussetzung, daß andere Menschen so beschaffen sind, wie wir es sind, wäre ein Verstehen fremder Lebensäußerungen möglich. Dilthey findet dafür eine einfache Erklärung. Wir wissen durch Beobachtung, daß bestimmte Gefühlsregungen wie Freude oder Trauer mit körperlichen Ausdrücken wie Lachen und Weinen verbunden sind. Wenn wir einen Menschen sehen, der weint, dann schließen wir daraus, daß er traurig oder unglücklich ist. Naturwissenschaftler würden sich in diesem Fall damit begnügen, eine Kausalität zwischen Schmerz und Weinen herzustellen, Geisteswissenschaftler aber würden den Körper, der Schmerzen empfindet, als Resonanzboden des geistigen Lebens untersuchen. Denn der Körper ist mehr als nur äußere Natur, er ist ein Medium, durch das der Geist des Menschen und seine geschichtlich gewordenen Lebenszusammenhänge hindurchsprechen. Sie zu untersuchen aber erfordert eine andere Methode, als sie die Naturwissenschaftler verwenden.

Wenn wir die Zeichen und Symbole, die sich uns in der sinnlichen Wahrnehmung zeigen, auf ihren geistigen Ursprung hin untersuchen wollen, müssen wir uns also der Methode des Verstehens zuwenden. Und weil das Geistige aus uns kommt, ist es auch das Bekannte, das wir verstehen können, während die Naturwissenschaft sich bei der Erklärung der Naturphänomene mit Konstruktionen behelfen muß, die nicht selbst aus der Natur kommen. «Jedes Wort, jeder Satz, jede Gebärde oder Höflichkeitsformel, jedes Kunstwerk und jede historische Tat sind nur verständlich, weil eine Gemeinsamkeit den sich in ihnen Äußernden mit dem Verstehenden verbindet; der einzelne erlebt, denkt und handelt stets in einer Sphäre von Gemeinsamkeit, und nur in einer solchen versteht er. Alles Verstandene trägt gleichsam die Marke des Bekanntseins aus solcher Gemeinsamkeit an sich. Wir leben in dieser Atmosphäre, sie umgibt uns beständig. Wir sind eingetaucht in sie. Wir sind in dieser geschichtlichen und verstandenen Welt überall zu Hause, wir verstehen Sinn und Bedeutung von dem allen, wir selbst sind verwebt in diese Gemeinsamkeiten.»[7]

Wenn wir verstehen, beziehen wir uns auf Zeichen und Symbole, die wir auf ein Inneres zurückführen. Das Innere wird uns über die Symbole, die es vermitteln, zugänglich. Wenn es keine Zeichen gibt, dann kann man auch nichts verstehen. Wenn der Mensch ein Subjekt wäre, das die Außenwelt unvermittelt erkennt, dann könnte er diese Welt nur repräsentieren, aber nicht deuten, wie Dilthey gegen den naturwissenschaftlichen Reduktionismus einwendet. Das Verstehen ist also ein komplexer Prozeß, in dem sich das Innere symbolisch objektiviert und durch das die symbolischen Zeichen als Ausdruck des Inneren verstanden werden können.[8] Wissenschaftlich und objektiv nachprüfbar wird ein solches Verstehen aber erst, wenn die beobachteten Lebensäußerungen niedergeschrieben werden, so daß ich mich immer wieder aufs neue mit ihnen auseinandersetzen kann, um sie durch die Verfeinerung der Fragemethoden besser zu verstehen. Dilthey nennt dieses Verfahren Auslegen oder Interpretation.

Der Geisteswissenschaftler soll sich in die niedergeschriebenen Gedanken anderer Menschen hineinversetzen und sie in diesem Vollzug nacherleben. Darin versucht er, die Situation des Anderen zu rekonstruieren und die Gedanken, die in dieser Situation geäußert werden, als seine eigene Möglichkeit aufzufassen. Wie wir etwas verstehen, das hängt von der Verfeinerung der Fragemethoden und des Wissensstandes ab. Aber der Abstand zwischen dem Verstehenden und dem zu Verstehenden kann nur überwunden werden, wenn sich der Verstehende in der Kunst der Auslegung übt.

Das ist für Dilthey die Aufgabe der Hermeneutik, die durch die Methode der Auslegung versucht, über das Verstehen eines geschriebenen Textes auf die Intentionen und Gedanken des Autors selbst zu schließen. Dabei stellt sich dem Interpreten allerdings ein unüberwindliches Hindernis entgegen, das der Theologe Friedrich Schleiermacher einst als Problem des «hermeneutischen Zirkels» bestimmt hatte. Wir können einen Satz nur verstehen, wenn wir die Wörter, die in ihm enthalten sind, auf die Aussage des gesamten Satzes beziehen. Für sich allein sind die Wörter nichts. Und auch die Sätze in einem Buch erklären sich nur in ihrem übergeordneten Kontext. Schließlich gehört auch der Autor selbst in einen Zusammenhang der Werkgeschichte und der literarischen Überlieferung. Umgekehrt gilt auch, daß wir von der Gesamtheit einer Sache immer nur dann Kenntnis haben können, wenn wir die Einzelheiten kennen, die sie konstituieren. Das Verstehen ist also der Schwierigkeit ausgesetzt, daß es die Kenntnis des Ganzen immer schon voraussetzt, das Ganze aber nur verständlich wird, weil wir Kenntnis und Wissen vom Einzelnen haben. Das bedeutet aber, daß wir möglicherweise über einen Autor mehr wissen als er über sich selbst wußte, wenn wir ihn im Nachhinein, ex post, oder nach seinem Tod, verstehen wollen. «Nicht wissen, wie das alles noch ausgehen wird, ist kennzeichnend für das unmittelbare Erleben der Ereignisse», sagt der Geschichtsphilosoph Arthur C. Danto. Diesen Zustand des Nichtwissens kann der Historikers nicht annehmen, er muß statt dessen seine Überlegenheit, eine Sache von ihrem Ende her zu verstehen, ins Spiel bringen.[9]

Das Verstehen ist für Dilthey immer auch ein Versuch, den Anderen besser zu verstehen als er sich selbst verstand, weil uns die Zusammenhänge deutlich sind, die sich in der Geschichtlichkeit des vergangenen Lebens herstellten. Hier zeigt sich noch einmal jene Vorstellung vom Ausdruck des organischen Ganzen im Seelenleben eines Menschen, das den Nachgeborenen durch Auslegung zugänglich wird. Das Bewußtsein selbst ist Teil eines lebensgeschichtlichen Zusammenhangs, durch das es bestimmt wird. Es gibt also ein «unbewußtes», dem Leben zugrundeliegendes Leben, in das man immer schon hineingeworfen ist. Die Sinnstrukturen, auf die sich die Geisteswissenschaften in ihrem Verstehen beziehen, sind keine selbständigen, metaphysischen Kräfte, die den Menschen bestimmen, sondern Widerspiegelung eines Vorganges, in dem Sinn entsteht und der selbst eine Grenze des Sinns ist. «Das Leben artikuliert sich», wie Dilthey sagt. Das Leben ist in der Zeit, es steht in einem Zusammenhang, der Erfahrungen begrenzt und zugleich ermöglicht. Menschen sind in überindividuelle Sinnzusammenhänge eingebunden, über die sie keine Verfügung haben, die ihr Verstehen aber erst ermöglichen.[10] Hier zeigt sich noch einmal die Kraft der Hegelschen Frage, die Martin Heidegger später aufgreifen und radikalisieren sollte. In diesem Sinn ist Dilthey ein Pionier jener Geschichtsauffassung, die den Menschen als kulturelle Existenz begreift, als Wesen, das Bedeutungen schafft und von ihnen umgeben ist.

Dilthey war ein Gelehrter des 19. Jahrhunderts, der in den Traditionen der Historischen Schule stand und sich ein Verstehen von Lebensäußerungen nur als Auslegung und Befragung schriftlicher Zeugnisse vorstellen konnte, wenngleich das Verstehen als Seinsweise in seinem späten Werk schon aufscheint. Es ist Martin Heidegger, der die Hermeneutik zu neuen Ufern führt. Heidegger, der anfangs in Marburg und bis zu seiner Entlassung durch die französische Besatzungsmacht 1945 in Freiburg lehrte, war ein Revolutionär des philosophischen Denkens.[11] Von seinem Lehrer Edmund Husserl übernahm er den Gedanken, daß die Dinge nicht unabhängig vom Bewußtsein existieren, sondern sich in der Intentionalität des Bewußtseins selbst konstituieren. Es gibt also keine Erschließung und Objektivierung des Gegenstandes jenseits der Intentionalität oder Wahrnehmungsweise des Bewußtseins. Und diese intentionale Leistung ließ sich nicht auf eine transzendentale Subjektivität zurückführen, sondern war stets Teil des Horizontes, der dem Subjekt vorauslag. Das Dasein, der Mensch, ist immer schon in der Welt. Um es mit den Worten Heideggers zu sagen: «Dasein ist unausgesprochen im vorhinein als Vorhandenes begriffen.»[12] Husserl sprach von einer «absoluten Historizität», die alles Sein umfaßte. Heidegger radikalisierte diese Philosophie, weil er alle metaphysischen Letztbegründungen des Seins aus seiner Philosophie verbannte: Gott, kosmische Mächte, absolute Geister und souveräne Subjekte. Seine Leistung besteht darin, die ontologischen Voraussetzungen des Begründens freigelegt zu haben. Die Suche nach einem absoluten, zeitlosen Fundament der Erkenntnis kommt aus dem Vergessen der menschlichen Zeitlichkeit. Der Mensch ist zeitlich, er kann nicht das Zugrundeliegende sein, auf das sich alles bezieht, denn er wird selbst in das Sein «geworfen», wie Heidegger sagt, über das er in der kurzen Zeit, in der er lebt, keine Verfügung hat. Es ist diese «Geworfenheit» des Daseins, des Menschen, mit der sich die Hermeneutik auseinandersetzen muß. Die Geworfenheit ist der Heideggersche Gegenentwurf zum modernen Subjekt. Heidegger löst das autonome Subjekt auf, indem er es als Geworfenes konstituiert, das kein tragendes Fundament hat. Denn das Subjekt ist nicht Träger des Kantischen Apriori, sondern «Erbe einer geschichtlich-endlichen Sprache, die seinen Zugang zu sich selbst und zur Welt erst ermöglicht und bedingt», wie Gianni Vattimo zu bedenken gegeben hat.[13] Es ist diese Wende im philosophischen Denken, die Michel Foucault, Jacques Derrida und andere Denker der Postmoderne inspiriert hat.

Für Heidegger hat die Geworfenheit des Daseins die Seinsweise des Verstehens. Das Dasein ist als Verstehendes in der Welt, und zwar als Dasein, das die Welt und sich selbst versteht. Damit ist nicht gemeint, daß Verstehen ein Verfahren der Geisteswissenschaften ist, sondern eine Form des Daseins, die sein In-Der-Welt-Sein verkörpert. Das Verstehen ist kein Erkennen, sondern ein Vermögen, ein Können. Es ist ein Sichverstehen auf etwas, es ist die Vollzugsweise des Daseins schlechthin. Jede weitere theoretische Leistung, die ein Mensch erbringt, ist dann nur noch ein Modus dieses Verstehens.[14] Man kann, was darüber zu sagen ist, auch in Heideggers Sprache sagen. In «Sein und Zeit» teilt Heidegger im Abschnitt «Das Da-Sein als Verstehen» seine Gedanken über das Verstehen als Seinsart des Daseins mit:

«Das im Verstehen als Existenzial Gekonnte ist kein Was, sondern das Sein als Existieren. Im Verstehen liegt existenzial die Seinsart des Daseins als Sein-Können. Dasein ist nicht ein Vorhandenes, das als Zugabe noch besitzt, etwas zu können, sondern es ist primär Möglichsein. Dasein ist je das, was es sein kann und wie es seine Möglichkeit ist ... Verstehen ist das Sein solchen Seinkönnens, das nie als Noch-nicht-vorhandenes aussteht, sondern als wesenhaft nie Vorhandenes mit dem Sein des Daseins im Sinne der Existenz ‹ist›. Das Dasein ist in der Weise, daß es je verstanden, bzw. nicht verstanden hat, so oder so zu sein. Als solches Verstehen ‹weiß› es, woran es mit ihm selbst, das heißt seinem Seinkönnen ist. Dieses ‹Wissen› ist nicht erst einer immanenten Selbstwahrnehmung erwachsen, sondern gehört zum Sein des Da, das wesenhaft Verstehen ist. Und nur weil Dasein verstehend sein Da ist, kann es sich verlaufen und erkennen. Und sofern Verstehen befindliches ist und als dieses existenzial der Geworfenheit ausgeliefertes, hat das Dasein sich je schon verlaufen und verkannt. In seinem Seinkönnen ist es daher der Möglichkeit überantwortet, sich in seinen Möglichkeiten erst wieder zu finden. ... Und als geworfenes ist das Dasein in die Seinsart des Entwerfens geworfen. Das Entwerfen hat nichts zu tun mit einem Sichverhalten zu einem ausgedachten Plan, gemäß dem das Dasein sein Sein einrichtet, sondern als Dasein hat es sich je schon entworfen und ist, solange es ist, entwerfend ... Das Verstehen ist, als Entwerfen, die Seinsart des Daseins, in der es seine Möglichkeiten als Möglichkeiten ist. ... Im Verstehen von Welt ist das In-Sein immer mitverstanden, Verstehen der Existenz als solcher ist immer ein Verstehen von Welt.»[15]

Das Verstehen ist entwerfend, aber es ist zugleich geworfen, weil seine Entwürfe aus einer Wirkungsgeschichte her kommen. Nur wer das autonome Subjekt voraussetzt, wird in der Tatsache, daß der Verstehende immer schon Teil einer Wirkungsgeschichte ist, ein Hindernis des Verstehens erkennen können. Für Heidegger, der Sein als Zeit und Verstehen als Seinsart des Daseins verstanden hatte, ist die Geschichtlichkeit des Menschen eine Bedingung der Möglichkeit des Verstehens. Man versteht nur, weil man von einer Wirkungsgeschichte her versteht. Diese «Vorstruktur» gehört zur Verfassung des Verstehens selbst.

Hans-Georg Gadamer, der große Philosoph des Gesprächs, der 2002 im biblischen Alter von 102 Jahren verstorben ist, hat diese Vorstruktur des Verstehens, wie sie Heidegger formuliert hatte, in seinem Hauptwerk «Wahrheit und Methode» aufgegriffen und für die Hermeneutik fortentwickelt. Gadamer, der als Schüler Heideggers in Marburg studierte und dann selbst als Philosoph an den Universitäten Marburg, Leipzig, Frankfurt am Main und zuletzt in Heidelberg wirkte, schrieb den Heideggerschen Entwurf fort und machte ihn zur Voraussetzung seiner Lehre vom Verstehen. Man könnte auch sagen, daß Gadamer Heidegger überhaupt verständlich machte, indem er ihm eine Stimme verlieh, die verstanden wurde.[16] Gadamer selbst formuliert im zweiten Teil von «Wahrheit und Methode», im Abschnitt über die Wahrheit in den Geisteswissenschaften, wie Heideggers Hermeneutik der Faktizität sein eigenes Denken über das Verstehen angestoßen und ermöglicht hat. In dieser Formulierung ist zugleich das Programm der modernen Hermeneutik enthalten, wie sie Gadamer begründet hat:

«Das sich auf sein Seinkönnen entwerfende Dasein ist immer schon ‹gewesen›. Das ist der Sinn des Existenzials der Geworfenheit. Daß alles freie Sichverhalten zu seinem Sein hinter die Faktizität dieses Seins nicht zurück kann, darin lag die Pointe der Hermeneutik der Faktizität … Unüberholbar liegt dem Dasein voraus, was all sein Entwerfen ermöglicht und begrenzt. Diese existenziale Struktur des Daseins muß ihre Ausprägung auch im Verstehen der geschichtlichen Überlieferung finden, und so folgen wir zunächst Heidegger.»[17]

Gadamer knüpft an die Entdeckung Heideggers an, daß die Zirkelstruktur des Verstehens in der Zeitlichkeit des Daseins begründet ist. Sie begrenzt und ermöglicht das Verstehen. Es kommt für den Auslegenden, der erkannt hat, daß das Verstehen die Seinsart seines Daseins ist, darauf an, sich von den Sachen selbst und nicht von beliebigen Einfällen bestimmen zu lassen. Wer einen Text verstehen will, muß sich von den überkommenen Denkgewohnheiten freimachen und ganz der Sache ausliefern, die er zu verstehen sucht. Zugleich vollzieht jeder, der einen Text verstehen möchte, ein Entwerfen.

«Er wirft sich einen Sinn des Ganzen voraus, sobald sich ein erster Sinn im Text zeigt. Ein solcher zeigt sich wiederum nur, weil man den Text schon mit gewissen Erwartungen auf einen bestimmten Sinn hin liest.»[18]

Wer verstehen will, ist Meinungen ausgeliefert, die dem Verstehen vorausliegen und nicht aus der Sache selbst kommen. Gadamer spricht hier von «Vormeinungen». Bei diesen Vormeinungen aber kann der Interpret nicht stehenbleiben. Das Verstehen eröffnet seine eigentlichen Möglichkeiten erst, wenn die eingesetzten Vomeinungen nicht beliebig sind, der Ausleger mit seiner Vormeinung nicht einfach auf den Text zugeht, sondern sie auf ihre Legitimation, ihre Herkunft und Geltung prüft. Der eigene Sprachgebrauch darf gegenüber einem Text nicht einfach ungeprüft eingesetzt werden, das Verständnis des Auslegenden muß im Gegenteil aus dem Sprachgebrauch der Zeit gewonnen werden, aus der der Text stammt. Sonst wäre ein Verstehen fremder und vergangener Menschen ganz unmöglich.

Wie aber gelangt man überhaupt zu der Auffassung, daß zwischen unserem Sprachgebrauch und dem Text eine Differenz besteht? Sie ergibt sich aus der Erfahrung der Differenz, aus der Anstößigkeit eines Textes, wenn der Leser in ihm keinen Sinn erkennt oder er mit seinen Sinnerwartungen nicht übereinstimmt. Wenn also Stalin auf dem Höhepunkt des Großen Terrors von Demokratie spricht, wir aber, während wir dies lesen, andere Vorstellungen von solcher Demokratie haben, oder wenn Hegel vom Selbstbewußtsein spricht, wir aber nichts verstehen, weil wir mit der Hegelschen Bedeutungsweise dieses Wortes nichts anfangen können. Wie aber können solche Mißverständnisse, die sich beim Lesen ergeben können und über die mich niemand aufklärt, überhaupt als solche erkannt werden? Gadamer empfiehlt, dem Anderen, der in den Texten zu uns spricht, offen gegenüberzutreten. Man darf am Anderen nicht hartnäckig vorbeilesen oder vorbeihören, nur weil, was wir lesen oder hören, nicht mit unserer beliebigen Vormeinung übereinstimmt. Wer einen Text verstehen will, muß bereit sein, sich vom Anderen etwas sagen zu lassen, er muß empfänglich sein für die Andersartigkeit des Textes.[19] Das aber kann nicht geschehen, indem der Verstehende sein Ich auslöscht, wie es Ranke noch empfohlen hatte. Man muß sich der Vormeinungen, die einen beherrschen, bewußt werden, damit sie uns nicht als absolute Wahrheit erscheinen.

«Solche Empfänglichkeit setzt aber weder sachliche ‹Neutralität› noch gar Selbstauslöschung voraus, sondern schließt die abhebende Aneignung der eigenen Vormeinungen und Vorurteile ein. Es gilt, der eigenen Voreingenommenheit innezusein, damit sich der Text selbst in seiner Andersheit darstellt und damit in die Möglichkeit kommt, seine sachliche Wahrheit gegen die eigene Vormeinung auszuspielen.»[20]

Ein Verstehen, das nicht bloß abbilden möchte, worin es selbst gründet, wird also bestrebt sein müssen, seine Vorannahmen nicht einfach zu vollziehen, sondern sie sich selbst zu Bewußtsein zu bringen, um sie sodann zu kontrollieren. Das war gemeint, als Heidegger davon sprach, man müsse das rechte Verständnis von den Sachen her gewinnen, Vorhabe, Vorsicht und Vorgriff von der Sache selbst her zu erarbeiten. «Es sind die undurchschauten Vorurteile, deren Herrschaft uns gegen die in der Überlieferung sprechenden Sache taub machen», wie Gadamer sagt.[21]

Die eigentliche Leistung, die Heidegger vollbrachte, lag in der Rehabilitierung des Vor-Urteils. Gadamer möchte nun zeigen, daß Vor-Urteile das Verstehen nicht behindern, sondern es ermöglichen.

Sie gehören zum Vollzug des Verstehens selbst, und wenn das eingesehen ist, dann stellt sich auch das Postulat der Aufklärung ins Abseits, Verstehen bedeute, eine Sache vorurteilslos zu betrachten. An dieser Illusion hatte auch die Historische Schule noch festgehalten. Das Vorurteil der Aufklärung ist das Vorurteil gegen das Vorurteil, und darin entmachtet es die Überlieferung, aus der wir kommen und in der wir stehen.

Gadamers Rehabilitierung des Vorurteils ist zugleich eine Kritik an den Prämissen der Aufklärung. Erst die Aufklärung habe den Begriff des Vorurteils ins Negative gewendet, weil für sie nicht die Überlieferung, sondern die Vernunft Grund aller Autorität gewesen sei. Vorurteile aber sind keine falschen Urteile. Wenn wir Gadamer beim Wort nehmen, dann kann es falsche Urteile gar nicht geben. Das Vorurteil ist eines, das vor der Prüfung aller sachlich bestimmenden Momente gefällt wird. Im Denken der Aufklärung erhielten nur solche Aussagen die Qualität eines Urteils, die rational begründet wurden, alle anderen Aussagen waren Vorurteile. Sie waren «unbegründet». Darauf beruhen die Diskreditierung der Vorurteile und das Bemühen der Historiker, Vorurteile aufzuheben. Nicht zuletzt Rankes Verlangen nach der Neutralität des Interpreten ist doch eine Antwort auf die Diskreditierung des Vorurteils durch die Aufklärung.

Die Kritik der Aufklärung hatte sich ursprünglich an der religiösen Überlieferung des Christentums entzündet. Sie wollte die Überlieferung vorurteilsfrei, d. h. «richtig» verstehen. Deshalb konnten die christliche Überlieferung und die Bibel auch nicht schlechthin gelten, sondern ihre mögliche Wahrheit hing nunmehr von der Glaubwürdigkeit ab, die ihr die Vernunft zubilligte. Was geschrieben steht, muß nicht wahr sein, die Nachgeborenen können es immer besser wissen. Die Überlieferung wird dadurch zum Gegenstand der Kritik.

Die Historische Schule begegnete dieser Herausforderung, indem sie Methoden entwickelte, die Meinungen und Wissen voneinander unterschieden. Dabei aber unterwarf sie sich den Maßstäben der Aufklärung. Die Romantik teilte die Voraussetzungen der Aufklärung, nur gab sie diesen Voraussetzungen eine andere Bewertung: ihr gilt nun das Alte, das Christliche und das Ständische, das bäuerliche Leben als das, was zur Geltung zu bringen ist. Das vom Bewußtsein nicht zersetzte, ungebrochene Leben der «naturwüchsigen» Gesellschaft wird der Befreiung vom Aberglauben entgegengestellt. Durch diese Umkehrung des Wertmaßstabes wird aber die Voraussetzung der Aufklärung, der abstrakte Gegensatz zwischen Mythos und Vernunft, verewigt. In Wahrheit ist aber die Voraussetzung des mythischen Kollektivbewußtseins ebenso dogmatisch-abstrakt wie das absolute Wissen der Aufklärung. «Alles mythische Bewußtsein ist immer schon Wissen», sagt Gadamer. «Es weiß von sich, und in diesem Wissen ist es schon nicht mehr schlechthin außer sich.» Der Gegensatz zwischen einem «echten mythischen Denken» und einem «pseudomythischen, dichterischen Denken», das auf freier Einbildungskraft beruht und nicht verbindlich ist, sei eine romantische Illusion.[22]

Die Romantik suchte die Vergangenheit nicht mehr nach den Maßstäben der Gegenwart wie an einem Absoluten zu messen, sondern sprach ihr einen eigenen Wert zu. Bisweilen sah die Historische Schule sie auch als überlegen an. Weil sie aber die Vergangenheit objektiv abbilden wollte, erlag auch sie dem Irrtum der Aufklärung: daß es nämlich möglich sei, den Geist von dogmatischer Befangenheit, von Vorurteilen zu befreien.

Für die Aufklärung ist eine Überlieferung, die vor den Argumenten der Vernunft nicht besteht, nichts weiter als eine Ansammlung von Vorurteilen, für die Romantik kann nur bestehen, was Überlieferung ist. So könnte man die Unterschiede in der Interpretation zuspitzen. Ein durch die Vernunft zugänglicher Sinn ist, wenn sogar das Denken der Zeitgenossen nur noch «historisch» verstanden werden kann, unmöglich. Die eine wie die andere Sicht auf die Dinge unterstellt, im Erkenntnisprozeß abstrahiere der Historiker von sich selbst und seinem geistigen Standort. Das ist es, was Gadamer an der Aufklärung und der romantischen Geschichtsschreibung gleichermaßen kritisiert:

> «Die Überwindung aller Vorurteile, diese Pauschalforderung der Aufklärung, wird sich selbst als Vorurteil erweisen, dessen Revision erst den Weg für ein angemessenes Verständnis der Endlichkeit freimacht, die nicht nur unser Menschsein, sondern ebenso unser geschichtliches Bewußtsein beherrscht.»[23]

Die Idee einer absoluten Vernunft, die sich über die Geschichte und ihre Interpreten selbst erhebt, ist überhaupt keine Möglichkeit für den Menschen. Menschliches Leben ist Zwang, selbst die freieste Existenz weiß sich in kulturellen Zwängen, denen sie nicht entkommt. «Vernunft ist für uns nur als reale geschichtliche, d.h. schlechthin: sie ist nicht ihrer selbst Herr, sondern bleibt stets auf die Gegebenheiten angewiesen, an denen sie sich bestätigt.»[24]

Deshalb ist es keineswegs ausreichend, das Verstehen im scheinbar autonomen Subjekt zur Auflösung zu bringen. Die Behauptung Diltheys, das Subjekt des Interpreten sei die nicht hintergehbare Voraussetzung allen Verstehens, übersieht, daß das interpretierende Subjekt selbst Teil der Überlieferung ist, über die es urteilt. Eine Geschichte, die von den Bedingungen des Interpreten absieht, wird zu einer privatisierten Geschichte.

«In Wahrheit gehört die Geschichte nicht uns, sondern wir gehören ihr. Lange bevor wir uns in der Rückbesinnung selber verstehen, verstehen wir uns auf selbstverständliche Weise in Familie, Gesellschaft und Staat, in denen wir leben. Der Fokus der Subjektivität ist ein Zerrspiegel. Die Selbstbesinnung des Individuums ist nur ein Flackern im geschlossenen Stromkreis des geschichtlichen Lebens. Darum sind die Vorurteile des einzelnen weit mehr als seine Urteile die geschichtliche Wirklichkeit seines Seins.»[25]

Nur wer an die absolute Selbstkonstitution der Vernunft glaubt, sieht in den Vorurteilen etwas anderes als einen Teil der geschichtlichen Welt selbst. Wenn also auch die Überzeugung, die Welt könne vorurteilsfrei angeschaut werden, nichts weiter als ein Vorurteil ist, das aus der Überlieferung kommt, dann müssen Vorurteile anerkannt werden. Wie aber kann man legitime von illegitimen Vorurteilen unterscheiden?

In der rationalistischen Philosophie seit Descartes galt die Überzeugung, man könne durch methodisch disziplinierten Gebrauch der Vernunft Irrtümer vermeiden. Falsche Autorität sei demnach dafür verantwortlich, daß die Vernunft entweder falsch, nämlich übereilt, oder, indem man sich einer Autorität unterwirft, überhaupt nicht gebraucht werde. In dieser Argumentation wird die Autorität von der Vernunft getrennt. Deshalb sah Schleiermacher in Übereilung und Befangenheit die Ursache des Mißverstehens. Für Gadamer stehen Autorität und Vernunft nicht im Widerspruch zueinander. Vorurteile können wahr sein. Wo Autorität an die Stelle des Urteils tritt, ist sie «eine Quelle von Vorurteilen». Aber sie könne auch eine «Wahrheitsquelle» sein. Das habe die Aufklärung verkannt, «als sie schlechthin alle Autorität diffamierte.»[26]

Im Verständnis der Aufklärung liegt im Begriff der Autorität die Bedeutung von Unvernunft, von Unfreiheit und blindem Gehorsam. Aber die Autorität ist eben nicht in der Unterwerfung, sondern in einem Akt der Anerkennung begründet, in der Erkenntnis nämlich, daß der Andere überlegen ist und sein Urteil deshalb Vorrang hat. Autorität wird nicht verliehen, sie muß erworben werden. Die Anerkennung von Autorität ist immer damit verbunden, daß das, was die Autorität sagt, eingesehen und anerkannt wird.

Die Romantik hat die Tradition als Moment der Autorität gegen die Aufklärung ins Spiel gebracht. Wir aber unterwerfen uns einer namenlosen Autorität, die Gewalt über uns ausübt. Sitten und Gebräuche stammen aus Herkommen und Überlieferung. Sie sind nicht unsere Geschöpfe, über die wir verfügen, wenngleich wir uns zu ihnen bekennen können. Allein die Tradition ist der Grund ihrer Geltung. Für Gadamer liegt hier die eigentliche Leistung der Romantik begründet: daß sie uns zu bedenken gegeben hat, daß neben den Vernunftgründen auch die Tradition ein Recht behält. Sie ist nicht bloß ein Instrument der Knechtung, von dem wir uns befreien müssen. Indem wir sie pflegen und uns zu ihr bekennen, begehen wir eine Handlung aus Freiheit. Wer Traditionen anerkennt, bekennt sich zu etwas. «Jedenfalls ist Bewahrung nicht minder ein Verhalten aus Freiheit, wie Umsturz und Neuerung es sind.»[27]

Nun ist diese Einsicht nicht folgenlos für unser Verhalten gegenüber der eigenen Vergangenheit. Wir sehen jetzt ein, daß es nicht unsere Aufgabe ist, vom Überlieferten Abstand zu nehmen. Wir haben nicht einmal eine Wahl, denn wir stehen selbst in Überlieferungen. Diese Überlieferung ist nicht objektivierbar, sie ist nicht etwas, das als Fremdes vergegenständlicht wird. Sie ist vielmehr ein Spiegel, in dem wir uns wiedererkennen. Mit dieser Erkenntnis gewinnt der Historiker eine neue Perspektive auf seinen Gegenstand und auf sich selbst.

«Am Anfang aller historischen Hermeneutik muß daher die Auflösung des abstrakten Gegensatzes zwischen Tradition und Historie, zwischen Geschichte und Wissen von ihr stehen. Die Wirkung der fortlebenden Tradition und die Wirkung der historischen Tradition bilden eine Wirkungseinheit, deren Analyse immer nur ein Geflecht von Wechselwirkungen anzutreffen vermöchte. ... Es gilt mit anderen Worten, das Moment der Tradition im historischen Verhalten zu erkennen und auf seine hermeneutische Produktivität zu befragen.»[28]

In den Naturwissenschaften wird der Erkenntnisfortschritt in der Anhäufung von Fakten gewonnen, in der Verbindung von Kausalketten. Das aber ist für die Geisteswissenschaften kein geeignetes Fortschrittsmodell. Historiker wollen eine alte Handschrift nicht nur entschlüsseln, sie wollen ihren Sinn erschließen. Deshalb erscheint uns eine Sache nur bedeutsam «durch den Aspekt, in dem sie uns gezeigt wird». Sie gewinnt ihr Leben in der Weise, wie sie geschildert wird.[29] Der Fortschritt in den Geisteswissenschaften besteht also nicht in der Sammlung der Sachen, sondern in der Weise, wie sie präsentiert und repräsentiert werden. Historische Forschung ist nicht nur Darstellung des Gewesenen, sondern Vermittlung von Überlieferung. Wir erkennen in ihr nicht die Gesetze des Fortschritts, sondern machen an ihr selbst geschichtliche Erfahrungen, weil in ihr jeweils neue Stimmen zu hören sind, in denen die Vergangenheit widerklingt. Jedes Forschungsinteresse ist durch die jeweilige Gegenwart und ihre Interessen motiviert. Erst durch die Fragestellung konstituieren sich überhaupt Thema und Gegenstand der Forschung. Fakten allein sind bekanntlich nichts. Die historische Forschung weist ihr Niveau in den Fragen und Methoden aus, mit denen sie ihre Gegenstände konstituiert. Ihr Fortschritt besteht darin, ihren Horizont und die Möglichkeiten des Fragens zu erweitern.

«Die geschichtliche Forschung ist mithin getragen von der geschichtlichen Bewegung, in der das Leben steht, und läßt sich nicht teleologisch von dem Gegenstand her begreifen, dem ihre Forschung gilt. Ein solcher Gegenstand existiert offenbar überhaupt nicht. Das gerade unterscheidet die Geisteswissenschaften von den Naturwissenschaften. Während der Gegenstand der Naturwissenschaften sich idealiter wohl bestimmen läßt als das, was in der vollendeten Naturerkenntnis erkannt wäre, ist es sinnlos, von einer vollendeten Geschichtserkenntnis zu sprechen, und eben deshalb ist auch die Rede von einem Gegenstand an sich, dem diese Forschung gilt, im letzten Sinne nicht einlösbar.»[30]

Seit Schleiermacher gilt als hermeneutisches Prinzip, das Ganze müsse aus dem Einzelnen und das Einzelne aus dem Ganzen verstanden werden. Das ist der hermeneutische Zirkel. Die Teile, die sich vom Ganzen her bestimmen, bestimmen ihrerseits auch das Ganze. So läuft die Bewegung des Verstehens stets vom Ganzen zum Teil und zurück zum Ganzen. Es ist also die Aufgabe des Interpreten, in konzentrischen Kreisen die Einheit des verstandenen Sinnes zu erweitern. Stimmen die Einzelheiten mit dem Ganzen sinnhaft überein, ist richtig verstanden worden. Schleiermacher hat den Zirkel nach der subjektiven und objektiven Seite hin differenziert. So gehört der Text in den Zusammenhang eines Werks und einer Epoche, in der ein Schriftsteller lebt, aber er gehört auch in das Seelenleben des Autors. Erst im Zusammenspiel der subjektiven und objektiven Seiten kann das Ganze verständlich werden.[31]

Gadamer bestreitet, daß es möglich sei, sich in die seelische Verfassung eines Autors zu versetzen, dessen Text man verstehen will. Der Historiker soll sich stattdessen in die Perspektive versetzen, unter der der Andere seine Meinung gewonnen hat. Wir lassen das, was der Andere sagt, gelten. Wir müssen seine Argumente, wenn wir ihn verstehen wollen, sogar noch verstärken. Es gehört zum Prinzip des Verstehens, daß wir die Sinnhaftigkeit des Gesagten unterstellen und alles, was der Andere sagt, nicht nur gelten lassen, sondern stark machen. Das ist dann besonders wichtig, wenn wir als Historiker anderen mitteilen wollen, warum unser Verständnis dem eines Anderen vorzuziehen ist. In der traditionellen Hermeneutik kam der Auslegende in der Zirkelbewegung des Verstehens zum vollständigen Verständnis des Textes: er versetzte sich in den Autor, versenkte sich in dessen Seelenleben und brachte so alles Fremde und Befremdende im Text zur Auflösung. Heidegger hatte im Gegensatz dazu den Zirkel so beschrieben, daß das Verständnis des Textes von der vorgreifenden Bewegung des Vorverständnisses abhängt. Dieser Einsicht schließt sich auch Gadamer an:

«Der Zirkel ist also nicht formaler Natur, er ist weder subjektiv noch objektiv, sondern beschreibt das Verstehen als das Ineinanderspiel der Bewegung der Überlieferung und der Bewegung des Interpreten. Die Antizipation von Sinn, die unser Verständnis eines Textes leitet, ist nicht eine Handlung der Subjektivität, sondern bestimmt sich aus der Gemeinsamkeit, die uns mit der Überlieferung verbindet. Diese Gemeinsamkeit aber ist in unserem Verhältnis zur Überlieferung in beständiger Bildung begriffen. Sie ist nicht einfach eine Voraussetzung, unter der wir schon immer stehen, sondern wir erstellen sie selbst, sofern wir verstehen, am Überlieferungsgeschehen teilhaben und es dadurch selber weiter bestimmen. Der Zirkel des Verstehens ist also überhaupt nicht ein ‹methodischer› Zirkel, sondern beschreibt ein ontologisches Strukturmoment des Verstehens.»[32]

Wir setzen voraus, daß nur verständlich ist, was unseren Sinnerwartungen entspricht. Erst wenn sich erweist, daß ein Text unverständlich ist, zweifeln wir an der Überlieferung und suchen zu erraten, wie sie zu lesen ist. Wir verstehen überlieferte Texte aufgrund unserer eigenen Sinnerwartungen. Wir erwarten einen Sinn, der sich aus unserem Gegenwartsverständnis ergibt und glauben zunächst den Nachrichten, die ein Text mitteilt. Wir sind immer für die grundsätzliche Möglichkeit offen, daß es ein überlieferter Text besser weiß als wir selbst, daß der Andere recht haben könnte. Erst wenn man das Gelesene nicht als wahr anerkennen kann, kommt man dazu, das Gelesene als Meinung eines Anderen zu verstehen. Wir setzen also nicht nur voraus, daß ein Text seine Meinung vollkommen aussprechen soll, sondern auch, daß das, was er sagt, die reine Wahrheit ist. Wenn wir das nicht unterstellten, wäre jedes Gespräch sinnlos.

Für Gadamer ist das Verstehen nur möglich, wenn der, der verstehen will, mit der Tradition verbunden ist, die aus der Sache spricht. Wer nichts über die Tradition weiß, die aus den Dokumenten spricht, wird Schwierigkeiten haben, zu verstehen. Man muß etwas über die Welt, in der Trockij und Nabokov lebten, wissen, damit verständlich wird, worauf sie es abgesehen hatten. Kurz: Man muß nicht Kommunist sein, um zu verstehen, was Trockij seinen Lesern über die Revolution des Jahres 1917 mitteilen wollte. Aber ohne Anschluß an die Tradition, aus der die kommunistische Rede kam, wird man nur unzureichend verstehen, worauf es im Text ankommt. Wer den Anschluß an die Tradition verliert, kann sich den Text nur noch im Verständnis der Gegenwart erschließen, er wird vom Anderen nicht mehr herausgefordert, weil es ihm nur Unverständliches mitteilt. Zugleich wissen wir aber auch, daß wir mit einer Sache nicht selbstverständlich verbunden sein können, wie es für das Fortleben einer Tradition gilt. Es ist die Spannung zwischen der Fremdheit und der Vertrautheit der Überlieferung, in die unser Verstehen versetzt ist. «In diesem Zwischen ist der wahre Ort der Hermeneutik.»[33]

Es ist also nicht die Aufgabe der Hermeneutik, ein Verfahren des Verstehens zu entwickeln, sondern die Bedingungen aufzuklären, unter denen Verstehen geschieht. Denn dem Interpreten stehen die Vorurteile nicht zur freien Verfügung, er kann die produktiven Vorurteile, die das Verstehen ermöglichen, nicht von jenen Vorurteilen unterscheiden, die das Verstehen behindern. Diese Unterscheidung kann erst im Verstehen selbst geschehen. Die Hermeneutik muß deshalb die Bedeutung des Zeitenabstandes für das Verstehen in den Vordergrund stellen.

Die Behauptung, daß das nachkommende Verstehen dem Text, mit dem es konfrontiert ist, überlegen und deshalb ein Besserverstehen sei, beschreibt eigentlich nur die unüberwindbare Differenz zwischen dem Interpreten und dem Autor, die durch den geschichtlichen Abstand gegeben ist. Ein absolutes, für alle Zeiten gültiges Verständnis einer Sache ist offenbar unmöglich, wie Gadamer gegen Dilthey einwendet. Deshalb werde jede Zeit den überlieferten Text «auf ihre Weise verstehen müssen.»[34]

> «Verstehen ist in Wahrheit kein Besserverstehen, weder im Sinne des sachlichen Besserwissens durch deutlichere Begriffe, noch im Sinne der grundsätzlichen Überlegenheit, die das Bewußte über das Unbewußte der Produktion besitzt. Es genügt zu sagen, daß man anders versteht, wenn man überhaupt versteht.»[35]

Für Gadamer ist der Zeitenabstand, der den Interpreten vom Text trennt, kein Abgrund mehr, der überwunden werden muß. Die Zeitlichkeit des Seins ist vielmehr der «tragende Grund des Geschehens, in dem das Gegenwärtige wurzelt». Deshalb müsse sich der Historiker von der naiven Vorstellung befreien, er könne sich in den Geist der Zeit hineinversetzen und eine Sache in ihrer Objektivität zur Darstellung bringen. Wer verstehen will, muß den Zeitenabstand als Möglichkeit des Verstehens begreifen. «Er ist nicht ein gähnender Abgrund, sondern ist ausgefüllt durch die Kontinuität des Herkommens und der Tradition, in deren Lichte uns alle Überlieferung sich zeigt.»[36]

Gleichwohl kommt die Erschließung des wahren Sinns niemals zum Abschluß, sie ist ein unendlicher Prozeß. Wo verstanden wird, entstehen stets neue Anstöße für das Verstehen. Der Zeitenabstand, der das Verstehen filtert und formt, ist in ständiger Bewegung und in stetiger Ausweitung. Deshalb muß der Interpret sein eigenes Bewußtsein in das Verstehen mit einschließen. Der Historiker muß also «die das Verstehen leitenden eigenen Vorurteile bewußt machen, damit die Überlieferung, als Andersmeinung, sich ihrerseits abhebt und zur Geltung bringt.»[37] Was uns zum Verstehen veranlaßt, muß uns in seiner Fremdheit provoziert haben. Jedes Verstehen beginnt damit, daß uns ein Text anspricht und uns dazu veranlaßt, ihn mit unseren Vorurteilen zu konfrontieren. Mit den Fragen, die wir an einen Text stellen, stellen wir auch unsere Vorurteile zur Disposition, wir halten uns Möglichkeiten offen. Wir werden dabei nicht in den Besitz objektiver Wahrheiten gelangen, sondern uns selbst im Text als einen Anderen wiedererkennen.

«Ein wirklich historisches Denken muß die eigene Geschichtlichkeit mitdenken. Nur dann wird es nicht dem Phantom eines historischen Objektes nachjagen, das Gegenstand fortschreitender Forschung ist, sondern wird in dem Objekt das Andere des Eigenen und damit das Eine wie das Andere erkennen lernen. Der wahre historische Gegenstand ist kein Gegenstand, sondern die Einheit dieses Einen und Anderen, ein Verhältnis, in dem die Wirklichkeit der Geschichte ebenso wie Wirklichkeit des geschichtlichen Verstehens besteht.»[38]

Verstehen ist also ein wirkungsgeschichtlicher Vorgang. Wenn wir aus der historischen Distanz eine historische Erscheinung zu verstehen suchen, unterliegen wir immer der Wirkungsgeschichte. Sie bestimmt, was uns als fragwürdig und als forschungsrelevant erscheint. Wenn wir die unmittelbare Erscheinung als Wahrheit auffaßten, vergäßen wir die Hälfte dieser Wahrheit. Der historische Objektivismus verdeckt die wirkungsgeschichtliche Verflechtung, in der er selbst steht. Er leugnet die Voraussetzungen, die sein eigenes Verstehen leiten und verfehlt damit die Wahrheit. Denn die Macht der Wirkungsgeschichte hängt nicht davon ab, ob wir sie anerkennen. Sie setzt sich auch dort durch, wo der Mensch noch im Glauben ist, er könne durch den Einsatz raffinierter Methoden die eigene Geschichtlichkeit ausblenden. Das wirkungsgeschichtliche Bewußtsein ist vielmehr «ein Moment des Vollzugs des Verstehens selbst.»[39] Man kann von einer Situation, in der man steht, kein objektives Wissen haben, denn wir können uns keinen Standpunkt denken, von dem aus sich die Situation, in der wir stehen, überblikken ließe. Man ist also immer schon in einer Situation, wenn man eine andere Situation erforscht. Wir können die Situation, in der wir uns befinden, nicht vom Nirgendwo erhellen. Das aber, sagt Gadamer, ist kein Mangel, sondern liegt im Wesen des geschichtlichen Seins, das wir sind.

«Geschichtlichsein heißt, nie im Sichwissen aufgehen. Alles Sichwissen erhebt sich aus geschichtlicher Vorgegebenheit, die wir mit Hegel Substanz nennen, weil sie alles subjektive Meinen und Verhalten trägt und damit auch alle Möglichkeit, eine Überlieferung von ihrer geschichtlichen Andersheit zu verstehen, vorzeichnet und begrenzt.»[40]

Das Verstehen kommt also nie an ein Ende, es ist bedingt durch die Überlieferung und die Kultur, aus der der Interpret spricht. Deshalb kann der Historiker auch niemals von sich selbst absehen. Zwar berührt uns das Schicksal der Menschen aus naher Vergangenheit intensiver als das Leiden und Sterben von Menschen aus ferner Vergangenheit. Niemand ist noch innerlich bewegt, wenn ihn ein Text mit den Schlachten des Julius Cäsar konfrontiert. Wer aber könnte das von Texten sagen, die von der Judenvernichtung der Nationalsozialisten oder vom Morden der Kommunisten in der stalinistischen Sowjetunion sprechen? Wenn wir nicht mehr Teil der Überlieferung sind, aus der der Text spricht, dann kann der Text seine Meinungen nicht mehr gegen unsere Urteile ausspielen. Er wird wehrlos und kommt nicht mehr in die Möglichkeit, gegen uns auch recht behalten zu können. Aber der Interpret kann sein Ich nicht auslöschen, er wird den Text immer zu seinen Bedingungen lesen und interpretieren. Und diese Bedingungen sind historisch variabel.[41]

Es ist Aufgabe der Hermeneutik, die Bedingungen der Subjektivität zu ermitteln. Der Interpret ist stets an einen Standort gebunden, der seine Welt ist. Was von diesem Standort aus sichtbar ist, wird von einem Horizont umschlossen. Aus dem Horizont ergeben sich die möglichen Fragen, die man an die Überlieferung stellt. Man kann ihn erweitern, indem man seinen Standort bewegt, aber man kann ihn nicht durchbrechen. Wer nun den Anderen verstehen möchte, muß sich zugleich in den Fragehorizont der Überlieferung zu bringen versuchen. So wie man sich im Gespräch die Meinung des Anderen verständlich macht, ohne ihm zuzustimmen, so wird für den Interpreten die Überlieferung in ihrem Sinn verständlich, wenn er sich den Fragehorizont des Textes erarbeitet hat. Wir müssen den Anderen in seiner Andersheit anerkennen. Dann werden wir auch den Anspruch aufgeben, in der Überlieferung eine gültige Wahrheit für uns selbst zu finden.

Wie aber können die Horizonte des Verstehenden und des zu

Verstehenden miteinander verschmelzen? Weil Kultur immer unabgeschlossen ist, weil wir uns, wenn wir verstehen, immer im Anderen wissen und uns am Anderen bewähren. Es gibt, wie Gadamer sagt, keinen festen Ort, den man «Kultur» nennen könnte und von dem aus eine Sache auf stets gleiche Weise zu verstehen wäre. Die Anstößigkeit, die der Andere ist, verändert uns. Deshalb werden wir zu Anderen, wenn wir verstehen. Man muß zwar immer schon einen Horizont haben, um sich in die Situation des Anderen zu versetzen. Aber dieser Horizont ist ständig in Bewegung begriffen, weil wir unser Verständnis ständig neu erproben. Der Horizont der Gegenwart konstituiert sich nicht ohne die Vergangenheit. Das ist gemeint, wenn Gadamer davon spricht, daß der Horizont etwas sei, «in das wir hineinwandern und das mit uns mitwandert.»[42]

> «Es gibt so wenig einen Gegenwartshorizont für sich, wie es historische Horizonte gibt, die man zu gewinnen hätte. Vielmehr ist Verstehen immer der Vorgang der Verschmelzung solcher vermeintlich für sich seiender Horizonte. ... Jede Begegnung mit der Überlieferung, die mit historischem Bewußtsein vollzogen wird, erfährt an sich das Spannungsverhältnis zwischen Text und Gegenwart. Die hermeneutische Aufgabe besteht darin, diese Spannung nicht in naiver Angleichung zuzudecken, sondern bewußt zu entfalten. Aus diesem Grund gehört notwendig zum hermeneutischen Verhalten der Entwurf eines historischen Horizonts, der sich von dem Gegenwartshorizont unterscheidet. Das historische Bewußtsein ist sich seiner Andersheit bewußt und hebt daher den Horizont der Überlieferung von dem eigenen Horizont ab ... Im Vollzug des Verstehens geschieht eine wirkliche Horizontverschmelzung, die mit dem Entwurf des historischen Horizonts zugleich dessen Aufhebung vollbringt.»[43]

Gadamers Hermeneutik ist eine Absage an die Möglichkeit objektiver Erkenntnis historischer Tatsachen. Sie ist ein ununterbrochener Dialog, in dem die Subjektivität der Gesprächsteilnehmer und ihre historischen Horizonte ins Spiel gebracht werden. Man versteht sich im Anderen jeweils so, wie es die Bedingungen erlauben, denen die Teilnehmer eines Gesprächs ausgeliefert sind. Wer die Lebensäußerungen verstehen möchte, die aus einem Text zu uns sprechen, verfährt in gleicher Weise. Allerdings kann der Text nur auf solche Fragen antworten, die ihm der Historiker stellt. Er kann nicht von sich aus fragen, wie es jemandem möglich ist, mit dem wir im Gespräch sind. Gleichwohl gilt, daß jeder zu den Bedingungen seiner

Zeit versteht. Dabei wird er zu einem Anderen, weil ihn die Fremdheit des Gehörten oder Gelesenen verstört und zur Überprüfung der eigenen Vormeinungen führt. So ist in die Bildung des eigenen Horizontes der Horizont des Anderen eingeschlossen. Das ist die Essenz der Gadamerschen Hermeneutik, an der Historiker, die etwas verstehen wollen, nicht vorbeisehen können.

Gleichwohl wirft das Konzept Gadamers auch Fragen auf. Hätte Gadamer am hermeneutischen Zirkel, so wie er ihn definiert, konsequent festgehalten, so wäre ein Verstehen, das in der Bewußtwerdung und Überwindung der eigenen Vorurteile besteht, kaum möglich. Aber Gadamer selbst löst den Zirkel wieder auf, indem er nachweist, daß wir uns unsere Vorurteile nicht nur bewußt machen, sondern sie auch revidieren können, wenn wir von einem Text angesprochen werden. Der Zirkel wird also zu einer Spirale, weil wir unser Vorverständnis immer wieder neu erproben können. Thomas Haussmann behauptet in seinem Buch «Erklären und Verstehen», Gadamer habe unterstellt, in der stetigen Überprüfung der Vormeinungen am Text sei am Ende ein vollständiges Verständnis des Sinnes möglich.[44] Nun ist nicht zu sehen, daß Gadamer das irgendwo behauptet hätte. Man kann allenfalls anders, aber nicht besser verstehen. Und wenn die eigene Existenz als Voraussetzung nicht hintergehbar ist, dann ist die kulturelle Gebundenheit eben kein Hindernis, sondern eine Ermöglichung des Verstehens. Denn die vollständige Erschließung eines Sinns wäre nur unter der Voraussetzung möglich, daß wir den Horizont durchbrechen, der unser Verstehen ermöglicht. Der Horizont ist eine Linie, die sich entfernt, wenn man sich ihr nähert, man kann sie nicht überschreiten.[45]

Was offen bleibt, ist die Frage, wie denn das Verstehen von Menschen und Texten aus anderen Traditionen möglich sein soll, wenn wir, um zu verstehen, stets Anschluß an die Überlieferung haben müssen, die aus einer Sache zu uns spricht. Wie verhalten wir uns gegenüber einer Situation, in der Menschen Kommunikation simulieren, weil sie sich in Machtverhältnissen befinden, die ein nach allen Seiten hin offenes Gespräch unmöglich machen? Beruht Autorität und Tradition unter allen Umständen auf Anerkennung dessen, was man als richtig erkannt hat? Die Anerkennung einer Überlieferung könne nur unter der Voraussetzung mit der Erkenntnis gleichgesetzt werden, «wenn in der Tradition Zwanglosigkeit und Unbeschränktheit der Verständigung über Tradition gesichert wären», wie Jürgen Habermas gegen Gadamer eingewandt hat. «Gadamers Argument setzt voraus, daß sich die legitimierende Anerkennung und das Autorität begründende Einverständnis gewaltlos einspielen. Die Erfahrung systematisch verzerrter Kommunikation widerstreitet dieser Voraussetzung.»[46] Anders gesagt: Mit der wirkungsgeschichtlichen Dominanz setzt sich auch die «faktische Gewalt von Siegern» durch, die dann aber jede Bedingung für eine zwanglose Kommunikation zunichte macht.[47]

Müssen wir am Ende nicht auch am Ideal des Besserverstehens als Ziel und Maßstab festhalten, so wie es die klassische Hermeneutik verlangte? Denn die Bedingungen des Verstehens können doch nicht erhellt werden, ohne die Frage nach der Gültigkeit des Verstehens zu beantworten. So hat Karl-Otto Apel zu bedenken gegeben.[48] Und auch der Wahrheitsbegriff Gadamers geriet in die Kritik. Gadamer spreche von der gemeinsamen Sache, die die Verschmelzung des eigenen Horizontes mit dem des Fremden ermögliche. Aber er spreche nicht von Gründen. Der Begriff der Wahrheit aber müsse aufgegeben werden, wo nicht mehr von Gründen die Rede sei. Wird aber das Gespräch als eine Auseinandersetzung über Gründe verstanden, «ergibt sich keine Verschmelzung, sondern es ergeben sich definierbare Konsense und Dissense.» So formulierte es Ernst Tugendhat in «Egozentrizität und Mystik».[49]

Gadamers Hermeneutik ist eine Weiterentwicklung der Hegelschen Frage. Das Bewußtsein macht, wenn es von seinem Gegenstand weiß, eine Erfahrung: daß nämlich das «An-sich» eines Gegenstandes eben «für uns» ein «An-sich» ist. Objektive Aussagen über jene Wirklichkeit, die die Anderen sind, sind vermittelt durch unseren kulturellen Standort und die Überlieferung, der wir ausgesetzt sind. Die Negativität der Erfahrung, wie sie Hegel in der Phänomenologie des Geistes entfaltet hatte, hat für Gadamer einen «eigentümlich produktiven Sinn.» Denn: «Sie ist nicht einfach Täuschung, die durchschaut wird und insofern eine Berichtigung, sondern ein weitgreifendes Wissen, das erworben wird. Es kann also nicht ein beliebig aufgelesener Gegenstand sein, an dem man eine Erfahrung macht, sondern er muß so sein, daß man an ihm ein besseres Wissen nicht nur über ihn, sondern über das, was man vorher zu wissen meinte, also über ein Allgemeines gewinnt».[50] Verstehen ist Geschehen, es macht Geschichte.

Gadamers Leistung besteht darin, daß er die Bedingungen, unter denen das Subjekt zum Verständnis einer Sache kommt, offengelegt hat. Darin liegt seine Bedeutung für die Arbeit des Historikers an der Geschichte.

Sechstes Kapitel

Max Weber oder die Wirklichkeit als Idealtypus

In Heideggers und Gadamers Hermeneutik waren letzte Gründe und absolute Wahrheiten zu Grabe getragen worden. Es gab jetzt keinen Ort mehr, von dem aus entschieden werden konnte, ob eine Deutung als wahr oder unwahr anzusehen sei. Wahrheit konstituiert sich in einem intersubjektiven Kommunikationsakt, in dem Menschen einander bestätigen, was sie für wahr halten. Das Streben nach Objektivität und Neutralität ist ein vergeblicher Versuch, von sich selbst abzusehen. Verstehen ist in der Sprache, es ist in die Überlieferung eingelassen und es gerät in Bewegung, sobald der Historiker seinen Gegenständen begegnet. In diesem Sinn können unterschiedliche Standpunkte wahr sein. Was uns als Wahrheit erscheint und der Vergangenheit Sinn gibt, kann für andere sinnlos sein. Und dennoch müssen wir den Anspruch auf Wahrheit nicht aufgeben, wenn wir verschiedene Interpretationen über die Welt für zulässig halten.[1]

Wie aber ist objektives Wissen möglich, wenn uns die Dinge in der Welt nur noch vermittelt zur Verfügung stehen? Wer an der Behauptung festhält, der Betrieb der Geschichte sei eine Wissenschaft, muß auf diese Frage eine Antwort geben. Niemand wird sich deshalb mit dem Hinweis zufriedengeben können, daß es die Aufgabe des Historikers sei, in der Ansammlung von Fakten und im Nachempfinden von Lebensäußerungen die Menschen der Vergangenheit wieder auferstehen zu lassen. Es war Max Weber, der die Frage nach der Möglichkeit objektiver Erkenntnis in den Geisteswissenschaften, wie sie die Historische Schule aufgeworfen hatte, auf neue Weise beantwortete. Er brach mit dem Konzept der Verstehens, ohne sich jedoch dem Materialismus der Marxisten auszuliefern. Webers Leistung liegt nicht zuletzt darin begründet, daß er die Werturteile, die eine Sache motivieren, von den Methoden und Beweisverfahren trennte, mit denen Historiker ihren Gegenständen begegnen. Es sei nicht Aufgabe der Wissenschaft, letzte Standpunkte zu begründen, so hat Weber sein Anliegen auf den Begriff gebracht.

Max Weber wurde 1864 in Erfurt geboren und verstarb 1920 in München. Weber, der Rechtswissenschaften und Nationalökonomie studierte, blieb stets ein wissenschaftlicher Grenzgänger, der die historische Dimension der Gegenwartswissenschaften nicht aus dem Blick verlor. 1894 wurde er auf einen Lehrstuhl für Nationalökonomie an der Universität Freiburg berufen, zwischen 1897 und 1903 lehrte er an der Universität Heidelberg. Wenig später erlag er einer seelischen Depression: Weber fühlte sich von der akademischen Lehre überfordert, und er litt an einer Schreibhemmung, die ihn zwang, seinen Lehrstuhl aufzugeben. Erst 1919, nach dem Ende des Ersten Weltkrieges, kehrte Weber in die akademische Welt zurück, als er einen Ruf an die Universität München annahm.

Weber verstand sich nicht nur als Wissenschaftler, sondern auch als Politiker. Er wuchs im nationalliberalen Milieu des Kaiserreiches auf, löste sich aber bald aus dem konservativen Umfeld seines Vaters und trat als Publizist für die politische Öffnung des wilhelminischen Gesellschaftssystems ein. Damit aber verband Weber die Forderung nach einer dynamischen Weltpolitik. Die Reichseinigung verliere ihren Sinn, wenn ihr nicht auch eine imperialistische Expansionspolitik folge. Weber lehnte das wilhelminische System nicht nur deshalb ab, weil es bedeutende gesellschaftliche Schichten von der Willensbildung ausschloß, sondern weil er die demokratischen Staaten des Westens für die erfolgreicheren Imperialisten hielt. Von diesen Auffassungen entfernte sich Weber erst während des Ersten Weltkrieges. Nach dem Zusammenbruch des Alten Regimes im Herbst 1918 wurde er Mitglied der linksliberalen Deutschen Demokratischen Partei und jener Kommission, die mit der Ausarbeitung der Weimarer Verfassung befaßt war.

Als Wissenschaftler arbeitete Weber auf zahlreichen Gebieten, die ihn als Universalgelehrten auswiesen. Er wurde mit einer rechtswissenschaftlich-ökonomischen Dissertation promoviert, die den Titel «Zur Geschichte der Handelsgesellschaften im Mittelalter» (1889) trug, und er habilitierte sich wenig später (1891) mit einer agrarhistorischen Arbeit: «Die römische Agrargeschichte in ihrer Bedeutung für das Staats- und das Privatrecht». Diese Kenntnisse führten ihn dann auch zu seiner ersten streng sozialwissenschaftlich-empirischen Arbeit «Die Lage der Landarbeiter im ostelbischen Deutschland», die er im Auftrag des «Vereins für Socialpolitik» verfaßte. Während dieser Untersuchung stieß Weber auf die mentalen Eigenheiten des Agrarkapitalismus in Deutschland. Sie inspirierten ihn zu seinem großen Werk «Die protestantische Ethik und der Geist des Kapitalismus» von 1904, in dem er die innerweltliche Askese des Puritanismus als Form der Angstbewältigung beschrieb. Dabei kam auch heraus, daß der «Geist des Kapitalismus», also die menschlichen Vorstellungen, und nicht die ökonomischen Strukturen das Handeln von Menschen bestimmten. So könnte man auch sagen, daß der Rationalismus der modernen kapitalistischen Gesellschaften eine Möglichkeit der protestantischen Ethik gewesen ist.[2]

In Deutschland war die politische Wirkung Max Webers anfangs größer als sein wissenschaftlicher Einfluß. Die Rezeption der Weberschen Ideen begann in der deutschen Geschichtswissenschaft erst nach dem Zweiten Weltkrieg. Es waren vor allem die Sozialhistoriker der Bielefelder Schule, denen Webers Theorien zur wichtigsten Inspirationsquelle wurden, weil sie es ihnen ermöglichten, ihren Lesern Modelle von der Wirklichkeit zu präsentieren. So kam Hans-Ulrich Wehler zu dem Urteil, Webers «Theorien, Ansätze, Kategorien» seien nicht nur «attraktiv, nützlich, erklärungskräftig». Sie seien «im Vergleich mit der Konkurrenz meistens überlegen.»[3] Theorien können ihre Überlegenheit aber nur erweisen, wenn sie sich in die Interessen, den Fragehorizont und die Darstellungsweisen des Historikers einfügen. Anders gesagt: Welchen möglichen Nutzen stiften die methodischen Anregungen Webers jenseits der Wehlerschen Gesellschaftsgeschichte?

Webers Methodenlehre war eine Antwort auf die Krise der Historischen Schule und ihrer Verstehenslehre, die Natur- und Geisteswissenschaften streng voneinander unterschied. Weber verwarf die erkenntnistheoretischen Prämissen des Historismus, mochte die Leistungen der Geisteswissenschaften aber auch nicht auf allgemein gültige Modelle zurückführen. Ereignisse lassen sich nicht aus Gesetzen herleiten, weder aus psychologischen noch aus biologischen oder ökonomischen, wie Weber gegen die marxistische Geschichtsauffassung zu bedenken gibt. In der Geschichtswissenschaft, die Weber zu den «Wirklichkeitswissenschaften» zählt, gilt ebenso wie in den Naturwissenschaften der Grundsatz, daß die sinnliche Erfahrung auf Begriffe gebracht, geordnet und rationalisiert werden muß. Denn sonst könnte über eine Erfahrung nichts mitgeteilt werden.

Niemand würde verstehen, was wir über sie sagen wollen. Dabei erschöpft sich die Geschichte nicht in der bloßen Abbildung von Tatsachen. Sie ist vielmehr eine auf Begriffe gebrachte Beschreibung von Einzelheiten aus der beobachteten Wirklichkeit. Der historische Gegenstand entsteht durch Auswahl und Begriffsbildung. Selektion ist begriffene Erkenntnis. Das hatte bereits Hegel gesagt. Was zu einem wissenschaftlichen Gegenstand wird – das entscheidet der Historiker selbst, indem er sich dazu entschließt, einer Sache Bedeutung beizumessen. Nur unter der Voraussetzung, daß ein bestimmter Auszug aus der Fülle der beobachteten Gegenstände für uns Bedeutung hat, ist die Erkenntnis individueller Handlungen überhaupt sinnvoll.

Wer mit Begriffen arbeitet, kann zwischen ihnen kausale Beziehungen herstellen. Für Weber ist wissenschaftliche Erkenntnis auch stets kausale Erklärung, weil sie es mit Begriffen und «Erfahrungsregeln» und nicht mit unmittelbar erfahrbaren Ereignissen zu tun hat. Wo selektiert und begriffen wird, herrschen Regeln, mit denen die wahrgenommenen Gegenstände in eine Ordnung gebracht werden. Hier bricht Weber mit den Traditionen der Historischen Schule und dem Gegensatz von Erklären und Verstehen. Er folgt darin dem Philosophen Heinrich Rickert, der die «innere logische Struktur aller geschichtlichen Begriffsbildung aufdecken» wollte, ohne daß dabei die «Individualität verloren geht».[4] Weber greift diesen Gedanken auf. Ihm gilt das «Verstehen» als Verfahren der Erkenntnis als unzureichend. Es sei jedenfalls völlig belanglos, ob sich die Erkenntnis auf die «Natur» oder auf den «Geist» beziehe.

«Die logische Eigenart ‹historischer› Erkenntnis im Gegensatz zu der im logischen Sinne ‹naturwissenschaftlichen› hat mit der Scheidung des ‹Psychischen› vom ‹Physischen›, der ‹Persönlichkeit› und des ‹Handelns› vom toten ‹Naturobjekt› und ‹mechanischen› Naturvorgang durchaus nichts zu schaffen.»[5]

Jeder Gegenstand, ganz gleich woher er kommt, wird demnach durch Begriffsbildung konstituiert. Wie aber entscheiden wir, was uns zum Gegenstand wird, und wie können wir bei dieser Entscheidung gewiß sein, nicht willkürlich zu handeln? Wir wollen, so Weber in seinem Aufsatz «Die ‹Objektivität› sozialwissenschaftlicher und sozialpolitischer Erkenntnis», die «uns umgebende Wirklichkeit des Lebens, in welches wir hineingestellt sind, in ihrer Eigenart verstehen – den Zusammenhang und die Kulturbedeutung ihrer einzelnen Erscheinungen in ihrer heutigen Gestaltung einerseits, die Gründe ihres geschichtlichen So-und-nicht-anders-Gewordenseins andererseits.»[6] Ein solches Verstehen aber setzt voraus, daß wir die Kulturerscheinungen auf unsere Wertideen beziehen. Was uns zu einem Gegenstand wird, den es zu untersuchen lohnt, ergibt sich aus dem Werturteil, das wir selbst fällen. Die empirische Wirklichkeit ist Kultur, weil wir selbst in der Kultur sind und weil wir sie an unseren Wertideen bemessen und begreifen. Die empirische Wirklichkeit «umfaßt diejenigen Bestandteile der Wirklichkeit, welche durch jene Beziehung für uns bedeutsam werden, und nur diese ... Was aber für uns Bedeutung hat, das ist natürlich durch keine ‹voraussetzungslose› Untersuchung des empirisch Gegebenen zu erschließen, sondern seine Feststellung ist Voraussetzung dafür, daß etwas Gegenstand der Untersuchung wird.»[7] Anders gesagt: was in der empirischen Untersuchung für uns zur Wirklichkeit wird, ist, was wir in unseren Wertvorstellungen für bedeutsam halten. Die Konstitution eines Gegenstandes ist eine Kulturleistung, die aus dem Interesse kommt. Es könne deshalb kein «System der Kulturwissenschaften» im Sinne einer «definitiven, objektiv gültigen, systematisierenden Fixierung der Fragen und Gebiete» geben, wie Weber gegen Rickert und die Neukantianer einwendet. Ein solches Verlangen sei ein «Unsinn an sich[8].»

Ebenso deutlich distanziert sich Weber von der Auffassung Rikkerts, die allgemeine Geltung historischer Begriffe setze die Anerkennung allgemeiner Werte voraus. Wertideen, die einer Erscheinung in der Außenwelt erst eine Bedeutung zusprechen, seien subjektiv und historisch variabel. Für Weber sind Ideen im stetigen Wandel. Es gibt keinen objektiven Standpunkt, von dem aus zu entscheiden wäre, welche Idee richtig oder falsch, absolut wahr oder unwahr ist. Deshalb müssen die Werturteile, die Menschen einander zurufen, um ihrer Weltanschauung Anerkennung zu verschaffen, als Voraussetzung einer jeden Wissenschaft anerkannt werden. In der Wissenschaft selbst aber haben sie keinen Platz.

Die Wertideen eines Menschen geben Auskunft über das Erkenntnisinteresse, deshalb muß der Historiker die Werturteile, die ihm eine Sache als bedeutsam und eine andere Sache als unbedeutsam erscheinen lassen, offenlegen. Er muß sich selbst Rechenschaft darüber ablegen, worin sein Interesse besteht, und er muß es seinen Lesern mitteilen, wenn er verstanden werden will. Um es mit den Worten Webers zu sagen:

«Transzendentale Voraussetzung jeder Kulturwissenschaft ist nicht etwa, daß wir eine bestimmte oder überhaupt irgendeine ‹Kultur› wertvoll finden, sondern daß wir Kulturmenschen sind, begabt mit der Fähigkeit und dem Willen, bewußt zur Welt Stellung zu nehmen und ihr einen Sinn zu verleihen.»[9]

Es sind also die Werturteile, die die Fragen konstituieren, mit deren Hilfe wir in den Besitz von Wissen kommen wollen. Nur haben die Werturteile keinen Anspruch auf absolute Gültigkeit. Über die Gültigkeit von Idealen und Glaubenssätzen kann überhaupt nichts gesagt werden. Und das ist auch der Grund, warum die Werturteile, nachdem sie den Gegenstand konstituiert haben, aus der Untersuchung des Historikers herausgehalten werden müssen.

«Nun bietet uns das Leben, sobald wir uns auf die Art, in der es uns unmittelbar entgegentritt, zu besinnen suchen, eine schlechthin unendliche Mannigfaltigkeit von nach- und nebeneinander auftauchenden und vergehenden Vorgängen ... Alle denkende Erkenntnis der unendlichen Wirklichkeit durch den endlichen Menschengeist beruht daher auf der stillschweigenden Voraussetzung, daß jeweils nur ein endlicher Teil derselben den Gegenstand wissenschaftlicher Erfassung bilden, daß nur er ‹wesentlich› im Sinne von ‹wissenswert› sein solle.»[10]

Für Weber stellt sich nunmehr das Problem, wie unter dieser Voraussetzung Objektivität in den Geschichts- und Sozialwissenschaften überhaupt möglich ist. Kann es objektiv gültige Wahrheiten auf dem Gebiet des Kulturlebens geben, wenn jede Erkenntnis der Kulturwirklichkeit immer nur ein Erkennen unter bestimmten Gesichtspunkten ist, wenn sie nur jene Bestandteile der Wirklichkeit erfaßt, die für sie von Bedeutung sind? Wie ist es möglich, ungeachtet der subjektiven Voraussetzungen der Erkenntnis zu objektiv gültigen Ergebnissen zu gelangen? Weber gibt darauf eine eindeutige Antwort: die Bedingungen der Objektivität werden zu inneren Bedingungen des Erkenntnisprozesses selbst, sie kommen nicht aus den Werturteilen, sondern aus dem Verfahren des Erkennens. Darin folgen Geschichts- und Wirklichkeitswissenschaften den gleichen Verfahren.[11]

Werturteile müssen aus dem Erkenntnisprozeß herausgehalten werden. Denn es könne niemals Aufgabe einer Erfahrungswissenschaft sein, «bindende Normen und Ideale zu ermitteln, um daraus für die Praxis Rezepte ableiten zu können.»[12] Die Werturteile ermöglichen es uns, einen Gegenstand zu ermitteln, der für uns bedeutsam ist. Sobald dieser Gegenstand konstituiert ist, spielt die Motivation, die zu seiner Entdeckung geführt hat, keine Rolle mehr. Jetzt kommt es darauf an, daß die methodischen Regeln, die einer Untersuchung eine Form geben, den Fortgang der Erkenntnis lenken und darin eben jene Objektivität ermöglichen, ohne die Wissenschaft nichts ist. Voraussetzung ist, daß sie über die Gültigkeit oder Richtigkeit von Werten nicht befinden. Aufgabe des Historikers ist es nicht, die Handlungen historischer Subjekte nach ihren Wertvorstellungen zu beurteilen und aus der Beobachtung geschichtlicher Prozesse moralische Gesetze zu entwickeln. Denn welche Moral gelten soll, ist von keinem Standpunkt aus entscheidbar. Die Geltung solcher Werte zu beurteilen, ist eine «Sache des Glaubens», wie Max Weber sagt, nicht «Gegenstand einer Erfahrungswissenschaft.»[13] Der Historiker kann allenfalls entscheiden, ob eine Handlung der Vergangenheit den selbst gesetzten Prämissen der Akteure entsprach und in diesem Sinn rational war.

«Das Schicksal einer Kulturepoche, die vom Baum der Erkenntnis gegessen hat, ist es, wissen zu müssen, daß wir den Sinn des Weltgeschehens nicht aus dem noch so sehr vervollkommneten Ergebnis seiner Durchforschung ablesen können, sondern ihn selbst zu schaffen imstande sein müssen, daß ‹Weltanschauungen› niemals Produkt fortschreitenden Erfahrungswissens sein können, und daß also die höchsten Ideale, die uns am mächtigsten bewegen, für alle Zeit nur im Kampfe mit anderen Idealen sich auswirken, die anderen ebenso heilig sind, wie uns die unseren.»[14]

Gleich Rickert und den Neukantianern verwirft Weber das Postulat der klassischen Hermeneutik, in den Geisteswissenschaften werde verstanden, in den Naturwissenschaften erklärt. Der Historiker will individuelle Ereignisse nicht nur verstehen, sondern auch erklären, freilich nicht so, daß er sie aus Gesetzen ableitet. Es geht ihm um die Frage nach kausalen Zusammenhängen, nach der Zurechnung. Der

Historiker fragt, wenn er ein Ereignis untersucht, welchen Zusammenhängen er dieses Ereignis als Ergebnis «zurechnen» kann. Soziologie ist, wie Weber sagt, «eine Wissenschaft, welche soziales Handeln deutend verstehen und dadurch in seinem Ablauf und seinen Wirkungen ursächlich erklären will.»[15]

Wie aber ist eine Kausalbeziehung möglich, wenn das Chaos der sinnlichen Eindrücke niemals total erfaßt und auf den Begriff gebracht werden kann, wenn wir immer nur Ausschnitte aus einem Geschehen auswählen? Denn «die Zahl und Art der Ursachen, die irgend ein individuelles Ereignis bestimmt haben, ist ja stets unendlich, und es gibt keinerlei in den Dingen selbst liegendes Merkmal, einen Teil von ihnen als allein in Betracht kommend auszusondern.»[16] Wie ist dann aber die kausale Erklärung einer individuellen Tatsache überhaupt möglich, wenn nicht einmal die kleinsten Ausschnitte eines Geschehens erschöpfend darstellbar sind?

Auch hier ist es die Beziehung des Gegenstandes auf Wertideen, die das Chaos ordnet. Sobald wir festgestellt haben, was für uns bedeutsam ist und es auf Begriffe gebracht haben, können wir unter der Maßgabe der Bedeutsamkeit alle von uns identifizierten Handlungen in einen solchen kausalen Zusammenhang bringen, daß er uns unsere Ausgangsfrage beantwortet. Es kann also für ein und dasselbe Ereignis je unterschiedliche Erklärungen geben, und all diese Erklärungen sind möglich, wenn der Historiker sein Interesse und die Auswahl seiner Gegenstände zuvor begründet hat. Es ist diese Einsicht, von der die Historische Schule nichts wußte. Denn ihr Glaube, daß das menschliche Seelenleben verstanden werden könne, beruhte auf der Illusion, es sei uns in seiner Totalität unvermittelt zugänglich. Dabei hatte doch schon Hegel eingesehen, daß die sinnliche Erfahrung die leerste aller Erfahrungen ist.

Weil sich Erklärungen aber weder auf letzte Werte noch auf Gesetze gründen können, müssen sie sich im Beweisverfahren bestätigen. Mit welcher logischen Operation aber können wir beweisen, daß eine Kausalbeziehung zwischen einem von uns aus dem Chaos der Wirklichkeit ausgewählten Ereignis und seinen von uns festgestellten Folgen besteht? Weber schlägt ein Verfahren vor, das darauf hinausläuft, von einem Ereignis und seinen festgestellten Folgen zu abstrahieren und das Kausalverhältnis als Möglichkeit zu definieren. Wir denken uns Abweichungen vom festgestellten Kausalverlauf und prüfen dann, ob unter den nunmehr geänderten Voraussetzungen das gleiche Ergebnis denkbar gewesen wäre.[17] Wir müssen also, wenn wir ein Ereignis seinen «Ursachen» zurechnen, stets fragen, ob ein beschriebener Sachverhalt für die kausale Erklärung des Ereignisses wirklich unerläßlich war. Das wiederum kann nur über ein Verfahren des Ausschlusses geschehen, wenn nämlich gefragt wird, wie ein Ereignis ohne die beschriebenen Sachverhalte gewesen wäre. Man könnte auch sagen, daß wir in unserer Phantasie verschiedene Bilder von den Ereignissen konstruieren und sie dann mit den erfahrenen Ereignissen kontrastieren. So wird nicht nur das individuelle Ereignis durch die Auswahl des Historikers konstituiert. Auch der historische Prozeß, der sich aus der kausalen Abfolge des Geschehens erhebt, ist eine Konstruktionsleistung des Historikers.[18]

Die kausale Erklärung ermittelt keine Gesetze, sondern Bedingungen und Möglichkeiten von Ursachen, indem sie danach fragt, welche Voraussetzungen die Entstehung eines Ereignisses begünstigen und welche es hemmen. Kausalität ist nicht Notwendigkeit. Eine kausale Erklärung bezieht sich nur auf die Tatsachen, die für eine Frage von Bedeutung sind, sie kann aber kein Ereignis in der Totalität seiner Bedingungen erfassen. Ein totale Erklärung ist weder erreichbar noch wünschenswert. Und weil die Wertideen stets nur einen Ausschnitt des Geschehens zur Frage erheben, kann sich die Kausalitätsbeziehung auch nur auf jene Tatsachen beziehen, die zu diesem Ausschnitt gehören. Empirisches Wissen ist begrenzt, es wird von unserer begrifflichen Wahrnehmungsweise beschränkt. Sofern die Regeln begründet und verstehbar sind, aus denen Kausalbeziehungen gewonnen werden, können wissenschaftliche Erkenntnisse objektiv sein.[19]

Worin bestehen nun aber diese Erfahrungsregeln und Begriffe, mit denen wir unseren Gegenstand strukturieren? Sie sind Mittel der Untersuchung, nicht aber ihr Zweck. Gesetze haben in der historischen Erkenntnis also immer nur eine instrumentale Funktion. Weber spricht von «Idealtypen». Damit ist gemeint, daß Begriffe und Erfahrungsregeln den Charakter vorempirischer Konstruktionen haben. Idealtypen sind keine Abbildungen von Wirklichkeit, sondern abstrakte Utopien, an denen die Wirklichkeit gemessen und verglichen wird. Anders gesagt: unsere Denkoperation ist immer schon vergleichend, wenn sie sich einen Gegenstand unterwirft. Wir haben, wenn wir Trockijs Interpretation der russischen Revolution untersuchen, immer schon einen Begriff von Revolution. Diesen Begriff setzen wir bei unserer Untersuchung ein und messen das vorgefundene Geschehen an diesem abstrakten Begriff, den wir zuvor definieren.[20] Wenn Max Weber von den drei Typen legitimer Herrschaft spricht: der rationalen, der traditionalen und der charismatischen Herrschaft, dann beschreibt er mit diesen Typen nicht die Wirklichkeit konkreter Herrschaft. Die Typen der Herrschaft sind vielmehr Schablonen, mit deren Hilfe vergleichend erwiesen werden kann, welcher Art die jeweils untersuchte Herrschaft ist.[21]

Nur so ist im übrigen auch die Herstellung von Kausalketten überhaupt möglich. Wo es keine Erfahrungsregeln gibt, kann es auch keine kausalen Zusammenhänge geben, denn diese können sich stets nur auf Operationen mit Begriffen beziehen. Möglichkeitsurteile, die den Anspruch auf Objektivität erheben wollen, müssen sich auf Erfahrungsregeln gründen. Ohne solche Regeln läßt sich nicht erweisen, ob zwei aufeinanderfolgende Ereignisse in einer Ursache-Wirkung-Beziehung stehen. In diesem Sinn ist, was Karl Marx als Kausalverhältnis beschrieben hatte, eine idealtypische Konstruktion. Das Versagen der Marx'schen Theorie besteht darin, daß sie den Kausalverhältnissen eine Wirklichkeit zuschrieb, die ihnen nicht zukommt.

In Webers Objektivitätsaufsatz scheint noch einmal das Credo der Historischen Schule auf: daß es nämlich Aufgabe der historischen Wissenschaft sei, den Lebensäußerungen der Vergangenheit möglichst nah zu kommen. Deshalb, so heißt es dort, seien im Gegensatz zu den Naturwissenschaften die allgemeingültigen Gesetze und Regeln zugleich die wertlosesten. Denn je umfassender die Geltung eines Gattungsbegriffes sei, desto weiter sei er von der Wirklichkeit entfernt. Im Aufsatz «Über einige Kategorien der verstehenden Soziologie» von 1913 und in «Wirtschaft und Gesellschaft» aber präsentiert sich Weber als Kritiker der Hermeneutik. Jetzt trägt er der Soziologie die Aufgabe an, Typen und Regeln des Geschehens zu entwickeln, die möglichst inhaltsarm sind.[22]

> «Je schärfer und eindeutig konstruiert die Idealtypen sind: je weltfremder sie also, in diesem Sinne, sind, desto besser leisten sie ihren Dienst, terminologisch und klassifikatorisch sowohl wie heuristisch.»[23]

Weber bleibt der historistischen Tradition verpflichtet, wenn er die historische Erkenntnis zu einer «Wirklichkeitswissenschaft» erklärt, die sich von den «Gesetzeswissenschaften» dadurch unterscheidet, daß sie individuelle Ereignisse und Verhältnisse untersucht. Und er folgt der Historischen Schule auch darin, daß er die Geschichtswissenschaft als empirische Wissenschaft definiert, die ihre Ergebnisse in der Erfahrung bestätigt findet. Methodisch aber geht Weber neue Wege. Für ihn konstituieren sich die Gegenstände der Wissenschaft in den Fragen. Aber diese Fragen kommen aus den Werturteilen, mit denen wir einer Sache Bedeutung beimessen. Diese Werturteile geben der historischen Forschung eine Richtung, sie entscheiden darüber, welches Geschehen erzählt und welches unerzählt bleibt. Aber die Werturteile haben keinen Einfluß auf die Methoden, mit denen der Historiker seine Erkenntnisse gewinnt. Erkenntnisse gründen sich auf Wertbeziehungen, aber sie formulieren keine Werturteile.

Weber verwirft das Konzept des Verstehens nicht. Er modifiziert es. Er räumt ein, daß seelische Lebensäußerungen nur verstanden werden können, aber weil diese Äußerungen uns in ihrer Totalität nicht zugänglich sind, haben wir es nur mit den Begriffen und Erfahrungsregeln zu tun, mit deren Hilfe wir die beobachteten Lebensäußerungen ordnen und in eine Geschichte einschreiben. Diese Begriffe können wir kausal aufeinander beziehen, indem wir idealtypische Konstruktionen an empirischen Erfahrungen messen. Das Verstehen kann auf eine empirische Bestätigung seiner Hypothesen nicht verzichten.[24]

«Daß eine Deutung diese Evidenz in besonders hohem Maße besitzt, beweist an sich noch nichts für ihre empirische Gültigkeit ... Immer muß vielmehr das ‹Verstehen› des Zusammenhanges noch mit den sonst gewöhnlichen Methoden kausaler Zurechnung, soweit möglich, kontrolliert werden, ehe eine noch so evidente Deutung zur gültigen ‹verständlichen Erklärung› wird.»[25]

Die Geschichtswissenschaft kann ihre Interpretationstechniken nicht aus einer Weltanschauung ableiten, und andererseits kann sie solche Weltanschauungen auch nicht begründen. Die Prinzipien müssen aus dem Erkenntnisverfahren immanent gewonnen werden, so daß eine «methodisch korrekte wissenschaftliche Beweisführung», wie Weber sagt, auch von «einem Chinesen als richtig anerkannt werden muß».[26] Gleichwohl sind es immer die sich verändernden Begriffe, die der Wissenschaft zugrunde liegen. Wo mit neuen Methoden alte und neue Fragen beantwortet werden, dort entsteht Wissenschaft. Und es ist dabei unerheblich, ob ein Ereignis aus unterschiedlichen Perspektiven beschrieben und auf Begriffe gebracht wird, wenn die Regeln, auf denen eine Erklärung beruht, von jedermann überprüft werden können.

Webers Methodenlehre ist pluralistisch, sie ist ergebnisoffen und «objektiv», sofern sie sich auf Beachtung von Erfahrungsregeln bezieht. Und sie ist antiutopisch, weil sie die Werturteile aus dem Erkenntnisprozeß selbst heraushält und Wissenschaft jenseits der Wertsphäre konstituiert. Darin liegen die Vorzüge des Weberschen Theorieangebots.[27]

Nun verkennt Webers Methode, daß die aus Wertideen gewonnenen Gegenstände und die sie bemessenden Idealtypen Teil der Überlieferung sind, der der Historiker gehört. Ein Argument gewinnt für uns erst dann an Überzeugung, wenn wir es in dem Kontext begreifen, in dem es entstanden ist. Es gibt keine methodisch korrekte Beweisführung in den Kulturwissenschaften, «die auch von einem Chinesen als richtig anerkannt werden muß». Auch die Methode ist nur von den Voraussetzungen her verstehbar, aus denen der Interpret spricht. Wir können zwischen den Werturteilen und den Methoden, die uns zur Erkenntnis der Gegenstände bringen, nicht trennen.

Sodann: die Beschreibung von kausalen Beziehungen zwischen bestimmten Ereignissen ist immer an die Vorstellung geknüpft, daß Ereignisse Ursachen haben. Aber wie können wir nachweisen, daß Ereignisse Ursachen haben? Durch Beobachtung und Experiment, so könnte man antworten. Doch ist damit nichts gewonnen. Wenn wir den Ausbruch der russischen Revolution auf das Elend der Bauern zurückführen, dann behaupten wir, daß elende Verhältnisse Revolutionen verursachen. Dabei sehen wir von den Erfahrungen jener ab, die in diesen Verhältnissen leben, denn die Bauern wußten nicht, daß ihr Leben eine Ursache für ein zukünftiges Ereignis war. Dieses Wissen haben nur die Nachgeborenen, die Ereignisse miteinander verknüpfen, weil sie es gewohnt sind, elende Verhältnisse mit Revolutionen zu verbinden. Es ist also die Konvention, die uns zu einer solchen Verknüpfung veranlaßt. Wir nehmen, wie David Hume gezeigt hat, die Gewohnheit an, Wirkungen auf Ursachen zu beziehen, «wenn derselbe Gegenstand immer dasselbe Ereignis zur Folge hat.» In Wahrheit aber können wir die Beziehung von Ursache und Wirkung unter zahlreichen Gesichtspunkten betrachten, «darüber hinaus haben wir von ihr keine Vorstellung.»[28] Die kausale Zurechnung von Ereignissen ermöglicht es uns, Idealtypen miteinander zu verknüpfen, aber sie bringt das Verstehen fremder Lebensäußerungen um keinen Schritt weiter. So können wir die Lebenswelt eines russischen Dorfes vor und nach der Revolution beschreiben, ohne den Zeitenabstand durch eine Kausalverbindung überwinden zu müssen. Wir können den Wandel der Lebensverhältnisse im Dorf beschreiben, über seine Verursachung können wir nichts sagen. Deshalb ist das hermeneutisch geschulte Bewußtsein den Erklärungsideologien überlegen.

In Webers Methodenlehre werden die Begriffe, die sich das Bewußtsein macht, von der Wirklichkeit getrennt. Wie aber ist eine solche Trennung möglich? Webers Idealtypen bilden die Wirklichkeit nicht ab, sie stellen sie aber auch nicht her. Sie sollen Begriffe sein, an denen die Wirklichkeit gemessen wird. Aber wie soll die Existenz einer objektiven Wirklichkeit erwiesen werden, wenn nichts über sie gesagt werden kann? Denn die Verwendung von Idealtypen ist nur dann sinnvoll, wenn wir eine objektive Wirklichkeit annehmen, auf die sie sich beziehen können. Wie aber kann über die Erkenntnis von Wirklichkeit noch etwas gesagt werden, wenn die Wirklichkeit nicht zugleich als eine Konstruktionsleistung der Begriffe verstanden wird? Weber sah diese Gefahr, er formulierte sie auch, aber er fand keine Lösung für dieses Dilemma.[29] So kam es, daß die historische Sozialwissenschaft und die Bielefelder Gesellschaftsgeschichte die Idealtypen, an denen die Wirklichkeit gemessen werden soll, am Ende für die Wirklichkeit selbst ausgaben. Die Klasse, die Gesellschaft, der Staat, das Bürgertum und die Nation waren Idealtypen, mit denen die historische Sozialwissenschaft das Handeln historischer Subjekte überschrieb, indem sie sie miteinander verglich oder kausal aufeinander bezog. Hier wurden Idealtypen mit Idealtypen verglichen und in Kausalketten eingeschrieben. Von der Uneindeutigkeit und Buntheit des Lebens, von der gegenseitigen Vermittlung und Verschränkung des Verschiedenen, hatte diese Geschichtsschreibung keinen Begriff.

Wo sich Historiker zwischen den Begriffen und der Wirklichkeit aufhalten, können sie am Ende über ihre Erkenntnisse nicht mehr sinnvoll nachdenken. Sie müssen, um das rechte Verständnis von den Sachen her zu gewinnen, den Gegensatz von Gegenstand und Interpreten auflösen. Darin liegt auch heute noch der Vorzug einer Geschichtsschreibung, die die Geschichtlichkeit des Historikers bedenkt und den Interpreten selbst in die Geschichte einschreibt.

Siebtes Kapitel

Strukturen und Mentalitäten: Die Schule der Annales

In Frankreich wie in Deutschland waren um die Jahrhundertwende ernste Zweifel an der Methode und den Zielen der Geschichtsschreibung aufgekommen, die sich auf eine Formel bringen ließen: Wer nurmehr die große Politik und die Taten von Regenten und Staatsmännern beschreibe, lerne nichts über die Gesellschaften, aus denen die Beschriebenen stammten. In Deutschland traten mit dieser Kritik vor allem der Leipziger Historiker Karl Lamprecht und der in Straßburg lehrende Wirtschaftshistoriker Gustav Schmoller an die wissenschaftliche Öffentlichkeit. Die von Schmoller 1893 gegründeten «Vierteljahreshefte für Sozial- und Wirtschaftsgeschichte» artikulierten jenes Unbehagen an einer Geschichte, die von den Bedingungen, in die Menschen versetzt sind, schon nichts mehr wußte. Nur konnten sich die Kritiker in Deutschland gegen die Rankeaner aufs Ganze gesehen nicht durchsetzen. Lamprecht, Schmoller, Weber – sie blieben im Kreis der deutschen Historiker Randfiguren.[1]

Anders in Frankreich, wo sich die Geschichtswissenschaft unter dem Einfluß der Soziologie revolutionierte. Hier war es vor allem der Soziologe Emile Durkheim, der die Ereignisgeschichte der traditionellen Historiker ablehnte und statt dessen eine Geschichte propagierte, die sich in der Erzählung politischer Ereignisse nicht erschöpfte. Die politische Ereignisgeschichte, die Konzentration der Geschichtsschreibung auf «große Männer» und die Gewohnheit der Historiker, nach Ursachen in der Chronologie der Ereignisse zu fragen – das alles kritisierten die Anhänger Durkheims, zu denen neben anderen auch der Ökonom und Wirtschaftshistoriker François Simiand gehörte. Aus diesem soziologischen Anstoß brachte sich die historische Schule der «Annales» hervor.[2]

Die Schule der «Annales» war mehr als ein Verbund von Sozialhistorikern, die sich in der Erklärung materieller und mentaler Strukturen übten. Sie war eine Weltanschauung, eine Lebensform.[3]

Was Marc Bloch, Luciên Fèbvre, Fernand Braudel, Michel Vovelle, Georges Duby, Jacques Le Goff, Philippe Ariès, Pierre Chaunu, Jacques Revel und Roger Chartier, um nur die wichtigsten dieser Historiker zu nennen, miteinander verband, das war mehr als der Gegenstand und die Methode. Die prominenten Historiker der «Annales» verstanden zu schreiben, und sie wurden gelesen. Darin lag ihre große Wirkung begründet. Es ist die Sprache, die aus ihren Büchern spricht, die uns auch heute noch betört. Und das ist nicht das Geringste, was von diesen Historikern gesagt werden kann. Marc Blochs Geschichte der wundertätigen Könige, Luciên Fèbrves Geschichte des Rheins, Philippe Ariès' Geschichte des Todes, Georges Dubys Bücher über die Ehe im Mittelalter und das Weltbild des Feudalismus und Jacques Le Goffs Arbeit über das Fegefeuer, schließlich Alain Corbins schöne Bücher über den Klang der Glocken und die Geschichte des Geruchs – sie bereiten dem Leser auch ein ästhetisches Vergnügen.[4] Denn Lesen ist immer auch eine sinnliche Erfahrung. Aber das ist nicht alles, was von den Historikern der «Annales» bleibt. Die Konzepte der «longue durée» und der Mentalitäten, für die Fernand Braudel, Marc Bloch und Philippe Ariès stehen, aber auch das Konzept der Repräsentation, wie es von Roger Chartier in den 1980er Jahren in die Geschichtswissenschaft eingeführt wurde, verweisen auf eine intellektuelle Anstrengung, die uns auch heute noch anspricht.

Wenn die Schule der «Annales» eine Schule war, dann nicht, weil jene, die ihr angehörten, sich zu den gleichen Methoden und Verfahren bekannten, sondern weil sie die Wissenschaft von der Geschichte als eine Sozialwissenschaft, als eine historische Anthropologie verstanden. Das Projekt der «Annales» war zugleich eine Abkehr von der bloß erzählenden Geschichte, es war ein Plädoyer für eine analytische Geschichte. Diese Historiker wollten nicht mehr nur politische Geschichte als Aneinanderreihung von Ereignissen schreiben, sondern eine Geschichte vom menschlichen Handeln überhaupt: als Handeln von Bauern ebenso wie von Adligen, als Handlungen an Höfen ebenso wie in Dörfern, als Handeln im Nationalstaat ebenso wie in den Regionen. Um diesem Programm Leben einzuhauchen, knüpften die Historiker der «Annales» Verbindungen zur Geographie, Psychologie, Soziologie, Wirtschaftswissenschaft, Linguistik und Ethnologie. Fernand Braudel formulierte das Credo der Interdisziplinarität 1958 in seinem berühmten Aufsatz «Histoire et

Sciences Sociales. La Longue Durée»: «Praktisch ... wünschte ich, daß die Sozialwissenschaften vorläufig aufhörten, so viel über die Grenzen zwischen ihnen zu diskutieren, über das, was Sozialwissenschaft ist oder nicht; daß sie stattdessen versuchten, durch ihre Forderung Leitlinien zu ziehen, ... an denen sich eine kollektive Forschung orientieren könnte; daß sie auch die Themen herausstellten, die es ermöglichen, eine erste Übereinstimmung zu erreichen.»[5] «Historiker, seid Geographen! Seid auch Juristen und Soziologen und Psychologen!», wie Luciën Fèbvre ausgerufen hatte.[6] Geschichte in der interdisziplinären Erweiterung – so könnte man das Programm der «Annales» auf den Begriff bringen. Dieses Programm stand und fiel mit den Historikern, die es vertraten.

Die Schule der «Annales» ist von Peter Burke, einem ihrer Historiographen, in drei Phasen eingeteilt worden: in die Phase von den 1920er Jahren bis 1945, als die Rebellen der «Annales» die traditionelle Geschichtswissenschaft attackierten, die Phase zwischen 1945 und 1968, als sie die Macht in der französischen Historikerzunft übernahmen und eigene Methoden und Begriffe entwickelten, und schließlich die Phase nach 1968, als sich die Schule der «Annales» in mehrere Strömungen auffächerte: in die Geschichte der sozialen und ökonomischen, der politischen und der Kulturgeschichte. Heute verbindet diese Strömungen allenfalls noch ihr Bekenntnis zur Interdisziplinarität.[7]

Wahrscheinlich war es kein Zufall, daß die Väter der «Annales», Luciën Fèbvre und Marc Bloch, aus der Geschichtsschreibung des Mittelalters und der Frühen Neuzeit kamen. Denn, wer das Leben von Menschen aus ferner Vergangenheit verstehen möchte, kann nicht bei der Paraphrase der Dokumente stehen bleiben. Der Historiker, der einem fremden Kontext begegnet, wird mit sich selbst und dem Ort konfrontiert, von dem aus er einen Gegenstand betrachtet. Er wird sich seiner selbst als ein Anderer bewußt, wenn ihm, was aus dem fremden Kontext heraufscheint, zum Anstoß wird. Ein Mediävist wird, wenn er sich den Lebenswelten des Mittelalters zuwendet, deutlicher als andere sehen, wie das moderne Leben beschaffen ist. Man erfahre, wenn man als Franzose England besucht, wahrscheinlich mehr über die Eigenheiten Frankreichs als über England, wie Braudel zu bedenken gegeben hat. So ist es auch, wenn Historiker die Menschen des Mittelalters verstehenlernen wollen. Sie werden sich der gewöhnlich nicht auf ihren Sinn hin befragten

Verrichtungen ihres Alltags bewußt, wenn sie sie den fremden Verrichtungen des Mittelalters gegenüberstellen. Sie lernen etwas über sich selbst.

«Lebt ein Jahr in London, Ihr werdet England sehr schlecht kennenlernen. Hingegen werdet Ihr im Lichte Eurer Verwunderung plötzlich einige der tiefsten und ursprünglichsten Charakterzüge Frankreichs verstehen, die Ihr nicht kennt trotz aller Anstrengungen, sie kennenzulernen. Mit dem Gegenwärtigen konfrontiert, ist auch das Vergangene Entfremdung ... Gegenwart und Vergangenheit erhellen sich gegenseitig.»[8]

Sodann müssen die Historiker das Erlernte für die Bedürfnisse der Gegenwart verständlich machen, sie müssen Methoden entwickeln, das Befremdende zur Sprache zu bringen. Das ist dort, wo es Historiker nicht mehr nur mit der hohen Politik der unmittelbaren Gegenwart zu tun haben, eine Aufgabe, die sich nur interdisziplinär noch bewältigen läßt.

Fèbvres und Blochs Affinität zur Interdisziplinarität ergab sich aber nicht nur aus den Gegenständen, für die sie sich interessierten. Beide Historiker studierten an der Ecole Normale Supérieure, einer Eliteschule in Paris. Hier lehrten nicht nur die Rankeaner Ernest Lavisse und Charles Seignobos, sondern auch der schon genannte Soziologe Durkheim, der Geograph Paul Vidal de la Blache, der Linguist Antoine Meillet und der Philosoph und Anthropologe Lucien Lévy-Bruhl, die auf Fèbvre und Bloch einen größeren Einfluß ausübten als die bereits erwähnten Historiker. Fèbvre wandte sich als Historiker bereits früh der Geographie zu und zeigte großes Interesse für die sozialen Bedingungen der Sprache. Und weil die «Ecole Normale» auch ein Ort des Antiklerikalismus und des Sozialismus war, kam Fèbvre hier mit den sozialistischen Lehren der Gegenwart in Berührung. Marx, Pierre-Joseph Proudhon und Weber scheinen ihn beeinflußt zu haben, aber auch das Werk des Sozialistenführers Jean Jaurès «Histoire socialiste de la révolution francaise», das zwischen 1901 und 1903 erschien.[9]

Die Wirkungen dieses interdisziplinären Denkens über die Geschichte zeigten sich bereits in der Dissertation Fèbvres «Philippe II. et la Franche Comté» aus dem Jahr 1911. Hier entfaltete ein französischer Historiker erstmals eine Geschichte, die sich den sozialen Auseinandersetzungen zuwandte, dem Niedergang des Adels in einer Region und dem Aufstieg von sozialen Gruppen, die Fèbvre «Bürgertum» nannte. Mit dem klassischen Marxismus aber hatte Fèbvre nur wenig zu schaffen, denn ihm galten die individuellen Wünsche und Handlungen der Menschen als konstitutiv für die Strukturen, die er nunmehr in die Geschichtswissenschaften einführte. Auch die Geographie war, wo Fèbvre sie in seinen Büchern zur Bedingung des menschlichen Lebens erklärte, keine determinierende Struktur, sondern eine Voraussetzung, zu der Menschen sich verhalten konnten. Fèbvre erwähnte stets das Beispiel des Flusses: Menschen, die an seinen Ufern wohnen, können ihn als Kommunikationsweg oder aber als Grenze wahrnehmen.

So sah es auch Bloch, der stärker der Soziologie zugewandt blieb als Fèbvre. Schon in seiner ersten Arbeit über die Ile-de-France im Mittelalter, die 1913 erschien, hob Bloch die Bedeutung der Geographie hervor, aber wie Fèbvre auch, band er die Geographie an die Menschen, die in ihr wohnten. Bloch entwickelte damals – und das war für die Geschichtsschreibung jener Zeit ein revolutionärer Akt – auch ein neues Verständnis von der Region. Was für den Historiker zur Region wird, das hänge von seinen Fragen und Interessen ab. So überwand Bloch die nationalstaatlich fixierte Geschichtsschreibung, die immer nur untersuchen konnte, was sich in den Grenzen der jeweiligen Nation zugetragen hatte. Die nationalstaatliche Geschichtsschreibung wurde obsolet, wenn Historiker mittelalterliche Fürstentümer, Handel und Gewerbe, Sprachen und Gebräuche untersuchten. Die Geographie ist nicht da, sie wird gemacht, indem Menschen definieren, was für sie Region ist.[10]

Fèbvre und Bloch kamen 1920 zueinander, als sie an die Universität Straßburg berufen wurden. Fèbvre und Bloch trafen in der geistig anregenden Atmosphäre dieser Hochschule auf andere originelle Köpfe wie den Revolutionshistoriker Georges Lefèbvre und den Soziologen Maurice Halbwachs, dessen Buch über die sozialen Bedingungen des Gedächtnisses vor allem auf Bloch einen starken Einfluß ausübte. 1928 ergriff Bloch die Initiative zur Gründung einer sozialhistorischen Zeitschrift und gewann Fèbvre dafür, sie mit ihm gemeinsam herauszugeben. Sie erhielt den Titel «Annales d'histoire économique et sociale» und erschien im Januar 1929 zum ersten Mal. Die «Annales» revolutionierten die Geschichtswissenschaften in Frankreich, denn die Zeitschrift verstand sich nicht bloß als Publikationsort für Historiker, sondern als Programm. Dieses

Programm der Interdisziplinarität und der Neudefinition der Geschichtswissenschaft als einer historischen Sozialwissenschaft diente mehreren Generationen französischer Historiker als Leitfaden. Die Ausrichtung der Zeitschrift zeigte sich auch in der Besetzung des Herausgebergremiums: ihm gehörten ein Geograph, ein Wirtschaftswissenschaftler, ein Politologe und ein Soziologe an. Die «Annales» öffneten ihre Seiten für statistische Verfahren, psychologische und anthropologische Methoden und makroökonomische Analysen. Sie repräsentierten eine «offene Geschichte» (Peter Burke), einen Methodenpluralismus, der seinesgleichen in Europa suchte. Dieses Unternehmen ließe sich auch als interdisziplinäre Sozialgeschichte beschreiben.[11]

Die Institutionalisierung der «Annales» als eines Forums radikaler Neuerer gelang aber erst in den 1930er Jahren, als Bloch und Fèbvre Straßburg verließen und als akademische Lehrer nach Paris berufen wurden. Im geistigen Zentrum der Republik eroberten sie sich eine beherrschende Stellung in der Historikerzunft, und sie setzten die «Annales» ein, um den «Geist» der neuen, antihistoristischen Geschichtsschreibung in Frankreich zu verbreiten. Fèbvre nutzte die Zeitschrift, um für die «neue Geschichte» zu werben und die Anhänger der erzählenden Ereignisgeschichte zu kritisieren. Damals erwuchsen Bloch und Fèbvre auch die ersten Schüler: Fernand Braudel etwa und Georges Duby, die sich, ebenso wie ihre Lehrmeister, der Geschichte des Mittelalters und der Frühen Neuzeit zuwandten.

Blochs Karriere wurde durch den Kriegsausbruch 1940 jäh beendet. Er wurde Soldat, kehrte nach der Niederlage Frankreichs für kurze Zeit in das akademische Leben zurück, begab sich dann aber in die Illegalität. 1944 wurde er als Angehöriger der Résistance von der Gestapo erschossen. Immerhin fand Bloch die Ausdauer und die Konzentration, um in jener Zeit der Ungewißheit zwei kürzere Bücher zu schreiben: seine Beobachtungen über die militärische Niederlage Frankreichs im Frühjahr 1940 und sein geschichtstheoretisches Werk «Apologie der Geschichtswissenschaft», das jeder, der mit dem Geschichtsstudium beginnt, zu lesen verpflichtet ist.[12]

Anders als Bloch konnte Fèbvre seine Lehr- und Forschungstätigkeit fortsetzen. Nach dem Krieg erwarb er sich den Ruf eines Wissenschaftsmanagers, der *seiner* Geschichte einen führenden Platz im französischen Universitätssystem eroberte, so in der von ihm gegründeten Sechsten Sektion der «Ecole Pratique des Hautes Etudes» und als Direktor des «Centre des Recherches Historiques». Als Fèbvre 1955 starb, hatte sich die Geschichtsschreibung der «Annales» auch institutionell verankert. Es waren seine Schüler, allen voran Fernand Braudel, die der «Annales» zu ihrem weltweiten Einfluß und Ansehen verhalfen.[13]

Worin nun bestand die Originalität jener Historiker, die sich auf den Geist der «Annales» beriefen? In der Neubestimmung der Geschichte als einer Wissenschaft vom Menschen und seiner Lebensbedingungen, so könnte man antworten. In der Verbindung der Geschichtswissenschaften mit der Soziologie, der Geographie und der Psychologie. Schon in den frühen Arbeiten Blochs und Fèbvres zeigte sich dieser innovative Zugriff, der die Geschichtswissenschaft revolutionierte.

In Straßburg entstanden Blochs und Fèbvres Bücher über die wundertätigen Könige und die Reformation. Bloch fragte nach dem Sinn der im Mittelalter weit verbreiteten Vorstellung, Könige seien imstande, durch Handauflegen Hautleiden zu heilen. Was Bloch über die wundertätigen Könige zu sagen hatte, schien die Zeitgenossen zu verunsichern, jedenfalls die Historiker, die ein solches Thema eher für abwegig hielten. Bloch sah im Ritual des Handauflegens und dem Glauben der Menschen an die Heilkraft des Rituals mehr als eine Marginalie, die den Historiker nichts angehe. Im Ritual und seiner ideellen Repräsentation zeige sich, wie Menschen über sich und die Herrschaft dachten. Der Anstoß kam für Bloch aus der Tatsache, daß das Ritual des Handauflegens auch im 17. Jahrhundert noch nicht verschwunden war. Blochs Arbeit war eine Untersuchung, die mit soziologischen und psychologischen Methoden nach den Konstruktionsprinzipien und den Wirkungen kollektiver Vorstellungen fragte. Bloch wendet sich den Gesten im königlichen Ritual zu, um an ihnen zu zeigen, wie die politische Herrschaft und die Heilvorstellungen des Volkes miteinander verschmelzen. Die Geste des Handauflegens war die Begegnung der politischen Religion der Monarchie mit den religiösen Erwartungen des Volkes. Darin leistete Blochs Untersuchung für das Verständnis der Glaubenssysteme, die Gemeinschaft und Herrschaft konstituieren, mehr als jede gelehrte Abhandlung über die Diplomatie der europäischen Königshäuser.[14]

So stand es auch um Fèbvres Arbeit über Martin Luther, die den

Menschen, den sie beschrieb, als Produkt seines Milieus charakterisierte, als eine Figur, durch die die kollektiven Vorstellungen der Epoche hindurchsprachen. Für Fèbvre mußten die neuen Ideen, die Luther und seine Anhänger repräsentierten, in Übereinstimmung mit den religiösen Empfindungen des aufstrebenden Bürgertums gebracht werden. Nun mag jeder selbst entscheiden, was von solcher Sozialgeschichte zu halten ist. Von den Bedürfnissen des Bürgertums würden Historiker heute wahrscheinlich absehen, vor allem, wenn nicht verständlich wird, wie sich die alltägliche Konstitution des Bürgertums ereignet. Aber was bleibt, ist doch die Einsicht, daß die kollektiven Vorstellungen, mit denen Menschen ihre Umwelt ordnen und denen sie selbst unterworfen sind, durch jedes Individuum hindurchgehen, daß aus ihnen nicht nur das Individuum, sondern auch der Geist der Zeit spricht.[15]

Der psychologische Aspekt, der sich aus der Soziologie Durkheims und Halbwachs' herleitete, zeigte sich im Spätwerk Blochs und Fèbvres noch deutlicher als in ihren frühen Büchern. Blochs monumentale Arbeit «La société féodale» (Die Feudalgesellschaft) war nicht, wie viele Arbeiten zeitgenössischer Mediävisten, von der Frage bestimmt, wie sich Grundeigentum, soziale Hierarchie und Staat aufeinander bezogen. Bloch interessierte sich allein für die «Kultur des Feudalismus», für die Einstellungen und kollektiven Vorstellungen der historischen Akteure. In den Repräsentationen der Vergangenheit zeigten sich ihm Formen der sozialen Bindung. Bloch interpretiert sie als Bedürfnis der Menschen, ihren mentalen Haushalt der Umgebung anzupassen, in der sie leben. Diese Umgebung bestand aus Naturkatastrophen, Furcht vor den Ungewißheiten des Lebens, aus Krieg und Gewalt. Das Leben war kurz, es war primitiv, und es war von Gewalt durchtränkt. Jeder hatte das Gefühl, von äußeren Mächten abhängig und bestimmt zu sein. «Es ist ziemlich naiv, zu behaupten, man könne diese Menschen verstehen, ohne zu wissen, in welchem Gesundheitszustand sie sich befanden».[16]

Die Religion gab diesem Leben einen Ausdruck und als solche formte sie das Leben und die Gemeinschaft, in der die Menschen des Mittelalters lebten. Wenn man die Charakteristika der Religionsausübung auf die Lebensbedingungen beziehe, so Bloch, dann «wird man begreifen, daß die Angst vor der Höllenstrafe eine der großen gesellschaftlichen Kräfte dieser Zeit war.»[17] Es waren also die Lebensbedingungen, die eine bestimmte Organisation des sozialen Lebens hervorbrachten. Ihnen entsprachen die kollektiven Repräsentationen der Menschen, ihre Geisteswelt. Diese Repräsentationen kamen aus dem kollektiven Gedächtnis der mittelalterlichen Gesellschaften. Was über eine Sache gesagt und gedacht werden kann, knüpft an tradierte Erzählungen an, in die sich neue Erzählungen durch Ritualisierung immer wieder einschreiben. Aus der Erinnerung an das vergangene Geschehen sprach also nicht die Vergangenheit, sondern die Überlieferung. «In jeder Literatur erkennt sich die Gesellschaft selbst wieder».[18] Deshalb müsse sich der Historiker, der vergangene Gesellschaften verstehen will, mit den kollektiven Vorstellungen, die sich in Heldenepen, Chroniken, Liedern usw. zeigen, auseinandersetzen. Der Feudalismus war also nicht nur eine Form der sozialen Organisation, er war auch eine Weltanschauung, wie wir heute sagen würden.

Bloch und Fèbvre weiteten den Blick der Historiker, sie stießen sie auf soziale und mentale Strukturen, die von Menschen gemacht werden und in die diese Menschen zugleich geworfen sind. Man könnte Bloch und Fèbvre auch als unorthodoxe Marxisten bezeichnen, weil sie das Individuum nicht einfach als Abbild der materiellen Verhältnisse portraitierten, sondern als Schöpfer und Produkt der sozialen und mentalen Verhältnisse verstanden. In diesem Sinn ist, was Bloch und Fèbvre zu sagen hatten, nicht allzuweit von jenen Methoden und Erkenntnissen entfernt, die die neuere Kulturgeschichte für sich in Anspruch nimmt.

Nach dem Zweiten Weltkrieg aber trat das Konzept der Mentalitäten in der französischen Historikerzunft zunächst in den Hintergrund. Fèbvres Nachfolger in Paris, Fernand Braudel, wandte sich wieder den materiellen Strukturen zu. 1949 wurde Braudel, der auch die Leitung der «Annales» übernahm, als Professor an das ehrwürdige Collège de France in Paris berufen. Braudels Leistungen als Wissenschaftsmanager waren ebensogroß wie seine wissenschaftlichen Verdienste. 1963 gründete er das interdisziplinäre «Maison de Science de L'homme», in dem Historiker, Soziologen und Anthropologen miteinander über die Gegenstände ihrer Arbeit ins Gespräch kommen sollten. Hier forschten neben Braudel nicht nur Le-Goff, Duby und Marc Ferro, sondern auch Claude Lévi-Strauss und Pierre Bourdieu. Braudel selbst setzte sich in den 1960er Jahren mit seiner Konzeption der Geschichte gegen alle konkurrierenden Auffassungen durch. Frankreichs Geschichte war fortan eine Geschichte, die von den Historikern der «Annales»-Schule betrieben wurde: eine Geschichte der Strukturen und sozialen Verhältnisse.

«Histoire totale» – so lautete das Konzept Braudels. Damit war freilich nicht gemeint, es sei Aufgabe der Historiker, die Vergangenheit in ihrer Totalität zu rekonstruieren. Von diesem Glauben an die Möglichkeit objektiver Abbildungen der Vergangenheit hatten sich die «Annales»-Historiker längst gelöst. Braudel ging es vielmehr darum, Geschichte aus unterschiedlichen Perspektiven zu betreiben. Um das Leben eines vergangenen Menschen zu verstehen, müsse der Historiker nicht nur dessen Handlungen und die Handlungen anderer Menschen verstehen lernen. Er müsse sich auch Wissen über die ökonomischen, geographischen und psychologischen Bedingungen des menschlichen Lebens aneignen. Historiker erzählen stets mehrere Geschichten, wenn sie Geschichte schreiben. Das ist gemeint, wenn Braudel von einer «histoire totale» spricht. Sie ist eine Geschichte, die sich, wenn man sie ernst nähme, nicht von der Geographie unterschiede. «Für mich ist die Geschichte die Summe aller Geschichten – eine Sammlung von Fächern und Gesichtspunkten von gestern, heute und morgen. Der einzige Irrtum wäre meines Erachtens, eine dieser Geschichten unter Ausschluß der anderen zu wählen».[19] Was nun unter einer solchen «histoire totale» näherhin zu verstehen sei, hat Braudel in seiner 1949 veröffentlichten, monumentalen Dissertation über «Das Mittelmeer und die mediterrane Welt in der Epoche Philipps II.» vorgeführt. 1958 faßte er seine Ideen noch einmal in einem Aufsatz für die Zeitschrift «Annales» zusammen.

Worum geht es in «Das Mittelmeer und die mediterrane Welt»? Braudels Mittelmeerbuch ist in drei große Teile gegliedert: im ersten Teil beschreibt er die natürliche Umgebung des Menschen, die unbewegte, ewig gleiche Welt; im zweiten Teil befaßt er sich mit den sozialen und politischen Strukturen, die sich nur langsam verändern; und im dritten Teil erzählt Braudel die Ereignisse und Handlungen von Menschen, die in unablässigem Wandel begriffen sind.[20] Braudel löst die Chronologie der Ereignisse nicht nur auf, er erklärt sie zur Nebensache. Sie kommt erst am Ende seine Buches überhaupt zur Sprache, und zwar so, daß sie nur noch als Möglichkeit der Bedingungen erscheint, die Braudel in den ersten beiden Bänden beschrieben hatte.

«Jede historische Arbeit teilt die abgelaufene Zeit auf, wählt zwischen den chronologischen Fakten, richtet sich hierbei mehr oder minder bewußt nach eigener Vorliebe oder Ablehnung. Die herkömmliche Geschichtsschreibung, die den kurzen Zeitablauf beleuchtete, das Individuum, das Ereignis, hat uns seit langem an eine schnelle, dramatische, kurzatmige Schilderung gewöhnt. ... Nun sagen wir deutlicher statt Ereignis: kurzer Zeitablauf, nach Maßgabe der Individuen, des täglichen Lebens, unserer Illusionen, unserer schnellen Bewußtwerdung – er betrifft besonders die Zeit des Chronisten, des Journalisten. Merken wir an, daß Chronik und Journal neben den großen Ereignissen, die man historische nennt, gewöhnliche Vorfälle des Alltagslebens wiedergeben: einen Brand, eine Eisenbahnkatastrophe, Getreidepreise, ein Verbrechen, eine Theatervorstellung, eine Überschwemmung. Jeder wird verstehen, daß es hier einen kurzen Zeitablauf in allen Formen des Lebens gibt, in der Ökonomie, dem Sozialen, der Literatur, den Institutionen, der Religion, selbst der Geographie (ein Windstoß, ein Sturm), auch in der Politik. Auf den ersten Blick ist die Vergangenheit diese Masse geschehener Einzelheiten ... Aber diese Masse macht nicht die ganze Realität aus, die ganze Dichte der Geschichte, auf die wissenschaftliche Betrachtung sich bequem richten kann. Die Sozialwissenschaft hat fast Angst vor dem Ereignis. Nicht ohne Grund: Der kurze Zeitablauf ist der eigenwilligste, der täuschendste der Zeitabläufe. Daraus resultiert bei einigen von uns Historikern ein reges Mißtrauen gegenüber einer traditionellen bzw. Ereignisgeschichte, deren Etikett nicht ohne einige Ungenauigkeit mit der politischen Geschichte verwechselt wird.»[21]

Von den politischen und militärischen Ereignissen des 16. Jahrhunderts handelt der gesamte dritte Teil des Mittelmeer-Buches. Braudel portraitiert den spanischen König Philipp II. und andere prominente historische Akteure; er beschreibt die Seeschlacht von Lepanto, in der Venezianer, Genuesen und Spanier die türkische Flotte vernichteten; er erzählt von der Belagerung von Malta und von den Friedensverhandlungen, die den großen europäischen Krieg schließlich beendeten. Aber Braudel wird nicht müde, die Ereignisse, die er schildert, für bedeutungslos zu erklären. Den spanischen Feldherrn und Sieger von Lepanto, Don Juan d' Austrias, bezeichnet Braudel als «Werkzeug des Schicksals», die Unentschlossenheit des spanischen Königs Philipp II. führt er auf schlechte Kommunikationsbedingungen zurück.[22] Die kriegerischen Ereignisse hätten für Spanien keine Folgen gehabt, denn «Spanien konnte nie mehr tun, als einmal einen Schlag nach links, ein andermal einen Schlag nach rechts auszuteilen, mehr den Umständen folgend als seinen eigenen

Wünschen. So erklären sich seine ‹folgenlosen Siege›».[23] Die Ereignisgeschichte, so Braudel, bewege sich deshalb immer nur an der Oberfläche, sie wisse nichts von den Bedingungen, die die Ereignisse ermöglichen. Man müsse deshalb lernen, den Ereignissen zu mißtrauen.

Der Geschichte der Ereignisse, oder der kurzen Dauer, stellt Braudel die Geschichte der «langen Dauer» (longue durée) entgegen, der unbeweglichen Zeit und der langsam sich verändernden sozialen, ökonomischen und politischen Strukturen. Im zweiten Teil seines Mittelmeerbuches behandelt er die Geschichte der Strukturen, der Ökonomie, der Staaten, Gesellschaften und Kulturen, die sich langsamer verändern als die Ereignisse. Die Strukturen bewegen sich im Rhythmus von Generationen oder Jahrhunderten. Marx hatte einst behauptet: «Die Menschen machen ihre eigene Geschichte, aber sie machen sie nicht aus freien Stücken, nicht unter selbstgewählten, sondern unter unmittelbar vorgefundenen, gegebenen und überlieferten Umständen».[24] Braudel schließt sich diesem Urteil unbesehen an, wenn er erklärt, die «unbewußte Geschichte» sei die Geschichte der «unbewußten Formen des Sozialen.»[25]

Alle Menschen unterliegen den Zwängen der Strukturen, der Preisschwankungen, der Produktionsabläufe, dem Recht und den mentalen kollektiven Vorstellungen. Die Strukturen verändern sich nicht mit den Ereignissen, sie geben diesen Ereignissen vielmehr eine Form. Manchmal verhallen die Ereignisse auch im Nichts, wenn sie gegen die Strukturen nichts ausrichten. Im besten Fall spricht aus dem Ereignis die Sprache der Struktur. Deshalb müssen sich die Historiker den Strukturen und ihrer langen Dauer, der «longue durée», zuwenden.

«Unter Struktur verstehen die Beobachter des Sozialen ein Ordnungsgefüge, einen Zusammenhang, hinreichend feste Beziehungen zwischen Realität und sozialen Kollektivkräften. Für uns Historiker ist eine Struktur zweifellos ein Zusammenspiel, ein Gefüge, aber mehr noch eine Realität, die von der Zeit wenig abgenutzt und fortbewegt wird. Einige langlebige Strukturen werden zu stabilen Elementen einer unendlichen Kette von Generationen: Sie blockieren die Geschichte, indem sie sie einengen, also den Ablauf bestimmen. Andere zerfallen wesentlich schneller. Aber alle sind gleichzeitig Stützen und Hindernisse. Hindernisse machen sich als Grenzen bemerkbar (als Eingrenzungen im mathematischen Sinn), die der Mensch mit seinen Erfahrungen kaum überschreiten kann. Man braucht nur an die

Schwierigkeit zu denken, gewisse geographische Rahmen, gewisse geologische Gegebenheiten, einige Grenzen der Produktivität, sogar verschiedene geistige Zwänge zu sprengen: Die Denkverfassungen selber sind Gefangene der langen Zeitabläufe.»[26]

In «Das Mittelmeer» versucht Braudel zu zeigen, daß das Imperium der Spanier im 16. Jahrhundert nur möglich war, weil die ökonomischen Bedingungen ihm entsprachen, weil der See- und Landhandel damals an Bedeutung gewann. Spanien sei ebenso wie das Osmanische Reich an der ökonomischen und sozialen Polarisierung zugrunde gegangen. Der Adel habe sich unablässig bereichert und sei in die Städte abgewandert, während die unteren Schichten verarmten und zu Seeräubern geworden seien. Andererseits sei das spanische Imperium an seiner Größe zerbrochen, an seinem Unvermögen, eine Kommunikation über größere Räume hinweg aufrechtzuerhalten. Angesichts der zwei bis drei Monate, die ein Reisender benötigte, um das Mittelmeer vom östlichsten zum westlichsten Punkt zu überqueren, sei der Zusammenbruch des Imperiums unvermeidlich gewesen. Dieser Hinweis verweist auf die Zwänge der Geographie, die Braudel im ersten Band seines Mittelmeerbuches behandelt.

Denn jenseits der sozialen, politischen und ökonomischen Strukturen liegt die unbewegte, «träge dahinfließende Geschichte, die nur langsame Wandlungen kennt, eine Geschichte, in der die Dinge beharrlich wiederkehren und die Kreisläufe immer wieder neu beginnen.» ... «Diese fast außer der Zeit liegende, dem Unbelebten benachbarte Geschichte wollte ich weder vernachlässigen noch sie, wie es traditionell in so vielen Büchern geschieht, als nutzlose geographische Einführung an die Schwelle der eigentlichen Darstellung verbannen: jene Geschichte mit ihren mineralischen Landschaften, Äckern, Blumen, die man rasch vorzeigt und von der dann nie mehr die Rede ist, als ob die Blumen nicht in jedem Frühling wiederkämen, als ob die Herden in ihren Wanderungen innehielten, als ob die Schiffe nicht auf einem realen Meer segeln müßten, das sich mit den Jahreszeiten verändert.»[27]

Die Geographie ist das Fundament des Lebens, sie ist der Raum, das Milieu, wie Braudel die natürlichen Bedingungen nennt, in dem der Mensch lebt. So ist die Steppe ein Lebensraum für Viehzüchter und Nomaden, sie ist kein Ort der Städte und Handelsplätze. Braudel spricht über das Verhältnis von Nomaden und Seßhaften, über das karge Leben von Bergbewohnern, deren Konservativismus aus der Furcht vor den unabsehbaren Folgen des Wandels kommt. Und auch das Mittelmeer ist für Braudel mehr als nur ein Meer.

«Das Mittelmeer ist zudem nicht *ein* Meer, sondern ein ‹Meereskomplex›, von Inseln verengt, von Halbinseln zerschnitten, von zerklüfteten Küsten umschlossen. Sein Leben hängt mit dem Land zusammen, seine Poesie ist überwiegend rustikal, seine Seeleute sind bisweilen Bauern; es ist das Meer der Olivenhaine und Weinberge ebenso sehr wie das der schmalen Ruderboote oder der Rundschiffe der Kaufleute, und seine Geschichte ist von der terrestrischen Welt, die es umgibt, ebenso wenig zu trennen wie der Ton, der an den Händen des Handwerkers haftet, wenn er ihn modelliert.»[28]

Braudel beschreibt sodann die Landschaften, die das Mittelmeer umschließen, er zeigt die Verhältnisse, in denen die Menschen dieser Regionen leben mußten und die Beziehungen, die zwischen dem Meer und dem Hinterland bestanden. Wie Menschen leben und arbeiten, bestimmt auch darüber, wie sie ihre Konflikte lösen, wie sie Krieg führen und sich politisch organisieren. Das hatte bereits Marx gesehen. Nomaden haben keine Grundherrschaft, ebensowenig wie jene Bauern, die ihr Vieh auf Winter- und Sommerweiden treiben, sich also von den Tälern in die Berge und von den Bergen in die Täler bewegen. Freie Bergbewohner lösen ihre Konflikte im Modus der Blutrache, eine Folge ist die Entstehung von Räuberbanden. Die Malaria, die in den Ebenen wütet, zwingt Menschen, die in der Nähe der Sumpfregionen leben, nicht nur, Wassermassen, die sich aus den Bergen in die Täler ergießen, zu kanalisieren. Sie zwingt sie um des Überlebens willen dazu, ihre Landwirtschaft auszuweiten, Sümpfe trockenzulegen und Landschaften zu kultivieren. Wo Menschen in diesen Anstrengungen nachlassen, kehrt die Malaria in das Leben zurück. Und wo Landschaften kultiviert, Menschen seßhaft und produktiv werden, entstehen Grundherrschaft und stabile politische Verhältnisse.[29]

Nun wollte Braudel mit seinem Mittelmeer-Buch vor allem zeigen, daß die Ereignisse eine andere Zeit haben als die Strukturen und die Geographie.[30] Aber er wollte seine Leser auch davon überzeugen, daß die Geographie die ökonomischen, sozialen und politischen Strukturen ermöglicht, und daß diese Strukturen wiederum die Ereignisse formten, von denen die Historiker glaubten, sie seien der eigentliche Gegenstand der Geschichte.

Braudels Geschichte des Mittelmeeres und der mediterranen Welt war ein großer Erfolg, vor allem in Frankreich. Kritik aber gab es auch: Braudel habe nichts über die kollektiven Einstellungen der Menschen gesagt, nichts über Ehre und Männlichkeit und die Religion. Ein anderer Einwand gegen das Buch lautete, in ihm seien die Ereignisse von der Geographie wie etwas Fremdes abgelöst, der Wandel der Geographie selbst aber nicht thematisiert worden.[31] Unter allen Einwänden aber wiegt der Vorwurf, Braudel sei ein Determinist gewesen, der die Freiheit des Individuums bestritten habe, am schwersten. Und tatsächlich hatte Braudel stets verkündet, daß die Natur und die Strukturen Gefängnisse seien, aus denen sich die Menschen nicht befreien könnten. Und so schließt auch sein Mittelmeer-Buch:

«Ich würde gern mit dem Paradox schließen, daß der wirklich große Handelnde derjenige ist, der den engen Rahmen seiner Möglichkeiten genau ermißt, sich dafür entscheidet, in diesem Rahmen zu bleiben und das Gewicht des Unvermeidlichen sogar zu nutzen, um sein eigenes Streben in dieselbe Richtung zu verstärken. Jede Anstrengung gegen die Grundrichtung der Geschichte – die nicht immer offen erkennbar ist – ist von vornherein zum Scheitern verurteilt. So bin ich bei der Betrachtung eines Individuums immer wieder versucht, es eingebunden in ein Geschick zu sehen, das es kaum selber gestalten kann, in eine Landschaft gestellt, die sich hinter ihm und vor ihm in den unendlichen Perspektiven einer ‹langen Dauer› erstreckt. In der historischen Analyse, wie ich sie sehe, auf eigenes Risiko und eigene Gefahr, setzt sich immer die Langfristigkeit durch. Als Verneinung unzähliger Ereignisse, aller derer, die nicht in ihre Hauptströmung passen und die sie erbarmungslos beiseite drückt, schränkt sie gewiß die Handlungsfreiheit der Menschen und sogar die Rolle des Zufalls ein. Ich bin vom Temperament her ‹Strukturalist›, wenig beeindruckt vom Ereignis, nur halb von der Konjunktur, diesem Bündel von Ereignissen mit gemeinsamem Vorzeichen. Doch der ‹Strukturalismus› eines Historikers hat nichts mit der Problematik zu tun, die unter derselben Bezeichnung in anderen Humanwissenschaften derzeit eine gewisse Verwirrung erzeugt. Er will die Analyse von Verhältnissen, die sich in Funktionen äußern, nicht bis zur mathematischen Abstraktion treiben, sondern sucht die Quellen des Lebens in der konkretesten, alltäglichsten, unzerstörbarsten und anonymsten menschlichen Tätigkeit.»[32]

Was bleibt, das ist die Entdeckung der unterschiedlichen Zeitläufe, in denen sich die natürliche Umgebung, die Strukturen und die individuellen Ereignisse verändern. Die «longue durée» hat den Historikern die Augen für die Zählebigkeit der Strukturen und die Ohnmacht des Individuums geöffnet, sich über diese Strukturen hinwegzusetzen. Um es an einem Beispiel zu sagen: die Strukturen der deutschen Universität stammen zuweilen aus ferner Zeit, wenngleich die Menschen, die in ihnen lehren und studieren, andere geworden sind. Und der alltägliche Protest der Einsichtigen gegen die Regeln und Rituale einer vergangenen Welt ist oft genug vergeblich, weil die Strukturen bestimmen, in welchen Grenzen ein solcher Protest überhaupt möglich ist. Jeder weiß, daß die deutsche Universität reformiert werden muß und daß es die Strukturen sind, die für die Fortsetzung mancher Zumutungen verantwortlich sind. Aber diese Strukturen sind mentaler Art. Die Bürokratie, die die Universitäten zugrunde richtet, könnte man auflösen und durch andere Strukturen ersetzen. Damit aber würden nicht die Gewohnheiten verschwinden, mit denen solche Institutionen über Generationen hinweg am Leben erhalten wurden. Ökonomische und politische Strukturen lassen sich im bewußten Willensakt beseitigen, wenn ihm die natürlichen Bedingungen nicht im Weg stehen. Aber die Kultur, die solchen Strukturen Leben einhaucht, ist von solchen Willensakten nicht berührt. Sie bringt sie vielmehr zum Ausdruck. Was «La mediterranée» fehlt, das ist eine Geschichte der kollektiven Repräsentationen, der Mentalitäten, die sich jenen mathematischen Verfahren entziehen, mit denen Braudel die Strukturen untersuchen wollte.[33]

So steht es auch um die serielle Geschichte (histoire sérielle) der ökonomischen Strukturen, wie sie in den 1950er und den 1960er Jahren unter dem Einfluß Braudels entstand. Ernest Labrousse, Pierre Chaunu, Pierre Goubert, Emanuel Le Roy Ladurie und andere Schüler Braudels schrieben Regionalgeschichten, die ökonomische Konjunkturen, ökonomische Zyklen mit Sterbeziffern und Lebenshaltungen verglichen, die also eine historische Demographie betrieben, die dem Einfluß der Wirtschaftsstrukturen auf den Alltag der Menschen nachspürte. Zu diesem Zweck legten sie lange Serien an, um den Einfluß der ökonomischen Zyklen auf die Gesellschaft über einen längeren Zeitraum hinweg zu beobachten. So versuchte Le Roy Ladurie in seinem Buch «Le paysan de Languedoc» nachzuweisen, daß die hysterischen Auftritte, die Visionen von Himmel und Hölle, die die rebellischen Bewohner des Languedoc im 18. Jahrhundert artikulierten, Folge der Wirtschaftskrise gewesen seien. Diese habe bei den Betroffenen zur Verarmung, verspäteter Heirat, sexueller Frustration, zu Hysterie und Krämpfen geführt.[34]

Es ist die Generation der Enkel, die zu den Ursprüngen der «Annales» zurückkehrte und Blochs Konzept einer Geschichte der mentalen Strukturen wieder aufgriff. Zu ihr gehörten neben anderen vor allem Philippe Ariès, Jacques Le Goff und Georges Duby, in gewissem Sinn auch Michel Vovelle, dessen marxistische Deutung der französischen Revolution Struktur- und Mentalitätengeschichte miteinander verband.[35] Zu den bedeutendsten Werken dieser Mentalitätengeschichte, die den kollektiven Vorstellungen der Menschen wieder Raum gab, gehören Ariès «Geschichte der Kindheit» und «Geschichte des Todes» und Jacques Le Goffs «Die Geburt des Fegefeuers».[36] In diesen Büchern geht es um die Frage, wie kollektive Repräsentationen das Leben von Menschen verändern, in welcher Beziehung diese Repräsentationen zu den ökonomischen und sozialen Strukturen stehen und wie sich der Wandel von Mentalitäten vollzieht. Ariès hatte in seinem Buch über die Geschichte der Kindheit nachgewiesen, daß «Kindheit» eine kulturelle Konstruktion ist, ein Gefühl, das erst im 17. Jahrhundert aufkam. Im Mittelalter seien Kinder wie Tiere wahrgenommen worden, im Alter von sieben Jahren habe man sie dann bereits als Erwachsene behandelt. Kindheit als gefühlter Lebensabschnitt sei eine Konstruktion der jüngeren Vergangenheit. Dieser Wandel in der Einstellung zeige sich in der Entstehung von Kinderkleidung, der Kinderlieder und der Imitation von Kindersprache, so Ariès. So steht es auch um den Tod, dem man zu unterschiedlichen Zeiten auf verschiedene Weise begegnete und den man auf ebenso verschiedene Weise bewältigte. In der Untersuchung der mentalen Strukturen, denen Menschen unterworfen sind, öffnen sich dem Historiker die sozialen und ökonomischen Strukturen.[37]

Man gewinnt bei der Lektüre der klassischen Texte freilich auch den Eindruck, daß die Mentalitätengeschichte bisweilen nichts anderes als eine umgedrehte Strukturgeschichte ist, die durch das Medium der kollektiven Vorstellungen auf die ökonomischen und sozialen Strukturen schließt, von der bewegenden und verändernden Kraft der Mentalitäten aber absieht. So kann man es jedenfalls in Le Goffs «Geburt des Fegefeuers» lesen, die dem Wandel des religiösen Verständnisses vom Jenseits zwischen 1150 und 1250 nachspürt.

«Das Fegefeuer ist keine Nebensache, kein unbedeutendes Einschiebsel in das ursprüngliche Gebäude des christlichen Glaubens, der sich im Mittelalter und in den folgenden Jahrzehnten in Form des Katholizismus entwickelte. Das Jenseits ist einer der großen Horizonte der Religionen und Gesellschaften. Der Glaube, daß mit dem Tode die Würfel noch nicht gefallen sind, verändert das Leben der Gläubigen. Das Erscheinen, die sich über Jahrhunderte hinziehende Herausbildung des Fegefeuers, beruht auf einem substantiellen Wandel des Raum-Zeit-Rahmens, an dem sich die christliche Vorstellungswelt orientierte. Die Vorstellung von Raum und Zeit aber sind das Gerüst der Denk- und Lebensart einer Gesellschaft. Ist diese Gesellschaft ganz vom Glauben durchdrungen, wie die Christenheit jenes langen Mittelalters, das von der Spätantike bis zur industriellen Revolution dauerte, dann bedeutet eine geographische Veränderung des Jenseits und damit des Universums eine Veränderung des Lebens nach dem Tode, also der Verklammerung zwischen der irdischen geschichtlichen und eschatologischen Zeit, der Lebenszeit und der Zeit der Erwartung. Mit dieser Veränderung vollzieht sich eine langsame, aber grundlegende Revolution. Es ist offenbar, daß die Geburt eines solchen Glaubens mit einem tiefgreifenden Wandel der Gesellschaft verbunden ist, in der er entsteht.»[38]

Die Mentalitätengeschichte erhielt ihren Anstoß von der «schweren Verwundung unserer Mentalität», wie Ariès rückblickend meinte. Die Menschen im Zeitalter der Aufklärung und des industriellen Fortschritts seien sich der Überlegenheit ihrer Epoche und ihres Standpunktes sicher gewesen. Sie konnten keine andere Kultur als ihre eigene sehen. Der gegenwärtige Mensch aber ist unsicher geworden, er hat den Boden unter den Füßen verloren. Er erkennt heute unterschiedliche Kulturen, wo die klassischen Historiker nur eine Kultur und zahlreiche barbarische Abweichungen von ihr zu sehen vermochten. Die Transformation der Geschichtsschreibung, die mit dem Konzept der Mentalitäten einsetzte, war demnach auch eine «Reflexion des Menschen über die Zeit, in der er lebte.» ... «Inzwischen beobachten wir, wie sich vor unseren Augen ganze Blöcke dessen, was wir noch gestern als unsere Gegenwart ansahen, lösen und sich in den Kontext der traditionalen Gesellschaften einfügen.»[39] In diesem Sinn bringt eine Mentalitätengeschichte die Differenz der Zeiten zur Auflösung, weil sie die Bedeutung der kollektiven Vorstellungen für das Leben der Menschen heraushebt. Darin aber nähert sich uns die Vergangenheit, und wir können sie nicht mehr ignorieren. Sie wird zu einem Teil von uns.

Für Philippe Ariès waren die kollektiven Vorstellungen der Schlüssel zum Verständnis menschlicher Gesellschaften.

> «Aber was ist das kollektive Unbewußte? Man müßte wohl sagen: das kollektive Nichtbewußte. Kollektiv, weil es selbstverständlich scheint, so wie die Gemeinplätze, die Codes der Moral, die Konformismen oder die Verbote, die auferlegten oder verpönten Ausdrucksformen von Gefühlen oder Phantasmen. Die Historiker sprechen von ‹geistiger Struktur› oder ‹Weltsicht›, um die kohärenten und logisch stringenten Züge einer psychischen Totalität zu bezeichnen, die sich den Zeitgenossen aufzwingt, ohne daß sie es wissen. Es könnte sein, daß die Menschen heute das Bedürfnis verspüren, Gefühle ins Bewußtsein zu heben, die sich einst in den Tiefen der kollektiven Erinnerung verkrochen. Die Mentalitätenhistorie wäre dann die unterirdische Suche nach namenlosen Weisheiten: nicht nach *der* Weisheit oder *der* Wahrheit, sondern nach den praktischen Vernunftregeln für die alltäglichen, vertrauten Beziehungen der Gemeinschaften zu jedem Einzelnen, zur Natur, zum Leben, zum Tod, zu Gott und zum Jenseits.»[40]

Diese namenlosen Weisheiten bilden das Leben, dessen Ausdruck sie sind, nicht nur ab, sondern strukturieren es zugleich. Eine Kulturgeschichte des Sozialen, die danach strebt, Repräsentationen der sozialen Welt zu verstehen, beschreibt die Welt so, wie Menschen glaubten, daß sie beschaffen sein sollte, wie Roger Chartier zu bedenken gab.[41] Davon hatten die frühen Mentalitätenhistoriker der «Annales» keinen Begriff. Erst mit dem Siegeszug der Anthropologie in den Humanwissenschaften veränderten sich auch die Vorstellungen der Historiker von den Vorstellungen der historischen Subjekte. Man könnte auch sagen, daß mit dem anthropologischen Blick die Strukturgeschichte verschwand und das Individuum als Schöpfer der Strukturen in die Geschichte zurückgebracht wurde. Es kommt also darauf an, daß die Historiker über die Bedeutung der Deutung sprechen.

Achtes Kapitel

Erinnerung und Kollektives Gedächtnis

Die Gegenstände des Historikers sind nur, indem sie in der Erinnerung sind. Was nicht erinnert wird, ist nicht. Die Vergangenheit entsteht, indem wir uns auf sie beziehen. Und wir können uns auf sie nur beziehen, wenn wir uns erinnern und uns mit anderen über diese Erinnerungen verständigen. Deshalb müssen wir, wenn ein Urteil über die Erfahrungswelt des Historikers möglich sein soll, wissen, wie die Erinnerung beschaffen ist, die uns die Gegenstände überhaupt erst eröffnet. Denn wenn wir keine Erinnerung hätten, wüßten wir nicht, wer und wo wir sind, wir würden keinen Satz sprechen und verstehen können, und wir könnten uns nichts mitteilen. Erst das Gedächtnis stiftet Gemeinschaft.[1]

Es war Emile Durkheim, der die gemeinschaftsbildende Funktion von Erinnerung und Gedächtnis hervorhob und in die Soziologie einführte. In seiner 1898 erschienenen Untersuchung «Individuelle und kollektive Vorstellungen» brach er mit der naiven Vorstellung, das Bewußtsein sei nichts weiter als ein Epiphänomen des physischen Lebens, ein Reflex von Operationen des Gehirns. Ein mit Bewußtsein ausgestattetes Lebewesen verhalte sich anders als ein Wesen, das darauf programmiert sei, einem System von Reflexen zu gehorchen. Menschen zögern, tasten, probieren. Es vergeht immer eine bestimmte Zeit, bis eine motorische Reaktion erfolgt. Kurz: Menschen entscheiden, wie sie sich zu einer Sache verhalten. Wenn das Bewußtsein unfähig wäre, selbst etwas hervorzubringen, dann müßte es für immer bleiben, was es ist. Es wäre die äußere Grenze der Wirklichkeit. Das Gedächtnis des Menschen wäre dann nichts weiter als ein Behältnis, in dem nichts aufbewahrt werden könnte, weil es auf die Reize der Außenwelt stets mit den gleichen Reflexen reagieren müßte. Erinnerung wäre, wenn man das Bewußtsein so definierte, das Auftauchen immer gleicher physischer Zustände bei gleichen organischen Eindrücken. Der Psychologe und Philosoph William James hatte noch behauptet, daß das Phänomen des Behaltens nicht mit dem Vermögen des Geistes erklärt werden könne. Erinnern sei ein physisches Phänomen, ein Zustand, der sich durch die Anordnungen bestimmter Leitungsbahnen im Gehirngewebe erklären lasse.[2] Wenn James recht hätte, dann wären auch die Assoziationen, zu denen das Bewußtsein in der Lage ist, bloß Reflexe der materiellen Welt und der Beschaffenheit des Gehirns. Die Vorstellungen des Menschen verlören ihre Selbständigkeit, sie würden mit den Objekten verschwinden, durch deren Reizung das Bewußtsein Vorstellungen hervorgebracht hatte. Es könnte dann kein psychisches Leben geben. Wer diese Auffassung vertritt, muß die Existenz des geistigen Lebens bestreiten, «denn dieses ist nichts außerhalb des Gedächtnisses», wie Durkheim sagt.[3]

Für den Psychologen ist die geistige Welt die Gesamtheit von Vorstellungen, die Menschen haben. Wenn aber Vorstellungen mit den Objekten verschwinden, die sie konstituieren, dann gäbe es nichts, was ein Psychologe untersuchen könnte. Wir können aber beobachten, daß die Vorstellungen unabhängig von den ursprünglichen Reizen bestehen und daß sie sich verändern. Deshalb ist das Argument, das Bewußtsein sei nur ein Widerschein des physischen Lebens, weil es Reizen gehorche, nicht überzeugend. Wenn das Gedächtnis nichts weiter wäre als Nervensubstanz, dann könnten sich Gedanken nicht gegenseitig hervorrufen. Für Durkheim sind es die Vorstellungen und ihre Verknüpfungen, die das geistige Leben konstituieren. Das zeigt sich besonders in solchen Fällen, bei denen sich die Vorstellungen von den Empfindungen entfernen. Vorstellungen bleiben bestehen, sie erhalten sich aus eigener Kraft und sie können sich miteinander zu neuen Vorstellungen verbinden. Vorstellungen bilden Wirklichkeit nicht nur ab, sie stellen sie auch her. «Jeder psychische Zustand besitzt somit die gleiche relative Unabhängigkeit gegenüber der besonderen Beschaffenheit der Nervenzelle wie die sozialen Phänomene gegenüber der individuellen Natur.»[4]

Diese Einsicht ermöglicht es dem Psychologen, die Erinnerungen als Schlüssel zur Ergründung des menschlichen Ich zu verwenden. So begreift auch Sigmund Freud Erinnerung nicht als Abbild authentischer Wirklichkeit oder Vergegenwärtigung des Erlebten. Am Beispiel des Traumes zeigt er, daß das Psychotrauma oft erst Jahre nach dem Erlebnis eintritt, auf das es sich bezieht. Ein gegenwärtiger geistiger Zustand kann also bewirken, daß ein vergangener geistiger Zustand nachträglich, durch Erinnerung, die Qualität eines Traumas erhält und darin in der Gegenwart psychische Krankheiten kausal verursachen kann. Hier wird also eine Erinnerung verdrängt, die nur *nachträglich* zum Trauma geworden ist, wie Freud sagt.[5] Es gibt also keinen objektiven Standpunkt, von dem aus man die subjektive Geschichte auf die «tatsächliche» Geschichte beziehen könnte. Zwischen der subjektiven Erfahrungsgeschichte und dem objektiv beschreibbaren Erfahrungsweg klafft eine Lücke, die durch Interpretation, durch Deutung, überwunden werden muß. Mit welchen Möglichkeiten aber hat es die Selbstinterpretation zu tun? Wenn sie unbegrenzt wären, dann könnte man zwischen Erinnerung und Erfindung nicht mehr unterscheiden.

Das Erlebnis bleibt dadurch, daß es zur Vergangenheit geworden ist, nicht dasselbe, das es gewesen ist. Es kann vergessen oder wieder erinnert werden. Aber zu diesem Zweck muß es aufbewahrt werden. Nur dürfen wir dabei nicht der Täuschung unterliegen, im Gedächtnis seien die Erfahrungen der Vergangenheit abgelegt und für immer aufgehoben. Wir sind mit dem Vermögen ausgestattet, uns etwas zu merken und uns immer wieder an das Gelernte zu erinnern. Aber wir können unsere Erfahrungen nicht im Gedächtnis deponieren und sie bei Bedarf unversehrt wieder aus ihm hervorholen. Erinnerung ist weder «Abrufen» noch «Speichern», wie die Computermetaphern suggerieren, die in den Kulturwissenschaften bisweilen verwendet werden.[6]

Erinnerung ist Re-Interpretation, kein Wiederfinden oder Wiedererkennen von Objekten. Es ist ein Neuverstehen von etwas, was bereits einmal auf irgendeine Weise verstanden wurde. Denn wenn wir uns erinnern, dann beziehen wir uns stets auf Gegenstände, die schon in unserer Erinnerung waren und sich durch unser Nachsinnen verändern. Erinnern ist also eine assoziative Tätigkeit, die nach Bedeutung sucht und Bedeutung schafft. Und es sind die Spuren, die es uns ermöglichen, Erinnerungen zu haben. So erinnere ich mich daran, Trockijs Memoiren gelesen zu haben, als ich das Buch mit dem blauen Einband im Bücherregal entdecke. Diese Erinnerung führt mich zu meinen Exzerpten und zum Inhalt des Buches zurück, den ich vergessen hatte. Sodann kommt mir wieder zu Bewußtsein, wie Trockij über die Revolution des Jahres 1917 urteilte. Das Buch mit dem blauen Einband und die Exzerpte sind Informationsträger, die Spuren enthalten und mich auf das Ereignis führen, an das ich mich erinnern will. Spuren aber können unleserlich, mißverständlich oder unbestimmt sein. Wir lesen und deuten also Spuren, wenn wir uns erinnern und verständigen uns mit anderen darüber, wie sie zu lesen sind. «Das Gedächtnis», sagt Paul Valéry, «ist nicht Akkumulation, sondern Konstruktion. Der Inhalt des Gedächtnisses ist Akt, aktuelles Ereignis. Sein Inhalt wird nicht aufbewahrt.»[7]

Das Erinnern ist ein Vorgang, der eine Differenz zwischen dem Erleben des Jetzt und dem Erleben der Vergangenheit herstellt. Wenn ich mich erinnere, unterscheide ich zwei Arten, Zeit zu erleben und setze sie zueinander in Beziehung. Auf welche Weise ich mich auch erinnere: an eine Melodie, die ich schon einmal gehört habe, oder daran, wie mir jemand erzählt hat, daß sich ein Ereignis zutrug, an dem ich selbst aber nicht beteiligt war: In jedem Erinnern muß es die Überzeugung geben, man habe das Erinnerte erlebt, denn anderenfalls würde man seine eigene Erinnerung in Zweifel ziehen. Nur folgt aus dem richtigen Verständnis meiner Erinnerung nicht, daß die Aussagen, die aus dieser Erinnerung kommen, auch wahr sind. Der Einsatz der Erinnerung als Herstellung von wahren Tatsachen ist nur eine von vielen kulturellen Verwendungsweisen der Erinnerung. Man kann sich auch an Ereignisse erinnern, die nie vorgefallen sind. Und diese Erinnerung bleibt auch dann, wenn man weiß, daß nichts dergleichen wirklich vorgefallen ist.[8]

Wie erinnert wird und was dabei als glaubwürdig angesehen wird, hängt von den Regeln im intersubjektiven Erfahrungsraum ab. Wenn Einigkeit darüber besteht, daß in Hörsälen keine überirdischen Kräfte wirken, dann wird sich auch niemand daran erinnern, die Wirkungen solcher Kräfte gespürt zu haben. Niemand schenkt solchen Erinnerungen Glauben. Das durch Erinnerung angehäufte Wissen variiert mit den Kulturen, von denen es abhängig ist. Denn die Möglichkeiten des Erinnerns hängen auch davon ab, was in einem kulturellen Milieu für glaubwürdig gehalten wird.[9]

Kann es unter diesen Umständen authentische, ungefilterte Erlebnisse geben? Sind Erleben, Träumen und Erinnern identische psychische Zustände? Scheinen in den Erinnerungen die Erlebnisse so auf, wie sie das erlebende Subjekt erlebt hatte? Daran zu glauben, ist eine Illusion. Der Glaube an die Authentizität des Erinnerten kommt aus der Illusion, man könne der Welt unvermittelt gegenübertreten. Das hatte schon Hegel in seiner Theorie der sinnlichen Gewißheit gezeigt. In der Erinnerung ist nichts Unmittelbares, nichts Unbestimmtes, nichts, was uns ohne Vermittlung zugänglich wäre. Selbst das Schmerzgedächtnis oder die Erinnerung an eine Gewalterfahrung, die immer wieder unvermittelt ins Bewußtsein tritt, ermöglicht kein unmittelbares Wissen. Eine Gewalt- oder Schmerzerfahrung, die immer wieder ins Bewußtsein tritt, ist eine Vision, in der die schlimmste Angst zum Leben erwacht. Sie ist aber keine Widerspiegelung eines tatsächlichen Geschehens. Das ist nicht alles, was über die Vermittlung der Erinnerung gesagt werden kann. Die erinnerten Sinneseindrücke müssen sich mir selbst und anderen vermitteln, damit sie zum Wissen werden. Ob einer Erinnerung im öffentlichen Raum Glauben geschenkt wird, hängt dann oftmals davon ab, ob sie sich mit den vorherrschenden Interpretationen über sie verträgt.[10]

Erinnerungen sind also keine Abbilder einer vergangenen Wirklichkeit, sondern eine «phantasieorientierte Rekonstruktion» von Erlebnissen. So hatte es auch Sigmund Freud gesehen. Anfangs hatte Freud die Erinnerungen seiner Patientinnen an sexuelle Kindheitstraumata für wahrheitsgetreue Schilderungen des Erlebten ausgegeben. Später sprach er von Gedächtnistäuschungen, mit deren Hilfe wir das tatsächliche Geschehen verdrängen. Es sind also die Wünsche und die inneren Konflikte des Menschen, die seine Erinnerungen verzerren. Freud aber glaubte an die Möglichkeit, das ursprüngliche Erlebnis in seiner Authentizität wiederherstellen zu können. Zu diesem Zweck mußte der Psychoanalytiker Schritt für Schritt alle Schichten abtragen, die die Erinnerung trübten und die Spuren freilegen, die ihn dann zum ursprünglichen Ereignis führten.[11]

In Freuds Erinnerungstheorie werden aus wirkungslosen Erfahrungen der Vergangenheit wirksame traumatische Erinnerungen in der Gegenwart. Was ursprünglich nicht als Schrecken erlebt wurde, wird später als Schrecken erinnert. Nur durch Erinnerung kann man also wissen, daß man etwas Traumatisches erlebt hat. Folgt man Freud, dann ist es keinesfalls so, daß traumatisierte Menschen etwas Traumatisches erleben und sich fortan daran erinnern. Die im Gedächtnis aufbewahrten Eindrücke werden durch spätere Erlebnisse aktiviert und zu einer verstandenen Erinnerung. Nur bleiben die Eindrücke, wenn sie sich in Erinnerung verwandeln, nicht mehr dieselben. Im Licht eines aktuellen Ereignisses verändern sich die ursprünglichen Eindrücke. Es sind die nachträglichen Erinnerungen, die ein Trauma auslösen.[12]

Wenn wir Freud folgen, dann ist, was erinnert wird, eine Re-Interpretation subjektiver Erfahrung. Dieselbe Vergangenheit wird dabei immer wieder neu erinnert und gedeutet. Die Geschichte ist ein fortwährender Prozeß der Re-Interpretation, der sich aus dem jeweiligen Verständnis darüber ergibt, welche Person man gerade ist oder sein möchte. Man kann also auch in der Erinnerung Erfahrungen über sich selbst machen. Erinnernd entdeckt man Neues über sich. Wie man über seine eigene Vergangenheit denkt, das hat einen Einfluß darauf, wie man die Gegenwart erlebt. Es gibt also eine rückwirkende Kausalität: das nachträgliche Umschreiben einer vergangenen Erfahrung unter dem Eindruck eines späteren Erlebnisses verändert zugleich die Interpretation des späteren Ereignisses, das durch die Vergangenheit auf sich selbst einwirkt. Um es mit einem Beispiel zu sagen: die Kriegserlebnisse, die jemand durchlebt hat, können durch gegenwärtige Kriegseindrücke als Erinnerung in das Bewußtsein zurückgeholt werden. Ältere Menschen, die mit der Nachricht konfrontiert werden, es seien in einer kriegerischen Auseinandersetzung Bomben auf Städte abgeworfen worden, werden sich möglicherweise an die selbst durchlebten Bombennächte während des Zweiten Weltkrieges erinnern. Dabei werden die vergangenen durch die gegenwärtigen Eindrücke überlagert. Sie verändern sich. Zugleich verwandeln sich die gegenwärtigen Eindrücke zu vermittelten, weil sie sich durch die Vergangenheit, auf die sie sich beziehen, verändern. Die Kriegseindrücke der Gegenwart verändern sich in der Erinnerung an die Erfahrungen der Vergangenheit. Nachträglichkeit im Sinne Freuds bedeutet, daß die subjektive Geschichte zirkulär ist, daß im Erinnern die Vergangenheit aus der Gegenwart entworfen wird, daß sie erst nachträglich zu dem wird, von dem gesagt wird, es sei immer schon so gewesen.[13] Der Hirnforscher Wolf Singer spricht davon, die Erinnerung sei «mit einer Aktualisierung der Perspektive verbunden, aus der die erinnerten Inhalte wahrgenommen werden.»[14]

Nun sind wir aber nicht bloß Individuen, wir stehen in Überlieferungen, in Traditionen, wir sind in der Zeit und in der Sprache, mit uns und mit anderen. Deshalb ist, was Erinnerung genannt werden kann, von den kollektiven Vorstellungen, die in einer Gesellschaft herrschen, nicht zu trennen. Diese Entdeckung verdanken wir Maurice Halbwachs, jenem französischen Soziologen und Mitbegründer der «Annales», dessen Buch «Das Gedächtnis und seine sozialen

Bedingungen» vor allem Marc Bloch und Jacques Le Goff beeinflußt hat, im übrigen Europa bis zur Wiederentdeckung der Kulturgeschichte aber unbemerkt blieb.[15]

Halbwachs begann seine akademische Karriere in der Philosophie, als Student von Henri Bergson. 1903 legte er im Fach Philosophie in Paris sein Examen ab. Unter dem Einfluß Emile Durkheims aber wandte er sich bald der Soziologie zu. Halbwachs repräsentiert jenen Typus des Gelehrten, dessen Wirkungen über die Grenzen des eigenen Faches hinausreichen. 1909 verfaßt er eine kleine Abhandlung über den deutschen Philosophen Gottfried Wilhelm Leibniz, wenig später beschäftigt er sich mit dem Studium der Rechte und promoviert 1909 mit einer ökonomischen Arbeit, die den Titel trägt: «Der Grundstückspreis und die Enteignungen zu Paris im 19. Jahrhundert». In ihr greift Halbwachs auf die statistischen Methoden des Wirtschaftshistorikers Simiand zurück. In seinem ersten großen Werk «La classe ouvrière et les niveaux de vie» (Die Arbeiterklasse und die Lebensstandards) von 1913 präsentiert Halbwachs in Anlehnung an Durkheim auch erstmals seine Idee von den kollektiven Vorstellungen, die das Individuum beherrschen.

1925 wird Halbwachs an die Universität Straßburg berufen, wenig später wechselt er an die Sorbonne nach Paris. In Straßburg entsteht sein Hauptwerk «Les cadres sociaux de la mémoire» (Das Gedächtnis und seine sozialen Bedingungen). Als Soziologe betreibt Halbwachs auch nach seiner Berufung mehr als nur eine Fortschreibung seiner Ideen über das Gedächtnis. Er schreibt eine moralstatistische Abhandlung über die «Theorie vom Durchschnittsmenschen», verfaßt ein Lehrbuch über Wahrscheinlichkeitsrechnung, ein Buch über die Ursachen des Selbstmordes und zahlreiche Artikel in französischen Fachzeitschriften.

Während der deutschen Besatzung bleibt Halbwachs in Paris und setzt seine Lehrtätigkeit in Paris fort. Im Juli 1944, kurz vor der Befreiung der Hauptstadt, wird er von der Gestapo verhaftet und mit seinen Söhnen, die der Résistance angehören, in das Konzentrationslager «Buchenwald» deportiert. Dort stirbt er im Februar 1945, kurz vor dem Ende des Krieges, an den Entbehrungen der Haft.[16]

Halbwachs' Schrift «Das Gedächtnis und seine sozialen Bedingungen» ist ein Versuch, die Bedingungen freizulegen, denen das Erinnern gehorcht. Sie beginnt mit den Träumen, die Menschen haben, denn mit Sigmund Freud war Halbwachs der Auffassung, daß

Träume Erinnerungen sind, die uns Zugang zu unserer Vergangenheit verschaffen. Und wie Freud sah er auch, daß Träume die Erinnerungen verzerren. Aber diese Verzerrungen sind oftmals bedeutender als das erinnerte Ereignis selbst. Freud sah im Traum den Schlüssel zu den Geheimnissen der menschlichen Psyche, während Halbwachs im Traum auch eine Widerspiegelung der sozialen Welt sah, in der Menschen leben.

Henri Bergson, der akademische Lehrer Halbwachs', hatte Erinnerungen an individuelle Erfahrungen der Dauer (durée) gebunden. Es sind also die Erinnerungen des einzelnen Individuums, aus denen sich die kollektiven Vorstellungen, die eine Gemeinschaft konstituieren, zusammensetzen. Halbwachs hingegen hebt den kollektiven Charakter der Erinnerung hervor. Was ist damit gemeint?

Das kollektive Gedächtnis ist kein Gedächtnis von Kollektiven, denn Kollektive können kein Bewußtsein haben. Halbwachs versteht hierunter vielmehr, daß bereits vorhandene Vorstellungen, die Menschen miteinander teilen, individuelle Erinnerungen strukturieren. Die Kultur, in der man steht, formt die Erinnerungen, die man haben kann. Halbwachs nennt diesen kulturellen Fundus, aus dem wir schöpfen, kollektives Gedächtnis. Damit uns unsere Erinnerungen überhaupt zugänglich sind, müssen wir sie in Worte fassen und auf Begriffe bringen können, wir müssen sie mitteilen. Aber die Bedeutung der Worte ist sozial festgelegt. Und weil die Erinnerung keine Beschreibung, sondern eine Konstruktion ist, können wir nicht anders, als unsere Erinnerungen in den Kategorien unserer Welt zu konstruieren. Es kann also niemals eine individuelle, «reine» Erinnerung jenseits der sozialen Welt geben, in der wir leben. Erinnerungen werden nicht von den erinnerten Gegenständen geformt, sondern von den Kategorien, mit denen wir eine Sache begreifen. Sie steuern die Erinnerungen und legen fest, wie sie anderen mitgeteilt werden. «Wir werden die Natur dieser Umbildungsarbeit an der Vergangenheit bei der Träumerei vielleicht besser verstehen, wenn wir nicht vergessen, daß unsere Einbildungskraft selbst im Moment des Reproduzierens der Vergangenheit unter dem Einfluß des gegenwärtigen Sozialmilieus bleibt.»[17] Reinhard Koselleck hat in anderem Zusammenhang von der Verschränkung des Erfahrungsraumes mit dem Erwartungshorizont gesprochen und damit sagen wollen, daß sich die Erwartungen mit den immer wieder neu durch Generationen und Institutionen vermittelten Erfahrungen verschieben.[18]

Halbwachs erklärt die Funktionsbedingungen des Gedächtnisses am Beispiel eines Erwachsenen, der ein vor Jahrzehnten gelesenes Kinderbuch wiederentdeckt. Wer ein solches Buch anschaut, hofft, daß sich beim Lesen die Eindrücke der Kindheit wieder einstellen, daß Erinnerungen aufscheinen, die es ihm ermöglichen, in die Vergangenheit einzutauchen. Dann aber machen wir die enttäuschende Erfahrung der Fremdheit. Es scheint uns so, als läsen wir ein neues Buch, als sei der Inhalt des Buches mit der Zeit verändert, umgeschrieben worden. Und wir verstehen auch nicht mehr, wie das Kinderbuch unsere Phantasie anregen konnte.[19] Wir sind womöglich verstört angesichts der altmodischen Formulierungen, der Schlichtheit des Inhalts, der uns bei der Lektüre entgegentritt. Wir haben bereits Vorstellungen vom Erwachsensein, die wir den Vorstellungen entgegenstellen, die in dem Kinderbuch geäußert werden. Das Kind aber hat keine solchen Vorstellungen, es liest, was im Kinderbuch steht, unbefangen. Es sind also die in der Zwischenzeit gesammelten Erfahrungen, die uns eine Erinnerung verwehren, die die vergangene Welt wiederauferstehen läßt. Man müßte, um das Denken des 15. Jahrhunderts zu erfassen, vergessen können: daß die Erde rund ist, daß die Sterne Sonnen sind. Und so steht es auch um die Lektüre des Kinderbuches. Kinder urteilen über Bücher nicht wie über Kunstwerke, sie suchen in ihm keine Widersprüche oder Gesellschaftsbilder, weil sie solche nicht kennen.

> «Die ganze gesellschaftliche und psychologische Erfahrung fehlt dem Kind. Aber auch das macht ihm nichts aus. Sie lastet im Gegenteil auf dem Erwachsenen, und wenn er sich von ihr befreien könnte, würde vielleicht der Eindruck von ehemals in seiner Unvermitteltheit wieder zum Vorschein kommen.»[20]

Wenn es eine Erinnerung gegeben hat, dann müßte sie doch wieder erscheinen. Aber sie erscheint nicht wieder. Tatsächlich haben wir sehr oft das Gefühl des déja vu, doch sind wir uns niemals sicher, ob das Bild, das wir vor unseren Augen haben, schon immer in dieser Form in unserem Bewußtsein war. Und dennoch erinnern wir uns. Wir bewahren aus jedem Lebensabschnitt, den wir durchlebt haben, Erinnerungen, die wir mit anderen Erinnerungen zu Neuem verknüpfen können. Dabei werden wir uns unserer selbst gewiß. In der Verkettung der Erinnerungen sind wir als Individuen mit Identität in der Welt. Wir können sagen, wer wir sind, wenn wir uns daran erinnern, wie wir waren und wie wir wurden, was wir sind. «Aber gerade weil es sich um Wiederholungen handelt, weil sie in der Folge in den verschiedenen Lebensabschnitten immer in sehr verschiedene Begriffssysteme eingespannt worden sind, haben sie ihre Form und ihren Aspekt von einst verloren», wie Halbwachs einwendet.[21]

Deshalb kann es uns auch nicht gelingen, die vergangenen Eindrücke so zu erinnern, wie sie sich uns damals aufgedrängt haben. Das Kinderbuch, das wir anschauen, hat die gleiche Beschaffenheit, den gleichen geschriebenen Inhalt, mein Sehnerv wird auf die gleiche Weise gereizt wie zu der Zeit, als ich das Buch zum ersten Mal las. Wir können uns auch bemühen, von unseren Vorstellungen des Jetzt zu abstrahieren und verstehen, daß unsere Wahrnehmung nicht die eines Kindes ist, aber es wird uns nicht gelingen, das ursprüngliche Bild zum Vorschein zu bringen und «unserem nervösen und zerebralen Organismus genau die Einstellung zu vermitteln, die er damals hatte.»[22] Wenn das gegenwärtige Bewußtsein die Erinnerungen der Vergangenheit nicht reproduzieren kann, so nicht deshalb, weil es ihnen Widerstand entgegenbringt, sondern weil es die Möglichkeiten zur Wiederherstellung der Erinnerung nur in seiner Umwelt findet. Es scheitert an seinen Möglichkeiten.

Erwachsene projizieren Vorstellungen in die Natur, die aus ihrer sozialen Umwelt kommen und die das Kind nicht kennt. Wir erinnern uns als soziale Wesen. Deshalb haben wir keinen Begriff von der eigenen Vergangenheit. «Man wird also sagen, daß das der-Vergangenheit-Nachtrauern tatsächlich auf einer Illusion beruht, die das Werk des Gedächtnisses oder genauer der Einbildungskraft ist.» Wer sich nach seiner Vergangenheit zurücksehnt, träumt von einem Leben, das aus der Gegenwart kommt.[23] Man kann einer Gesellschaft, in der man lebt, allenfalls entweichen, wenn man ihr das Bild einer anderen Gesellschaft entgegenstellt. Denn selbst, wenn der Mensch allein zu sein glaubt, steht er doch immer in den Zwängen der Gesellschaft und der menschlichen Gruppen, die in ihr leben. Das Gedächtnis verschafft uns freilich die Illusion, daß wir über die Zwänge verfügen, in denen wir leben. Wir können unangenehme Erinnerungen mit Gegenwartsgefühlen kontrastieren und bewältigen, weil die Erinnerungen an die Toten keine unmittelbaren Folgen mehr für uns haben. Gleichwohl konstruiert das Bewußtsein seine

Erinnerungen unter dem Druck der Gesellschaft. Jeder weiß, daß die Vergangenheit nicht mehr existiert, er kann nicht anders, als sich zu der Welt zu verhalten, in der er lebt, auch und gerade dann, wenn er sich an vergangene Ereignisse erinnert. Und wer sich erinnert, weiß, daß er sich der Vergangenheit nur sporadisch zuwendet und sich dort nie lange aufhält. Aber er braucht diese Vergangenheit, um sich von den Wirklichkeiten, die ihn umgeben, zu distanzieren. Er benötigt die Illusion, den Gewohnheiten und Gesetzen der Gegenwart nicht auf Gedeih und Verderb ausgeliefert zu sein. Die Erinnerung ist ein Ausruhen von den Zwängen der Gegenwart, eine anthropologische Konstante des Menschen, in der er sich selbst erhält.

«So bietet uns in einem Sinne das von uns konstruierte Bild der Vergangenheit ein der Wirklichkeit besser entsprechendes Bild der Gesellschaft ... Menschen, die vom Gedächtnis nur die Klärung ihres unmittelbaren Handelns verlangten, und für die es das reine und einfache Vergnügen der Erinnerung nicht gäbe, weil die Vergangenheit in ihren Augen die gleiche Farbe hätte wie die Gegenwart oder einfach, weil sie dazu unfähig wären, diese Menschen hätten nicht den geringsten Sinn für die soziale Kontinuität. Darum zwingt die Gesellschaft die Menschen von Zeit zu Zeit, nicht nur in Gedanken die früheren Ereignisse ihres Lebens zu reproduzieren, sondern sie auch zu retuschieren, Schnitte hineinzulegen, sie zu vervollständigen, so daß wir in der Überzeugung, unsere Erinnerungen seien genau, ihnen ein Ansehen zumessen, das die Wirklichkeit nicht hatte.»[24]

Das Erinnern benötigt Anhaltspunkte, an denen es sich festhalten kann. Es muß lokalisiert werden, wie Halbwachs sagt. Wir lokalisieren das Wiedererkennen, wir werden uns, wenn wir uns erinnern, des Augenblicks eines Geschehens bewußt, wir bestimmen den Zeitpunkt und den Ort der Erfahrung. Wir können stets angeben, wann, wo und unter welchen Umständen wir eine Erinnerung erworben haben und zu welcher Kategorie von Erinnerung sie gehört. Wir müssen Erinnerungen lokalisieren, um sie selbst überprüfen und anderen mitteilen zu können, aber auch, um anderen Menschen Fragen nach diesen Erinnerungen zu beantworten. In Gedanken wenden wir uns also dem Milieu, dem Zeitpunkt und dem Ort zu, wenn wir eine Erinnerung in uns festhalten wollen.[25] Oft genug geht die Lokalisierung der Erinnerung voraus, wenn man sich von Ort zu Ort, von Mensch zu Mensch und von Zeitpunkt zu Zeitpunkt in die Vergangenheit bewegt, um sich eines Geschehens zu erinnern, das man vergessen hatte. Dann erklärt die Lokalisierung die Erinnerung und bestimmt ihren Inhalt – und nicht umgekehrt. Wer sich aller Einzelheiten der Vergangenheit erinnern wollte, müßte die gleiche Zeit auf die Rekonstruktion der vergangenen Ereignisse verwenden, wie die Ereignisse selbst gedauert haben. Ein solches Gedächtnis aber, das die Totalität des vergangenen Geschehens rekonstruierte, könnte es nicht geben. Die Vergangenheit stellt sich uns immer nur in vereinfachter, begriffener Form dar.[26]

Es sind die Orte und die Milieus, die uns zu Fixpunkten der Erinnerung werden. So spiegelt der Festkalender eine kollektiv erlebte Zeit, er knüpft die Erinnerung an rhythmische Perioden. Erinnerungen verankern sich auch im belebten Raum: im Haus für die Familie, im Dorf oder Tal für bäuerliche, in der Stadt für bürgerliche Gemeinschaften. Die räumlichen Erinnerungsrahmen halten die Erinnerung als Heimat fest. Jede Gemeinschaft neigt dazu, Erinnerungen zu lokalisieren und Orte zu schaffen, die Anhaltspunkte ihrer Erinnerung und Symbole ihrer Identität sein können. «Das Gedächtnis braucht Orte, tendiert zur Verräumlichung», wie Jan Assmann gesagt hat. Dieses Gedächtnis ist immer an die Gruppe gebunden, die es konstituiert, d. h., wer an ihm teilhat, bezeugt seine Gruppenzugehörigkeit. Gruppen müssen, um bestehenzubleiben, den Wandel aus ihrer Erinnerung vertreiben. Geschichte muß, wenn sie Gedächtnis sein soll, als eine Dauer wahrgenommen werden, die keinem Wandel unterworfen ist.[27]

Das Gedächtnis verfügt also über Bezugsrahmen, auf die es sich beziehen kann, die es mit sich herumträgt. Diese Bezugsrahmen sind aus den Vorstellungen gemacht, die ständig auf das Denken einwirken und wie die Sprachformen auch zu einer namenlosen Autorität werden, denen der Mensch ausgeliefert ist.

«In Wirklichkeit trifft es genau zu, daß die Erinnerungen sich in der Form von Systemen darstellen: nämlich, weil sie im Geist assoziiert sind, weil sie sich gegenseitig hervorrufen und weil die einen gestatten, die anderen zu rekonstruieren. Aber diese verschiedenen Assoziationsformen der Erinnerung ergeben sich aus den verschiedenen Weisen, nach denen die Menschen sich assoziieren können. Man versteht jeden einzelnen in seinem individuellen Denken nur, wenn man ihn in das Denken der entsprechenden Gruppe hineinversetzt. Man versteht die relative Kraft und das Kombinationsvermögen seines individuellen Denkens nur dann richtig, wenn man das Individuum mit den verschiedenen Gruppen in Bezug bringt, zu denen es gleichzeitig gehört. Gewiß besitzt jeder ein Gedächtnis nach seinem besonderen Temperament und seinen Lebensumständen, das keinem anderen sonst gehört. Darum ist es aber nicht weniger ein Teil, gleichsam ein Aspekt des Gruppengedächtnisses, da man von jedem Eindruck und jeder Tatsache, selbst wenn sie einen offensichtlich ganz ausschließlich betrifft, eine dauerhafte Erinnerung nur in dem Maße behält, wie man darüber nachgedacht hat, d. h. sie mit den uns aus dem sozialen Milieu zufließenden Gedanken verbindet. Man kann tatsächlich nicht über die Ereignisse seiner Vergangenheit nachdenken, ohne dabei Überlegungen anzustellen; Überlegungen anstellen heißt aber, unsere Meinungen und diejenigen unserer Umgebung in einem und demselben Ideensystem zu verbinden; das heißt: in dem, was uns betrifft, nur eine besondere Anwendung von Tatbeständen zu sehen, von denen uns das soziale Denken jeden Augenblick sagt, welchen Sinn und welche Reichweite sie für es besitzen. So schließen die Bezugsrahmen des Kollektivgedächtnisses unsere persönlichen Erinnerungen ein und verbinden sie miteinander. Es ist nicht notwendig, daß die Gruppe sie kenne, es genügt, daß wir sie nicht anders als von außen ins Auge fassen können, d. h. indem wir uns an die Stelle der anderen versetzen, und daß wir, um sie wiederzufinden, den gleichen Weg nehmen müssen, den sie an unserer Stelle verfolgt hätten.»[28]

Ein solches Verständnis vom Gedächtnis ermöglicht es uns, nicht nur das Erinnern, sondern auch das Vergessen zu erklären. Wenn ein Mensch und mit ihm eine Gesellschaft nur das erinnern kann, was in ihren Bezugsrahmen rekonstruierbar ist, dann wird eben alles vergessen, was in der Gegenwart keinen Bezugsrahmen mehr hat. Und was nicht länger mitgeteilt wird, was nicht gesagt, aufgeschrieben oder visualisiert wird, fällt dem Vergessen anheim. Das Vergessen ist zugleich die Auflösung eines Kommunikationsraumes, in dem Gesellschaft entsteht.[29]

Wir werden durch die Vielfalt unserer Erinnerungen auf Holzwege geführt, weil sie uns suggeriert, sie sei ein Ausdruck unseres konkreten Lebens. Die Vielfalt und Vielschichtigkeit unserer Erinnerungen ergibt sich aber vielmehr aus der Tatsache, daß wir selbst Schnittstellen der sozialen Ordnung sind, in der wir leben. Das Individuum ist eine Schaltstelle, durch die die Gesellschaft hindurchspricht. Diesen Gedanken sollte Michel Foucault später wieder aufgreifen.[30] Nicht die Gesellschaft, sondern das Individuum ist eine Abstraktion. Wir glauben, einen unmittelbaren Kontakt zu unserem inneren Ich zu haben, wenn wir uns erinnern und erliegen dabei der Illusion, wir seien frei und autonom. Die kollektive Erinnerung übt immer dort besonders starke Wirkungen aus, wo wir gewiß sind, ganz bei uns zu sein. Halbwachs zerstört die Illusion, unsere Erinnerung an die Vergangenheit sei unvermittelt und komme aus dem Reich des Privaten. Zugleich gewinnen wir durch diese Desillusionierung, denn sie erweitert unsere Erinnerungsmöglichkeiten. Für Freud war die kollektive Vergangenheit immer nur ein Teil des individuellen Lebens, während Halbwachs' Vergesellschaftung der Erinnerung es den Individuen erlaubt, sich an die historische Vergangenheit der Gesellschaft zu erinnern. Zwischen der persönlichen und der kollektiven Vergangenheit gibt es also keine unüberwindlichen Barrieren mehr. Wir können uns deshalb tatsächlich auch an etwas erinnern, was vor uns war, was unserem biologischen Leben vorausging. Halbwachs' Behauptung, er selbst habe noch die Nachwirkungen der Romantik verspürt, wird uns dann nicht mehr überraschen. Anders gesagt: die kollektive Erinnerung verschafft uns einen Zugang zu einer Welt, von der wir geglaubt haben, sie sei unwiderruflich vergangen. Die Geschichte wirkt im Individuum fort; es ist die Geschichte der Mentalitäten, mit der die Historiker den Inhalt dieser kollektiven Erinnerung erfassen können.[31]

Was Halbwachs hier zum Ausdruck brachte, stand in Übereinstimmung mit der modernen philosophischen Kritik an der cartesianischen Subjekt-Vorstellung. Erinnerung ist kein Eintreten in einen inneren Raum, der nur uns selbst zugänglich ist. Erinnern ist das Aufgreifen eines vorhandenen kulturellen Modells, die Rationalisierung dessen, was wir wahrnehmen. Die Vergangenheit ist uns also nur über die uns zur Verfügung stehenden Stereotypen und kulturellen Modelle zugänglich. Daraus ergibt sich zwangsläufig, daß die Erinnerung als soziales Phänomen kein Resultat individueller Autonomie sein kann.[32]

Was besagt dies alles für die Arbeit des Historikers, der nicht Verwalter des Gedächtnisses, sondern Interpret menschlicher Handlungen der Vergangenheit sein will? Das Gedächtnis konstruiert nach den Maßstäben der Gegenwart und zu den Bedingungen der Gesellschaft, in der man lebt. Alles Neue tritt immer nur als rekonstruierte Vergangenheit in Erscheinung. «Es gibt in diesem Sinn keine soziale Idee, die nicht zugleich die Erinnerung der Gesellschaft wäre».[33]

Deshalb ist das kollektive Gedächtnis ein Ausdruck des gegenwärtigen Lebens, der die Erfahrung der Gegenwart und Zukunft organisiert. Darin unterscheidet sich das kollektive Gedächtnis von der Geschichte. Für Halbwachs ist das Verhältnis von Gedächtnis und Geschichte eines der Sukzession. Wo Vergangenheit nicht mehr erinnert und gelebt wird, beginnt die Geschichte. Sie beginnt dort, wo die Tradition aufhört und sich das kollektive Gedächtnis auflöst. «Die eigentliche Vergangenheit ist für die Historie das, was nicht mehr einbegriffen ist in den Bereich, in den sich noch das Denken aktueller Gruppen erstreckt».[34] Das Gedächtnis ist, um es mit Pierre Nora zu sagen, das Leben. Es ist für alle Verwendungen und Manipulationen offen. Die Geschichte aber ist im Gegenteil die unvollständige Rekonstruktion dessen, was nicht mehr ist. Sie verlangt nach Analyse und kritischer Reflexion.

«Das Gedächtnis rückt die Erinnerung ins Sakrale, die Geschichte vertreibt sie daraus, ihre Sache ist die Entzauberung ... Im Grunde der Geschichte ist eine zerstörende Kritik des spontanen Gedächtnisses am Werk. Das Gedächtnis ist der Geschichte stets verdächtig, und ihre wahre Mission besteht darin, das Gedächtnis zu zerstören und zu verdrängen. Die Geschichte ist die Entlegitimierung der gelebten Vergangenheit ... Eine Gesellschaft, die sich ganz und gar im Zeichen der Geschichte erlebte, wüßte letztlich ebenso wenig wie eine traditionelle Gesellschaft um Orte, an denen sie ihr Gedächtnis verankern könnte.»[35]

Anders gesagt: Das Gedächtnis der Gesellschaft bedarf der Mythen, Bilder und Rituale, an die sie ihre Erinnerung binden kann, der Historiker «entzaubert» diese Mythen als Konstruktionen im kulturellen Wandel der Zeit. Deshalb kann es auch nicht die Aufgabe historischer Wissenschaft sein, alte Mythen durch neue zu ersetzen. Die Gesellschaft braucht den Mythos, um ihren Zusammenhalt zu sichern, während der Historiker an seiner unablässigen Dekonstruktion arbeitet. Geschichte orientiert sich an der «Wahrheit», Gedächtnis an der «Identität». Die Forderungen nach «Wahrheit» und das Streben nach «Identität» können in pluralistischen Gesellschaften zusammenkommen, aber sie werden nie miteinander übereinstimmen.[36] Einsichtig wird dieser Gegensatz von Gedächtnis und Historie aber erst, wenn auch die Bedingungen des kollektiven Gedächtnisses eingesehen worden sind. Das ist die große Leistung von Maurice Halbwachs, daß er uns die Augen für diesen Zusammenhang geöffnet hat.

Neuntes Kapitel

Dichte Beschreibungen: Geschichte und Ethnologie

«Die Ethnologen haben mit ihrem Image in der Öffentlichkeit ausgesprochenes Glück. Soziologen sind, das ist allgemein bekannt, humorlose Linksextremisten, die sinnloses oder abgedroschenes Zeug verzapfen. Ethnologen hingegen haben hinduistischen Heiligen zu Füßen gesessen, haben fremdartige Götter geschaut und schweinischen Ritualen beigewohnt, sind an Orten gewesen, wo noch nie jemand vor ihnen war. Sie sind vom Ruch der Heiligkeit und himmlischen Nutzlosigkeit umwittert. Sie sind Heilige des britischen Kults einer um ihrer selbst willen gepflegten Exzentrizität.»

So formulierte es der britische Ethnologe Nigel Barley in seinem Buch «Traumatische Tropen».[1] Und er fügte sogleich hinzu, was Ethnologie nicht sei: «Die Vorstellung, daß alle Ethnologen von dem verzehrenden Verlangen erfüllt sind, mit einem bestimmten Volk auf dieser Erdkugel zusammenzuleben, weil sie dieses für den Hüter eines die ganze Menschheit angehenden kostbaren Geheimnisses halten, und daß deshalb die Aufforderung, sich anderswo zu betätigen, für sie dem Ansinnen gleichkommt, sich mit einem anderen als ihrem auserkorenen Seelengefährten zu vermählen, – diese Vorstellung ist eine fromme Erdichtung.» Er selbst habe sich als Ethnologe anfangs mit einem altenglischen Thema befaßt. «Ich hatte also keine Treuepflicht gegenüber einem bestimmten Kontinent zu erfüllen, und da ich während des Studiums vermieden hatte, mich zu spezialisieren, hatte ich auch noch keinen Abscheu gegen irgendeinen besonderen Schauplatz gefaßt. Wenn ich persönlich urteilen sollte und annahm, daß die vorliegende Literatur tatsächlich etwas über die untersuchten Menschen aussagte und nicht nur eine Projektion derer war, die jene Menschen untersucht hatten, dann erschien mir Afrika als der mit Abstand langweiligste Kontinent.»[2] Am Ende aber fand auch Barley nach Afrika, um zu tun, was von Ethnologen erwartet wird. Er betrieb «Feldforschung». Und er schrieb auf, was er in einem Dorf in Kamerun beobachtet hatte und veröffentlichte seinen Bericht unter dem Titel «Traumatische Tropen».

Was aber soll der Historiker mit solchen Beobachtungen anfangen? Er kann von den Erfahrungen der Ethnologen lernen, was ihm die Ausbildung als Historiker nicht vermittelt. Barley erinnerte sich, er habe, nachdem er aus Kamerun zurückgekehrt sei, die Welt und die Bücher, die über sie geschrieben werden, anders gelesen als zuvor. Und er erfuhr, daß die Fremden, die er beobachtete, über England ebenso dachten wie die Engländer über Kamerun: «Es war mir eine gewisse Genugtuung, daß, als ich von den Dowayos wieder Abschied nahm, der Häuptling des Dorfes, in dem ich mich aufgehalten hatte, erklärte, er würde mich liebend gern zu meinem Dorf in England zurückbegleiten, wenn er nicht Angst vor einem Land hätte, in dem es immer kalt sei, in dem reißende Tiere von der Art der europäischen Hunde in der Missionsstation lebten und in dem es, wie bekannt, Menschenfresser gab.»[3]

«Ich persönlich», so Barley, «hatte mich ebenfalls gewaltig verändert. Wie viele andere Feldforscher hatte ich meine Gesundheit auf Jahre hinaus ruiniert. Meinem vage liberalistischen Glauben an die letztendliche kulturelle und ökonomische Errettung der Dritten Welt war ein schwerer Schlag versetzt worden. Heimgekehrte Feldforscher werden regelmäßig, während sie mit der Unbeholfenheit gelandeter Astronauten durch ihre heimische Kultur stolpern, von einem einfachen, unkritischen Gefühl der Dankbarkeit übermannt, daß sie der westlichen Welt angehören dürfen und in einem kulturellen Zusammenhang leben, der ihnen ebenso zerbrechlich wie kostbar vorkommt.»[4]

Nun reisen Historiker nicht in Dörfer, um Feldforschung zu betreiben. Sie haben es gewöhnlich nicht mit lebenden, sondern mit verstorbenen Menschen zu tun, die sie weder beobachten noch befragen können. Historiker aber können Erfahrungen auch mit Texten, Bildern und Monumenten machen, die ihnen zum Anstoß werden. Wer Texte über fremde Menschen aus einer fremden Welt liest, sieht auch die Welt, in der er selbst lebt, mit anderen Augen. Eine Fremdheitserfahrung wirft uns auf uns selbst zurück, sie ist ein Spiegel, in dem wir uns neu erkennen, wenn wir in ihn hineinsehen. Wir gewinnen Abstand zu uns selbst, zu unserer Umgebung, in der wir leben. Wir entdecken fremde Kulturen und machen dabei auch Erfahrungen über unsere eigene Kultur, die dadurch, daß wir sie im

Licht des Fremden neu anschauen, für uns zu einer anderen wird. Das hatte schon Gadamer gesehen. Die «dichte Beschreibung» ist deshalb eine radikalisierte Hermeneutik, die darauf vertraut, daß Fremderfahrungen das Verstehen erleichtern.[5]

Auch Historiker können von den Methoden der Ethnologie profitieren, selbst dann noch, wenn sie es nicht mehr mit lebenden Menschen zu tun haben. Denn sie sprechen mit Menschen, die Texte bewohnen. Sie befragen sie, weil ihnen nicht verständlich ist, was aus den Texten zu ihnen spricht. Aber die Toten können nicht antworten. Sie sprechen nur zu den Bedingungen desjenigen, der fragt. Sie können ihre Antworten nicht korrigieren und verändern, und sie können das Verhalten des Beobachters nicht selbst beeinflussen. Deshalb können Historiker keine Ethnologen sein. Aber sie können sich von der Feldforschung und der teilnehmenden Beobachtung dazu inspirieren lassen, ihre Texte wie Ethnologen zu lesen.

Als Begründer der Feldforschung gilt Bronislaw Malinowski (1884–1942). Vor ihm verstanden Ethnologen und Volkskundler Kulturen als Ableger von Urkulturen. Bis in die 1920er Jahre dominierten in der Ethnologie und Volkskunde essentialistische Vorstellungen von Kultur, die kulturelle Praktiken in historische Zivilisationspläne einordneten und hierarchisierten. Auf der Suche nach der Urkultur, die allen Kulturen zugrunde lag, verloren die Ethnologen den Blick für die Funktionsweisen kultureller Systeme. In den 1920er Jahren verbreitete sich dann allmählich die Vorstellung, Kulturen seien in ihrer Vielfalt unabhängig voneinander entstanden, als Folge des Verhältnisses, das Menschen zu ihrer Umwelt entwickeln. Menschen müssen sich gegenüber der Natur, in der sie leben, verhalten, dazu müssen sie ihr Handeln auf Zwecke ausrichten und diese Zwecke mitteilbar machen. Diese Operation wird «Kultur» genannt. Ein solcher funktionalistischer Kulturbegriff versteht Kultur nicht einfach als einen Reflex von Traditionen, die immer schon sind, sondern als Zweck. Kulturen sind Handlungsgewohnheiten, die solange bestehen, wie sie einen Zweck erfüllen. Und weil sich Zwecke ändern, sind auch die Kulturen, die solche Zwecke erfüllbar machen, dem Wandel unterworfen. Nach diesem Verständnis ist es Aufgabe des Ethnologen, die Nützlichkeit von Kulturen zu erforschen. Zu diesem Zweck aber müssen sich Ethnologen an den Ort begeben, um ermessen zu können, ob ein Handeln, das sie untersuchen wollen, Zwecken entspricht.

Dazu benötigen sie ein Verfahren, das Malinowski «Feldforschung» nannte.[6]

In den Jahren des Ersten Weltkrieges befand sich Malinowski auf den Trobriand-Inseln vor Papua-Neuguinea, um dort das Leben der Einheimischen zu beobachten. Er lebte nicht nur in den Siedlungen der Eingeborenen und beobachtete ihr Alltagsleben, sondern nahm sogar an ihren Festen und Ritualen teil. Malinowski brach mit einer Ethnologie, die ihre Gegenstände aus den Reisebeschreibungen von Kolonialbeamten gewann. Ihm kam es darauf an, Beobachtungen zu machen. Dieses Verfahren nannte er «Feldforschung». Sie sollte es dem Ethnologen ermöglichen, empirische Kenntnisse vom Leben fremder Menschen zu gewinnen. Feldforschung betreiben hieß, sich auf die Welt, die man beobachtete, einzulassen, sie teilnehmend zu beobachten und diese Beobachtungen sodann in den Rang objektiver Gültigkeit zu erheben. Man müsse in die fremde Welt eintauchen, um den «Standpunkt des Eingeborenen, seinen Bezug zum Leben zu verstehen und sich seine Sicht seiner Welt vor Augen führen.»[7] Malinowski stellte erstmals Regeln auf, die es den Beobachtern ermöglichen sollten, überprüfbare Erkenntnisse zu gewinnen. Zu diesem Zweck mußte der Gegenstand historisch und statistisch abgesichert, die Rituale und symbolischen Formen der Kommunikation gesammelt und kategorisiert werden. Zur Voraussetzung der teilnehmenden Beobachtung aber wurde nunmehr die Bereitschaft des Ethnologen, die Sprache jener zu erlernen, deren Kultur er untersuchen wollte und sich ein «Feld» auszusuchen, das für eine Beobachtung über einen längeren Zeitraum hinweg geeignet erschien. Der Ethnologe war kein Zuschauer mehr, er war ein Akteur, der am Leben der Beobachteten teilnahm.

Malinowski wollte die kleine Welt mit all ihren kulturellen Phänomenen erfassen und die Sicht der Eingeborenen auf ihre Welt verstehen lernen. Ihm ging es dabei um das Bemühen, sich von der eigenen Kultur so weit wie möglich abzugrenzen und in die fremde Kultur vorzudringen, im Wissen freilich, daß sie dem Forscher stets fremd bleiben würde. Der Ethnologe kann nicht sein Ich auslöschen, er kann sich nicht in die fremde Kultur einfühlen und sie so zum Sprechen bringen, daß sie ihre Fremdheit ablegt. Aber er kann die gegenseitige Wahrnehmung von Menschen aus unterschiedlichen Kulturen beschreiben. Nur die Feldforschung am Ort des Geschehens ermöglicht es ihm, solche Erkenntnisse zu gewinnen, denn er wird, um es mit Karl-Heinz Kohl zu sagen, ein zweites Mal «sozialisiert» und so in den Stand gesetzt, eine Begegnung von Kulturen überhaupt beschreiben zu können. Die Feldforschung wurde zum «Initiationsritual» der Ethnologen. Nur wer im Feld war, kann auch den Anspruch erheben, er sei ein Ethnologe.[8]

Malinowskis Neubestimmung des Fremden revolutionierte die Ethnologie, denn er hob die scheinbar neutrale Rolle des Beobachters auf, erklärte die Forschung selbst zur Kultur und definierte Kultur als wandelbares System zweckorientierter Handlungen. Malinowskis Kulturbegriff ist funktionalistisch, er versteht Kultur als ein System, dessen Elemente sinnvoll aufeinander bezogen sind. Malinowski hatte das Fremdverstehen zum Problem erhoben, aber er hatte es nicht gelöst. Wie der Beobachter in die Welt des Fremden eintauchen könne, um sie mit den Augen der Fremden zu sehen, ist von Malinowski als Frage, nicht aber als Antwort formuliert worden. Sie wurde den Ethnologen erst zum Problem, als sie sich von den kolonialen Kontexten lösten, als sich die Wissenschaft von der Politik und der Ethnologe sich von den Bedürfnissen der Kolonialverwaltung emanzipierte.

Neue Anstöße erhielt die Ethnologie in den 1950er und 1960er Jahren von Claude Lévi-Strauss (geb. 1908), dem Begründer des Strukturalismus in Frankreich. 1955 erschien sein Werk «Traurige Tropen», das ein Welterfolg wurde, nicht nur, weil die Darstellung den Autor als Künstler des Wortes auswies, sondern auch deshalb, weil Lévi-Strauss neue Methoden in die Ethnologie einführte.[9] «Traurige Tropen» beschrieb eine indianische Kultur in Brasilien, die sich zu jener Zeit, als Lévi-Strauss den Amazonas bereiste, im Kontakt mit der modernen Zivilisation bereits aufzulösen schien. Deshalb waren die Tropen traurig. Worum geht es in diesem Buch?

Für Lévi-Strauss war das Subjekt nur eine Einbildung. Genau besehen sei, was den Eindruck erwecke, frei und unbestimmt zu sein, nur ein Werkzeug, mit dem sich die Natur zur Entfaltung bringe. Die Geschichte der Menschheit ist ein Naturgeschehen, in dem der Mensch nur eine Episode ist. «Die Welt hat ohne den Menschen begonnen, und sie wird ohne ihn enden.» Zwar könne es an der Existenz des Ich keinen Zweifel geben. Aber das Ich sei kein Individuum, es sei vielmehr «der immer wieder in Frage gestellte Einsatz im Kampf zwischen einer Gesellschaft, welche aus Milliarden von Nerven unter dem Termitenhügel des Schädels besteht, und meinem

Körper, der ihm als Roboter dient.»[10] So wird Lévi-Strauss' Gedanke verständlich, daß es für den Ethnologen darauf ankomme, nach «strukturellen» Gesetzmäßigkeiten in den Kulturen zu suchen. Er war davon überzeugt, daß das Repertoire der Kultur begrenzt sei, daß Kulturen nach einem Bauplan zusammengesetzt seien, der ihre Funktionsweise bestimme. Das Repertoire der Kultur sei universell, je nach den Umständen, in denen Menschen lebten, kämen dann bestimmte Elemente aus diesem Repertoire zum Vorschein:

«Die Gesamtheit der Bräuche eines Volkes ist stets durch einen Stil gekennzeichnet; sie bilden Systeme. Ich bin davon überzeugt, daß die Anzahl dieser Systeme begrenzt ist und daß die menschlichen Gesellschaften genau wie die Individuen – in ihren Spielen, ihren Träumen, ihrem Wahn – niemals absolut Neues schaffen, sondern sich darauf beschränken, bestimmte Kombinationen aus einem idealen Repertoire auszuwählen, das sich rekonstruieren ließe. Würde man das Inventar aller Bräuche, die je beobachtet, in Mythen ersonnen, in den Spielen von Gesunden und Kranken sowie in den Verhaltensweisen von Psychopathen beschworen wurden, zusammenstellen, dann erhielte man schließlich eine Art periodischer Tafel ähnlich derjenigen der chemischen Elemente, in der sich alle realen oder auch nur möglichen Bräuche zu Familien gruppieren würden, so daß man nur noch herauszufinden brauchte, welche von ihnen die einzelnen Gesellschaften tatsächlich angenommen haben.»[11]

Lévi-Strauss versuchte, ein Modell zu entwickeln, das es den Ethnologen ermöglichen sollte, die Funktionsweise von Kultur und damit von Gesellschaften überhaupt zu erklären. Und darin wirkte er über die Ethnologie hinaus. Seine strukturalistische Methode beeinflußte auch die Sozial- und Kulturwissenschaften, die auf der Suche nach den Regeln menschlicher Gesellschaften waren. «Wie die Sprache ist das Soziale eine (und zwar dieselbe) autonome Realität; die Symbole sind realer als das, was sie symbolisieren; der Signifikant geht dem Signifikat voraus und bestimmt es.» An anderer Stelle sagt Lévi-Strauss über die Struktur: «Die Definition eines Codes ist es, in einen anderen Code übersetzbar zu sein: diese ihn definierende Eigenschaft nennt man Struktur.» Die strukturalistische Methode ermöglichte den Ethnologen nicht nur eine Vorstellung von den Regelsystemen, auf die sich Gesellschaften gründen. Jetzt konnte man Gesellschaften nicht nur verstehen lernen, sondern auch miteinander vergleichen. Und wenn die Regeln eingesehen waren, nach denen eine Gesellschaft funktionierte, dann konnte man sie auch ändern. Das ist auch der Grund, warum die Theorien Lévi-Strauss' zu einer Politisierung der Wissenschaften führten.[12]

Alle Versuche, Kultur als System zu verstehen, als Kanon von Verhaltensweisen, die gesammelt und kategorisiert werden können, scheiterten an der Unschärfe der jeweils verwendeten Definitionen von Kultur. In den 1980er Jahren kam deshalb die Forderung auf, auf Definitionen von Kultur zu verzichten. Man könne Kultur in den Kulturwissenschaften ebensowenig definieren wie «Psyche» in der Psychologie oder «Leben» in der Biologie, gab der Ethnologe Helge Gerndt zu bedenken.[13] Kultur ist das Forschungsfeld des Kulturwissenschaftlers so wie das Leben das Forschungsfeld des Biologen oder des Mediziners ist, der nicht definieren muß, was Leben ist, um es untersuchen. Um es mit Wolfgang Kaschuba zu sagen: «Kultur läßt sich auf der theoretischen Ebene nicht allgemeingültig und ‹erschöpfend› vordefinieren, sondern nur ‹hinreichend› erläutern im Sinne einer speziellen Blickrichtung, deren definitorische Qualitäten und Erkenntnismöglichkeiten sich letztlich erst in ihrer Anwendung am jeweiligen Untersuchungsgegenstand erweisen.»[14]

So hält es auch der amerikanische Ethnologe und Kulturanthropologe Clifford Geertz (geb. 1926), der seinen Kulturbegriff auf folgende Weise einführt:

> «Der Kulturbegriff, den ich vertrete ... ist wesentlich ein semiotischer. Ich meine mit Max Weber, daß der Mensch ein Wesen ist, das in selbstgesponnene Bedeutungsgewebe verstrickt ist, wobei ich Kultur als dieses Gewebe ansehe. Ihre Untersuchung ist daher keine experimentelle Wissenschaft, die nach Gesetzen sucht, sondern eine interpretierende, die nach Bedeutungen sucht. Mir geht es um Erläuterungen, um das Deuten gesellschaftlicher Ausdrucksformen, die zunächst rätselhaft erscheinen.»[15]

In dieser Auffassung von Kultur sind die Beziehungen der Menschen zu ihrer sozialen Umwelt und zur Natur mitgedacht, aber sie stehen nicht im Vordergrund des Verstehens. Geertz bricht mit essentialistischen Vorstellungen, die Kultur als abgeschlossenes und statisches System von Regeln verstehen. Wo von selbstgesponnenen Bedeutungsgeweben die Rede ist, wird Kultur als unabgeschlossenes, sich ständig bewegendes und veränderndes Handeln verstanden, das mit Bedeutung ausgestattet ist. Im Zentrum des Interesses stehen deshalb die Handelnden, die mit ihrem Handeln Sinn und Bedeutung schaffen. Und dabei sind die Handelnden stets beides: Handelnde und Beobachtende, weil Handeln stets eine Antwort auf die Bedeutungen ist, die von anderen Handlungen vermittelt werden. Kultur ist überall, wo Handeln mit Bedeutung ausgestattet ist und Handeln gedeutet wird.

Wenn Kultur unabgeschlossen ist, dann kann es auch keine Kulturen als solche geben: nationale, proletarische oder adlige Kulturen, denen feststehende Eigenschaften zugewiesen werden könnten. Kultur entsteht, wenn gehandelt und gedeutet wird, sie ist nicht, sondern sie geschieht. Deshalb erlauben uns unsere Beobachtungen und Deutungen der kulturellen Phänomene auch kein Urteil über die sie repräsentierenden sozialen Ordnungen. Was wir sehen können, das sind Repräsentationen, in denen Menschen ihre Sicht auf die Welt zur Mitteilung bringen, nicht aber die Welt, die hinter der Mitteilung verborgen liegt. Eine solche Welt kann es jenseits der Symbole, die sie repräsentieren, auch gar nicht geben. Deshalb kommt es für den Ethnologen darauf an, daß er den symbolischen Gehalt der Repräsentation beschreibt, ihn zu decodieren sucht, bevor er ein kulturelles Phänomen als eine Form des gesellschaftlichen Handelns verstehen kann. Dabei muß der Ethnologe bei der Analyse einer Kultur so verfahren wie bei der Lektüre eines Textes. Kulturen werden also gelesen wie Texte. Denn: «Gesellschaften bergen wie Menschenleben ihre eigene Interpretation in sich; man muß nur lernen, den Zugang zu ihnen zu gewinnen.»[16]

Geertz greift auf ein Beispiel des Ethnologen Gilbert Ryle zurück, um zu erklären, was mit Bedeutung gemeint ist. Zwei Jungen bewegen das Lid des rechten Auges. Beim einen ist es ein Zucken, beim anderen ein Zeichen, das er seinem Freund vermittelt. Nun ist das Zucken des Lides als Bewegung in beiden Fällen identisch, wer nur die physiologischen Abläufe beobachtet, wird zwischen Zucken und Zwinkern keinen Unterschied feststellen können. Daß dieser Unterschied von Bedeutung ist, wird aber jeder sogleich feststellen, der Zucken mit Zwinkern verwechselt, auf die Zeichen also falsch reagiert. Denn der Zwinkerer teilt etwas absichtlich jemandem mit. Und er macht diese Mitteilung nach einem gesellschaftlich festgelegten Code. Jeder, der weiß, daß das absichtliche Bewegen eines Lides ein Zeichen ist, das einem gesellschaftlich festgelegten Code folgt, wird im Zwinkern auch nur ein Zwinkern erkennen können. Er wird das Zwinkern, aber nicht das Zucken sehen.[17]

Damit ist der Vorrat an symbolischen Möglichkeiten aber noch nicht erschöpft. Jetzt könnte noch ein dritter Junge in Erscheinung treten, der das Zucken des ersten Jungen zu parodieren versucht. Er wiederholt das Zucken des ersten Jungen, um dessen Versuch, zu zwinkern, lächerlich zu machen. Darin aber kommt es weder zu einem Zucken noch zu einem Zwinkern, sondern zu einer Parodie eines Zuckens, das sich für Zwinkern ausgab. Wenn jetzt die anderen Jungen, die diese Parodie beobachten, sein Zucken für Zwinkern und nicht für die Parodie des Zwinkerns oder Zuckens halten, dann ist die Absicht der Parodie fehlgeschlagen. Es gibt also stets gesellschaftliche Konventionen, Codes, denen diejenigen folgen, die anderen etwas mitteilen wollen. Die Adressaten verstehen eine Mitteilung aber nur, wenn sie in den gleichen Konventionen zu Hause sind wie der Mitteilende. Der Ethnologe, der Mitteilungen und Reaktionen beobachtet, wird stets mit einer «Hierarchie bedeutungsvoller Strukturen» konfrontiert, in der «Zucken, Zwinkern, Scheinzwinkern, Parodien und geprobte Parodien produziert, verstanden und interpretiert werden und ohne die es all dies – was immer man mit seinem rechten Augenlid getan haben mag – faktisch nicht gäbe».[18]

Wie aber kann der Ethnologe – und Historiker, die wie Ethnologen verfahren – zu den Bedeutungsstrukturen vordringen, wie kann er, was andere anderen mitteilen so verstehen, daß es sich nicht wieder nur in den Bedeutungsstrukturen des Beobachters zum Ausdruck bringt? Als Verfahren zum Verstehen fremder Lebensäußerungen führt Geertz die «dichte Beschreibung» ein. Was ist eine dichte Beschreibung? Sie ist nichts anderes als das Aufschreiben all dessen, was der Beobachter beobachtet, Fremdes und scheinbar Vertrautes gleichermaßen. Denn wir müssen, um richtig zu verstehen, die symbolischen Handlungen der Anderen möglichst genau und umfassend beschreiben. Wir nehmen die Haltung «künstlicher Dummheit» an und wundern uns über das, was Menschen tun, auch wenn wir gewöhnlich nicht danach fragen, warum jemand lächelt oder wie zwei Menschen sich begrüßen, sich küssen usw. Um zu verstehen, was in einer Zeit und einem Raum als schön oder gerecht gilt, müssen wir Kultur beschreiben. In Gedanken fügen wir diese Beobachtungen zusammen, beziehen sie aufeinander und hoffen dadurch, einen Zusammenhang erkennen zu können, aus dem sich die beobachteten symbolischen Handlungen herleiten.[19] Dabei müssen wir freilich bedenken, daß es unterschiedliche Möglichkeiten gibt, die symbolischen Handlungen zu verstehen, sowohl durch die Beobachteten als auch durch den Beobachter selbst. Es kommt für den Ethnologen deshalb darauf an, daß er all diese Möglichkeiten durchspielt, damit das beobachtete Feld in seiner Komplexität erfahren und gedeutet werden kann. Im Unterschied zur fiktionalen Erzählung aber gelten Regeln, die es jedem ermöglichen, die Zusammenhänge, die in der dichten Beschreibung aufgeworfen werden, zu kontrollieren. Man muß wissen, wie man zu seinem Urteil über eine Sache gekommen ist. Darin besteht die Wissenschaftlichkeit jenes Verfahrens, das Geertz «dichte Beschreibung» nennt.

Damit der Ethnologe die Rollen der Akteure und die Regeln, die diese Akteure befolgen, erkennen kann, darf er sich nicht mit der Rolle des Beobachters zufriedengeben, er muß Teil des Handlungskontextes werden, den er beschreiben will. Geertz nennt dieses Verfahren «teilnehmende Beobachtung». Wer am Alltag der Beobachteten teilhat, entfernt sich von der eigenen Kultur. Er gewinnt Abstand zu sich selbst und sieht deshalb klarer als zuvor, auf welchen kulturellen Prämissen das eigene Handeln beruht. Das ist es, was Gadamer meinte, als er davon sprach, daß undurchschaute Vorurteile den Blick auf die Überlieferung verstellen, die aus einer Sache spricht. Geertz empfiehlt, diesen Abstand durch teilnehmende Beobachtung zu überwinden.

Geertz versteht Kultur als Text, als Dokument, das gelesen werden kann. «Ethnographie betreiben gleicht dem Versuch, ein Manuskript zu lesen (im Sinne von ‹eine Lesart entwickeln›), das fremdartig, verblaßt, unvollständig, voll von Widersprüchen, fragwürdigen Verbesserungen und tendenziösen Kommentaren ist, aber nicht in konventionellen Lautzeichen, sondern in vergänglichen Beispielen geformten Verhaltens geschrieben ist.»[20] Das ist möglich, weil Geertz unter Kultur kein System mentaler Strukturen versteht, das im Menschen ist, sondern einen Kontext, einen Rahmen, in dem Ereignisse, Verhaltensweisen und Institutionen beschreibbar werden.

Wir können also nichts weiter tun, als den Handlungen anderer Menschen Bedeutungen zuzuschreiben, von denen wir glauben, es seien die Bedeutungen dieser anderen Menschen. Wir können aber niemals sicher sein, daß die beschriebenen auch die gemeinten Bedeutungen sind. Wir können uns nicht in die Lage des Beschriebenen hineinversetzen. «Wir wollen ... weder Eingeborene werden ... noch auch die Eingeborenen nachahmen.»[21] Ethnologische Beschreibungen sind selbst Interpretationen von Interpretationen von Wirklichkeit. Aber zwischen der Darstellung und dem Dargestellten gähnt kein Abgrund, den wir überwinden müssen. Wir repräsentieren Repräsentationen, wenn wir deutend fremde Kulturen beschreiben. Das Bild ist ein Modell der Wirklichkeit, was es darstellt, ist sein Sinn. «Das Subjekt gehört nicht zur Welt, sondern es ist eine Grenze der Welt», sagt Ludwig Wittgenstein über die Repräsentation der Außenwelt durch den Menschen.[22]

Es kann also in der Ethnologie kein objektives Wissen vom Gegenstand geben. Die Interpretation ist eine Lesart dessen, was geschieht, und diese Interpretation kann niemals vom Geschehen selbst getrennt werden. «Die Untersuchung von Kultur besteht darin (oder sollte darin bestehen), Vermutungen über Bedeutungen anzustellen, diese Vermutungen zu bewerten und aus den besseren Vermutungen erklärende Schlüsse zu ziehen; nicht aber darin, den Kontinent der Bedeutung zu entdecken und seine unkörperliche Landschaft zu kartographieren.» Kurz: eine ethnologische Theorie kann keinen anderen Sinn haben, als das Gesagte zu entschlüsseln und mitzuteilen, und zwar so, daß sie ein Vokabular entwickelt, in dem das Wissen, das das symbolische Handeln über sich selbst hat, mitgeteilt werden kann.[23]

Wir verstehen nicht besser, sondern anders als jene, die vor uns oder neben uns eine Handlung schon einmal verstanden haben. So hat es Gadamer in «Wahrheit und Methode» gesagt, und Geertz schließt sich ihm an, wenn er behauptet, daß die Arbeit des Ethnologen darin besteht, mit «besseren Kenntnissen und Begriffen ausgerüstet noch einmal tiefer in die gleichen Dinge» einzutauchen.[24] Es ist das Dilemma des Ethnologen wie eines jeden Interpreten, der Kultur deuten möchte, daß er mit seiner Deutung nie ans Ende kommen wird.

«Die Untersuchung von Kultur ist ihrem Wesen nach unvollständig. Und mehr noch, je tiefer sie geht, desto unvollständiger wird sie. Es ist eine eigenartige Wissenschaft: gerade ihre eindrucksvollsten Erklärungen stehen auf dem unsichersten Grund, und der Versuch, mit dem vorhandenen Material weiter zu gelangen, führt nur dazu, daß der – eigene und fremde – Verdacht, man habe es nicht recht im Griff, immer stärker wird. Das aber – und das Plagen schlauer Leute mit dummen Fragen – kennzeichnet einen Ethnographen.»[25]

Wir alle kennen das Gefühl, nichts zu wissen, je mehr Wissen wir uns aneignen. Die Zweifel wachsen, und wir lernen, eine Sache aus immer wieder neuen Blickwinkeln zu sehen und zu überprüfen, die Skrupel nehmen zu, anderen einfache Wahrheiten zu verkünden. So kann es auch geschehen, daß nicht mitgeteilt wird, was man weiß, weil das Wissen um das Nichtwissen einen am Ende daran hindert, überhaupt noch etwas aufzuschreiben. Solche Hemmungen werden überwunden, wenn eingesehen ist, daß die Verlautbarung des Zweifels den herausgeschrienen Wahrheiten überlegen ist. Ethnologen und Historiker, die ihre Arbeit richtig verstehen, rufen sich ihre Zweifel zu. «Ethnologie», so sieht es Geertz, «ist eine Wissenschaft, deren Fortschritt sich weniger in einem größeren Konsens als in immer ausgefeilteren Debatten zeigt. Was sich entwickelt, ist die Präzision, mit der wir einander ärgern.» Es sei nicht die Aufgabe der deutenden Ethnologie, uns unsere letzten Fragen zu beantworten, sondern uns mit Antworten zu beschäftigen, die andere Menschen an anderen Orten und unter anderen Umständen gefunden haben und diese Antworten in «das jedermann zugängliche Archiv menschlicher Äußerungen aufzunehmen».[26]

Dichte Beschreibungen und teilnehmende Beobachtungen sind Instrumente des Verstehens, sie sind hermeneutische Verfahren des Sehens und Hörens. Die dichte Beschreibung folgt der hermeneutischen Tradition, die Weltauslegungen des zu Verstehenden in all ihren Möglichkeiten zu präsentieren, sie also so unangreifbar und stark wie möglich zu machen, um sie dann so zu interpretieren, daß die eigenen Vor-Urteile mitgedacht und mitgeteilt werden. Eine Sache anders verstehen, als andere sie zuvor verstanden haben – das ist ein Verlangen, das bereits Gadamer in «Wahrheit und Methode» formuliert hatte. Neuer Wein in alten Schläuchen, so könnte man über das Konzept der dichten Beschreibung urteilen, wenn es nicht zugleich eine Möglichkeit beschriebe, wie ein hermeneutisches Verfahren jenseits der Texte, mit denen es der Historiker gewöhnlich zu tun hat, angewendet werden kann.

Wenn Ethnologen und Historiker Bedeutungen auf der Spur sind, die sie in dichten Beschreibungen aufweisen, dann kommt es für sie darauf an, ihren Gegenstand zeitlich und räumlich einzugrenzen. Eine dichte Beschreibung ist nur dort möglich, wo Handlungen auch wahrgenommen und ihre Bedeutungen verstanden werden können. Deshalb untersuchen Ethnologen Mikrokosmen wie Familien, Dörfer oder Stadtviertel, in denen sie Handlungen über einen bestimmten Zeitraum hinweg beobachten. Es ist keineswegs so, daß die Untersuchung eines Mikrokosmos Urteile über die Zivilisation zuläßt, zu der dieser Mikrokosmos gehört. «Was man in Kleinstädten und Dörfern antrifft, ist ... Kleinstadt- und Dorfleben. Hinge die Relevanz lokaler mikroskopischer Untersuchungen wirklich von einer solchen Prämisse ab – also: die große Welt im kleinen zu enthalten –, hätten sie keinerlei Relevanz», wie Geertz gegen dieses Modell einwendet. «Der Ort der Untersuchung ist nicht der Gegenstand der Untersuchung. Ethnologen untersuchen nicht Dörfer (Stämme, Städte, Wohnbezirke ...), sie untersuchen in Dörfern.»[27]

Die Untersuchung einer Lebenswelt im Mikrokosmos hat den Vorzug, daß sie die Handlungen und Deutungen, die aus dieser Lebenswelt sprechen, tatsächlich erfahrbar und mitteilbar macht. Man kann an ihnen teilhaben. So gesehen liefert eine dichte Beschreibung in begrenzten Räumen dem soziologischen Denken erst das Material, das es braucht, um über die Funktionen der Gesellschaft etwas von Belang sagen zu können. Die abstrakten Begriffe der Sozialwissenschaften: Legitimität, Modernisierung, Recht, Struktur, Konflikt usw. erhalten eine andere Bedeutung, wenn sie in das Licht solcher Beschreibungen gehalten werden. Sie erhalten überhaupt erst eine Bedeutung, wenn sie sich im Leben bewähren müssen, im Leben der Beobachteten ebenso wie im Leben der Ethnologen. Wer dicht beschreibt, muß sich auf die Lebenswelt der Beobachteten einlassen, anstatt sie mit scheinbar aufgeklärten Voreinsichten zu erdrücken. Vernünftig ist, was den Bedürfnissen entspricht. Solch eine Einsicht ermöglicht es, den Anderen in seinem Anderssein nicht nur zu ertragen, sondern auch zu verstehen, in welchen Bedeutungssystemen dieses Anderssein wurzelt. Wir werden begreifen, daß der Andere recht haben kann, wenn wir verstehen lernen, welchen Voraussetzungen sich seine Urteile und Anschauungen über die Welt verdanken. Und auch die Selbstgewißheit des Historikers schwindet mit der Einsicht, daß es den einen Sinn nicht gibt. «Durch bloße Geschehnisse strampeln und sich dann Darstellungen ausdenken, die miteinander zusammenhängen, das ist es, woraus Erkenntnis und Illusion in gleicher Weise bestehen ... Wenn Objektivität, Richtigkeit und Wissenschaft zu haben sind, dann nicht dadurch, daß man so tut, als seien sie losgelöst von den Anstrengungen, die sie hervorbringen oder zunichte machen.»[28] In dieser Einsicht liegt die eigentliche Bedeutung der Geertz'schen Hermeneutik begründet.

Die dichte Beschreibung im überschaubaren Feld ist ein Versuch, alltägliche Praktiken und Deutungen genau zu beobachten und dabei die Deutungen der Beobachteten ernst zu nehmen. Darin entspricht sie der Forderung der Hermeneutik, sich vom Anderen etwas sagen zu lassen. In der Verdichtung der Beschreibung soll die Mehrdeutigkeit des Handelns deutlich werden. Deshalb ist die dichte Beschreibung ein Feind linearer Modernisierungsprozesse. Geertz spricht von einem «Dialog der Texte», in dem der Ethnologe nurmehr die Rolle des Beobachters beansprucht und jeden Anspruch auf Deutungshoheit aufgibt. Das ethnologische Schreiben soll so selbst zu einer kulturellen Praxis werden, in der sich der Ethnologe selbst beobachtet und die Subjekte der Beobachtung zu Wort kommen. Wie eine solche «dialogische Anthropologie» die Fallstricke der Repräsentation überwinden helfen soll, – darauf weiß auch Geertz keine befriedigende Antwort. Denn bei Lichte besehen begegnen sich auch in der dichten Beschreibung die Subjekte nur zu den Bedingungen desjenigen, der diese Begegnung auf Begriffe bringt und niederschreibt. Die dialogische Anthropologie ist allenfalls eine neue, möglicherweise bessere Repräsentation, aber sie bleibt eine Repräsentation, die durch die Kultur vermittelt ist, in der der Schreibende steht.[29] Und noch etwas kommt hinzu: Das Verstehen einer anderen Kultur ereignet sich immer vor dem Hintergrund des eigenen Wissens. Man weiß immer schon, bevor man zu verstehen versucht. Wer mit dem Anderen schon länger vertraut ist, wird es auf ganz andere Weise beschreiben als jemand, der mit einem fremden Kontext erstmals konfrontiert wird. Dichte Beschreibungen wären dann umso erfolgreicher, je mehr ein Ethnologe mit seinem Gegenstand schon vertraut ist.[30]

Sodann übersieht Geertz die Bedeutung der Manipulation, die von den Beobachteten ausgehen kann. Die Beobachteten arbeiten an unserer Lesart ihrer Kultur mit, indem sie zurücksprechen. Und oftmals wollen sie dabei den Erwartungen entsprechen, die wir ihrer Meinung nach haben, wenn wir sie beobachten. Solche Manipulation aber ist vom Beobachter nicht immer erkennbar. Eine dialogische Anthropologie müßte, wenn sie ihr Anliegen ernst nähme, den Beobachteten einladen, aufzuschreiben, wie er den Beobachter beobachtet. Aber der Beobachtete ist kein Ethnologe, er kann nicht von sich abstrahieren, oftmals kann er nicht einmal schreiben. An diesem Dilemma kann ein Ethnologe, der vom Dialog spricht, nicht vorbeisehen.

Geertz' Behauptung, die Wissenschaftlichkeit einer teilnehmenden Beobachtung und dichten Beschreibung erweise sich in der Offenlegung der Kriterien und der Wege und Methoden, auf denen die Beobachtung voranschreitet, führt sich doch dort ad absurdum, wo es keine Instanz mehr gibt, die überprüfen kann, ob die beschriebenen Wege tatsächlich begangen wurden. Niemand kann sich an den Ort der Beobachtung begeben und die gleiche Situation noch einmal beobachten, um zu kontrollieren, ob der Einsatz einer Methode zur behaupteten Erkenntnis hinführt. Man kann nicht einmal nachprüfen, ob der Ethnologe, der zu uns spricht, die Wahrheit sagt, ob er tatsächlich erfahren hat, was er seinem Tagebuch anvertraut. Wir müssen ihm glauben. Der amerikanische Kulturanthropologe James Clifford hat überhaupt in Zweifel gezogen, daß Ethnologen an unterschiedlichen Möglichkeiten der Deutung arbeiten können. Wie eine Sache gesehen werde, sei eine Frage kultureller Deutungsmacht. Ethnologen können die Wirkungen dieser Macht nicht aus ihren Beschreibungen eliminieren. Wer deutet, muß deshalb die eigenen Perspektiven ständig überprüfen. Solch ein selbstreflexives Deuten läuft am Ende auf eine Ethnographie der Ethnologie hinaus.[31] Was aber ist dann noch der Gegenstand der Ethnologie? Und was kann eine solche Selbstreflexivität in der Geschichtswissenschaft ausrichten?

Historiker sind keine teilnehmenden Beobachter. Sie können Texte lesen und interpretieren. Aber sie sollten diese Interpretation nicht mit der Befragung von Menschen verwechseln.[32] Deshalb sind sie dem Dilemma des Ethnologen nicht ausgesetzt, weil die Toten sie nicht manipulieren können und weil die Texte, die sie befragen, jedem zugänglich und ihre Methoden und Interpretationen zu jeder Zeit überprüfbar sind. Sie laufen in andere Fallen, wenn sie sich teilnehmenden Beobachtungen und dichten Beschreibungen ausliefern.

Historiker, die Texte und Bilder interpretieren, untersuchen nicht in Dörfern. Sie sprechen nicht mit den Menschen, die in diesen Dörfern lebten, weil sie mit den Toten oder mit jenen, die sich an ein Leben in Dörfern erinnern, keine Gemeinschaft bilden. Und sie können auch nicht über einen bestimmten Zeitraum hinweg bei jenen verweilen, die sie beobachten wollen. Die Dorfbewohner des Historikers leben in den Texten, die er liest. Ihre Deutungen sind durch die Mitteilungen anderer, die in dem Text sprechen, durch die Form des Textes und seine Sprache vermittelt. Die Dorfbewohner sind dem Historiker auf Gedeih und Verderb ausgeliefert, sie können sich gegen seine Interpretationen, gegen seine Willkür nicht zur Wehr setzen. Sie können ihm keine eigenen Deutungen der Welt entgegenschleudern. Der Historiker kann seine Dorfbewohner jederzeit zum Schweigen bringen, wenn er sich entschließt, einen Text nicht zu lesen oder die Lektüre eines Textes abzubrechen. Und er bekommt selbst dann, wenn er von Selbstzweifeln erfüllt ist, immer nur solche Antworten, die seinen Fragen entsprechen. Die Dorfbewohner antworten ihm zu seinen Konditionen, überall und zu jeder Zeit. Er kann sie nicht verlassen und sich ihnen Jahre später im Gespräch wieder zuwenden, wie es der Ethnologe vermag, um auf neue Fragen neue oder alte Antworten zu bekommen. Im besten Fall hat es der Historiker mit Texten, Bildern und Monumenten zu tun, die zu unterschiedlichen Zeiten entstanden sind. Es hängt von der Textgattung und den Textproduzenten ab, was die Menschen, die in diesen Texten zu unterschiedlichen Zeiten sprechen, dem Historiker auf seine Fragen antworten können. Das unterscheidet die Arbeitsweise der Historiker von der Feldforschung der Ethnologen.

Zehntes Kapitel

Michel Foucault und die Macht der Diskurse

«Die Bedeutung Foucaults liegt gerade darin, daß er weder Marx noch Freud nacheifert: er ist kein Dualist, er hat nicht den Anspruch, der Erscheinung die Realität entgegenzusetzen. Darauf greift bekanntlich der Rationalismus als letztes Mittel zurück, die Wiederkehr des Verdrängten inbegriffen. Foucault dagegen entrostet die vertrauten Banalitäten, die natürlichen Gegenstände in ihrem Horizont vielversprechender Rationalität, um der Realität – der einzigen, der einzigartigen, unserer – ihre irrationale ‹rare›, beunruhigende historische Originalität wiederzugeben. Die Realität entkleiden, um sie zu sezieren und zu erklären, ist eine Sache, eine andere und naivere Sache ist es zu glauben, hinter ihr sei eine zweite Realität verborgen, von der aus sie ferngesteuert wird und die sie erklärt.»[1]

So spricht der französische Althistoriker Paul Veyne in seinem Essay über Michel Foucault und die Geschichte. Und wahrscheinlich traf er damit den Kern des Foucault'schen Denkens, wenngleich dieser Kern nicht leicht auszumachen ist. Diese Schwierigkeit hängt auch mit Foucaults Biographie zusammen.

Wer war Foucault? Er wurde 1926 in Poitiers geboren, als Sohn eines Chirurgen und Professors für Anatomie. Er besuchte die Jesuitenschule in Poitiers und das Lyzeum Henri IV, wo er mit den Lehren Hegels und dem Marxismus in Berührung kam. In den 1950er Jahren war er ein Kommunist, in den 1960er Jahren distanzierte er sich vom Stalinismus und setzte sich für sowjetische Dissidenten ein, ohne aber den sozialrevolutionären Salons am linken Seine-Ufer in Paris Adieu zu sagen. 1968 ließ er sich mit dem Maoismus ein, dem dümmsten aller Versuche europäischer Linker, den Marxismus zu revolutionieren. Und am Ende seines Lebens trat er ein weiteres Mal mit einer Provokation an die Öffentlichkeit, als er die Revolution im Iran zur «modernsten Form der Revolte» und den Revolutionsführer Ayatollah Chomeini zum «Fixierungspunkt eines kollektiven Willens» erklärte.[2]

Das Privatleben Foucaults war ebenso ungewöhnlich wie sein

wissenschaftliches und politisches Engagement. 1948 unternahm er einen Selbstmordversuch, verzweifelte an dem Unvermögen, seine Homosexualität auszuleben. Er kam mit der Psychiatrie in Berührung, eine Erfahrung, die sein späteres Werk beeinflußte. «Der Wahnsinn schien ihn zu faszinieren, und er brachte von seinen Visiten in der Klinik unzählige Anekdoten über die Welt des Eingesperrtseins mit», so erinnerte sich ein Freund.[3] In Berkeley, wo er in den späten 1970er und frühen 1980er Jahren lehrt, begab er sich auf ausgedehnte LSD-Trips; mit seinen Freunden übte Foucault sadomasochistische Praktiken aus, zu denen er sich öffentlich bekannte. 1984 starb Foucault im Alter von 58 Jahren an der Immunschwächekrankheit Aids, über die damals noch niemand Genaues zu sagen wußte.[4]

Was Foucault im Leben war, das zeigte sich auch in seiner wissenschaftlichen Tätigkeit: er war ein Grenzgänger, der sich selbst an Abgründe brachte und dem es einerlei war, was andere über solche Versuche dachten. War er Historiker, Philosoph oder Soziologe? Auf diese Frage kann es keine eindeutige Antwort geben. Foucault selbst hat von sich einmal gesagt, er habe eigentlich nur ein bescheidener Ideenhistoriker sein wollen. Solche Koketterien finden sich in fast jeder Veröffentlichung des Denkers. Gleichwohl beginnt Foucaults Sozialisation als Philosoph, sein Lehrer am Lycée Henri IV ist der Übersetzer Hegels, Jean Hyppolite. Er bringt Foucault zum Studium der Philosophie, und so beschäftigt sich Foucault in seiner Abschlußarbeit mit Hegel. Sie trägt den Titel «Genèse et structure de phénoménologie de l'ésprit» (Entwicklung und Struktur der Phänomenologie des Geistes) und erscheint 1947. Foucault beginnt also sein Leben als Philosoph mit Hegel, und sein Versuch, es mit den Theorien des großen Philosophen aufzunehmen, wird von der Fachwelt in Frankreich mit Beifall aufgenommen. Und tatsächlich ist es ja nicht der schlechteste Beginn für einen Philosophen, seine geistigen Fähigkeiten am Denken Hegels zu erproben.[5]

Für das Werk Foucaults gilt, daß Foucault die Einwände gegen seine Theorien stets selbst formulierte und daß er bedenkenlos über Bord warf, was sich ihm in der Rückschau als falsch darstellte. «Ein Buch fertigstellen, heißt auch, es nicht mehr sehen zu können. Solange man sein Buch liebt, arbeitet man daran. Hört man einmal auf, es zu lieben, hört man auch auf, daran zu schreiben.»[6] Deshalb ist Foucault ein Autor, der immer wieder neu gelesen und interpretiert wird, weil sich seine Theorien in kein System und in keine Kontinuität einfügen lassen. Jeder Deutungsversuch ist mit der Uneindeutigkeit konfrontiert, mit der Foucault sein Werk ausgestattet hat.[7]

Wir haben es also mit einem Autor zu tun, der es uns nicht leicht macht. Das liegt nicht zuletzt an der Sprache, mit der Foucault seine Leser unterhält. Sie ist dunkel, verworren und widersprüchlich, so wie es damals unter Pariser Intellektuellen, die etwas auf sich hielten, üblich war. Wer Foucault liest, bekommt den Eindruck, er beobachte einen Autor, wie er über eine Sache nachdenkt – assoziativ, mit Sprüngen und Einwänden. «Ich bin ein Experimentator in dem Sinne, daß ich schreibe, um mich selbst zu verändern und nicht mehr dasselbe zu denken wie zuvor», sagt Foucault über seine Praxis des Schreibens.[8] Nicht jeder, der ein Buch liest, möchte sich solchen Assoziationen aussetzen. Kurz: Die Lektüre Foucaults verlangt vom Leser Geduld und Ausdauer, wer diese Eigenschaften nicht mitbringt, sollte sich den Vorlesungen zuwenden, die Foucault seit der Mitte der 1970er Jahre am Collège de France hielt, oder einige seiner zahlreichen veröffentlichten Interviews lesen, in denen sich der Philosoph oft klarer als in seinen Büchern ausdrückte. Darin zeigt sich eine Verwandtschaft mit Martin Heidegger, der in seinen Vorträgen sagen konnte, was in seinen Büchern unverständlich blieb.

Foucault gilt als einer der geistigen Väter jener Strömung, die den Namen «Postmoderne» erhielt. Er habe das Subjekt getötet, den Autor zum Verschwinden gebracht, Freiheit, Fortschritt und Modernisierung aus der Geschichte der Menschheit verbannt. So ist die Essenz des Foucault'schen Werks zumeist beschrieben worden. Hier sollen jedoch nur zwei Aspekte dieses verzweigten und komplizierten Denkens behandelt werden: die Macht der Diskurse und die Techniken der Selbstdisziplinierung.

In der «Archäologie des Wissens» spricht Foucault deutlicher als sonst aus, worauf er eigentlich hinaus will, wenn er vom Tod des Subjekts spricht. «‹Egal wer spricht›, doch was er sagt, sagt er nicht von irgendwo aus. Er ist notwendig in das Spiel einer Äußerlichkeit eingefangen.»[9] Das Subjekt ist tot und mit ihm seine Autonomie. Wer etwas sagt, muß es «jenseits jeden möglichen Anfangs» sagen, so formuliert es Foucault im Dezember 1970 in seiner Antrittsvorlesung am Collège de France.[10] Wer etwas sagt, fügt sich in Redeweisen, in Diskurse ein, hinter denen sich nichts verbirgt. Deshalb versucht Foucault in seiner Antrittsvorlesung, seine eigene Rede in das Geschehen der Institution Rede hineinzusprechen, ein Geschehen, das mit dem Sprechenden weder beginnt noch endet.

«In den Diskurs, den ich heute zu halten habe, und in die Diskurse, die ich vielleicht durch Jahre hindurch hier werde halten müssen, hätte ich mich gern verstohlen eingeschlichen. Anstatt das Wort zu ergreifen, wäre ich von ihm lieber umgarnt worden, um jedes Anfangens enthoben zu sein. Ich hätte gewünscht, während meines Sprechens eine Stimme ohne Namen zu vernehmen, die mir immer schon voraus war: ich wäre es dann zufrieden gewesen, an ihre Worte anzuschließen, sie fortzusetzen, mich in ihren Fugen unbemerkt einzunisten, gleichsam, als hätte sie mir ein Zeichen gegeben, indem sie für einen Augenblick aussetzte. Dann gäbe es kein Anfangen. Anstatt der Urheber des Diskurses zu sein, wäre ich im Zufall seines Ablaufs nur eine winzige Lücke und vielleicht sein Ende. Ich hätte gewünscht, daß es hinter mir eine Stimme gäbe, die schon seit langem das Wort ergriffen hätte und im vorhinein alles, was ich sage, verdoppelte und daß diese Stimme so spräche: ‹Man muß weiterreden, ich kann nicht weitermachen, man muß weiterreden, man muß Wörter sagen, solange es welche gibt; man muß sie sagen, bis sie mich finden, bis sie mich sagen – befremdende Mühe, befremdendes Versagen; man muß weiterreden; vielleicht ist es schon getan, vielleicht haben sie mich schon gesagt, vielleicht haben sie mich schon an die Schwelle meiner Geschichte getragen, an das Tor, welches sich schon auf meine Geschichte öffnet.»[11]

Wer dächte bei diesen Worten nicht an den späten Heidegger und seine sprachphilosophischen Übungen, die die Autonomie des Subjekts in Frage stellten. «Die Sprache spricht», sagt Heidegger in einem 1959 veröffentlichten Vortrag. «Die Sprache? Und nicht der Mensch? ... Wollen wir auch noch leugnen, daß der Mensch dasjenige Wesen ist, das spricht? Keineswegs ... Doch wir fragen: Inwie fern spricht der Mensch? Wir fragen: Was ist sprechen?»[12] Heidegger gibt darauf eine dunkle Antwort: Die Sprache sei kein Ausdruck des Inneren des Menschen, die Menschen selbst seien Bewohner der Sprache. «Auf diese Weise wohnen die Sterblichen im Sprechen der Sprache.» «Der Mensch spricht nicht nur, indem er der Sprache entspricht. Die Sprache spricht. Ihr Sprechen spricht für uns im Gesprochenen».[13]

In dieser Dezentrierung des Subjekts folgt Foucault dem Meister aus Freiburg, dessen Philosophie ihm zum Anstoß wurde. Der Mensch als autonomes Subjekt entsteht, als die gottgewollten Ordnungen zerfallen. Es scheint paradox zu sein, daß der Mensch seine Souveränität und Autonomie zu einer Zeit entdeckt, als das kopernikanische Weltbild, die Evolutionslehre und der Kantianismus die Grenzen des menschlichen Vermögens aufzeigen. Aber das Streben nach Freiheit kommt aus der Verstörung: daß der Mensch nicht mehr bei sich ist und sich wiederfinden muß, wenn er frei sein will. Seitdem suchen die Menschen, so Foucault, nach der Überwindung der Grenzen, nach der Aufhebung jenes Abgrundes zwischen Repräsentation und Wirklichkeit. Es geht ihnen um die Aufhebung ihrer scheinbaren Selbstentfremdung. Der Mensch ist nicht nur Subjekt, er ist als solcher auch Objekt seiner eigenen Beobachtung.

Das Problem, das sich Foucault im Anschluß an Heidegger stellt, besteht aber darin, daß der Mensch nur «auf einem Hintergrund eines bereits Begonnenen» denken kann, «was für ihn als Ursprung gilt.» In «Ordnung der Dinge», die Foucaults Ruhm als Theoretiker begründet, hört sich dieses Argument so an:

> «In der Tat entdeckt sich der Mensch nur als mit einer bereits geschaffenen Geschichtlichkeit verbunden: er ist niemals Zeitgenosse jenes Ursprungs, der durch die Zeit der Dinge hindurch sich abzeichnet und sich verheimlicht. Wenn er sich als Lebewesen zu definieren versucht, entdeckt er seinen eigenen Anfang nur auf dem Hintergrund eines Lebens, das lange vor ihm begonnen hat. Wenn er versucht, sich als arbeitendes Wesen zu erfassen, bringt er die rudimentärsten Formen davon nur an den Tag innerhalb einer menschlichen Zeit und eines menschlichen Raumes, die bereits institutionalisiert, bereits von der Gesellschaft beherrscht sind. Wenn er seine Essenz als die eines sprechenden Subjekts zu definieren versucht, diesseits jeder effektiv konstituierten Sprache, findet er stets nur die Möglichkeit der bereits entfalteten Sprache und nicht das Gestammel, das erste Wort, von dem aus alle Sprachen und Sprache selbst möglich geworden ist. Stets auf einem Hintergrund eines bereits Begonnenen kann der Mensch das denken, was für ihn als Ursprung gilt.»[14]

Der Mensch ist also von seinem Ursprung getrennt, er ist je schon in der Welt, in der Sprache und in der Natur, bevor er sich selbst zu verstehen sucht. Der Mensch ist immer bereits da. Er kann nie hinter seine Sprache zurück, er befindet sich in der Sprache und den Netzen des Verstehens, in die er geworfen ist. Es kann deshalb keine objektive Erkenntnis der Sprache geben, weil sie selbst immer schon ist. «Die Dinge murmeln bereits einen Sinn, den unsere Sprache nur noch zu heben braucht; und diese Sprache sprach uns ja immer schon von einem Sein, dessen Gerüst sie gleichsam ist.»[15] In der Struktur des Menschen liegt die Möglichkeit der Geschichte, sein Vermögen, die Ereignisse um ihn herum historisch zu organisieren. In der Geschichte gewinnt der Mensch seine Ursprünge scheinbar zurück, aber sobald der Mensch bemerkt, daß die geschichtsstiftenden Praktiken ihm selbst entzogen sind, verschwinden die Ursprünge vor seinem Bewußtsein. Der Mensch ist also dazu verdammt, nach Klarheit über den Ursprung zu streben, dabei geht er in die Irre, wie Heidegger sagt, weil er «schon in der Irre steht».[16] Foucault folgt Heidegger in der Entlarvung des menschlichen Suchens nach dem Ursprung des Seins als Illusion. «Wenn aber der Genealoge auf die Geschichte horchen will, anstatt der Metaphysik Glauben zu schenken, was erfährt er dann? Daß es hinter allen Dingen ‹etwas ganz anderes› gibt: nicht ihr wesenhaftes und zeitloses Geheimnis, sondern das Geheimnis, daß sie ohne Wesen sind oder daß ihr Wesen Stück für Stück aus Figuren, die ihm fremd waren, aufgebaut worden ist. Die Vernunft? Sie ist in durchaus ‹vernünftiger› Weise entstanden – aus dem Zufall ... Am historischen Anfang der Dinge findet man nicht die immer noch bewahrte Identität ihres Ursprungs, sondern die Unstimmigkeit des Anderen. So lehrt uns die Historie, über die Feierlichkeiten des Ursprungs zu lachen.»[17] Und weil der Ursprung als der dem Subjekt vorausliegenden Bedingung ein Ort der Wahrheit ist, verschwindet mit ihm auch die Wahrheit. «Die Wahrheit ist ein Irrtum, der nicht mehr abgewiesen werden kann, weil er durch eine lange Geschichte hartgesotten wurde».[18] Deshalb erfährt der Mensch den Ursprung nur als Schmerz und Abwesenheit.

Was ist dann der Mensch noch? Für Foucault ist der Mensch 1. die Bedingung aller möglichen Erkenntnis und ein Faktum, das sich empirisch untersuchen läßt, 2. ein Wesen, das von Ungedachtem umstellt ist, das es nicht versteht, und 3. ein Produkt einer langen Geschichte, deren Quelle es ist, aber deren Anfänge es nie erreichen kann. Der Mensch ist der Schöpfer der Geschichte, aber er kennt nur solche Anfänge, die ihm die Praktiken des Jetzt aufdrängen.[19]

Diese Auffassung vom Menschen und von der Geschichte verändert freilich auch das Schreiben über Geschichte. Foucault präsentiert diese neue Form der historischen Repräsentation erstmals in seinen frühen Büchern «Wahnsinn und Gesellschaft» (1961) und «Die Geburt der Klinik» (1963), in denen er zeigt, wie sich im 17.

und 18. Jahrhundert die Behandlungsweisen und die Behandlungsorte des Wahnsinns verändern. Die Wahnsinnigen werden nicht mehr nur ausgestoßen und in Parallelgesellschaften abgeschoben, sondern erst in Hospitäler und später in Irrenhäuser verbracht, wo man sie medikamentös behandelt. Foucault betreibt in diesen Büchern keine Medizingeschichte und auch keine Geschichte der Wissenschaft. Was ihn interessiert, das ist die Geschichtlichkeit der Vernunft, die durch die wechselnde Ausgrenzung ihres Gegensatzes, des Irrsinns, selbst immer wieder zu einer anderen wird. Es gibt also weder eine Geschichte *der* Vernunft, noch *des* Wahnsinns, es gibt vielmehr nur eine Geschichte sich wandelnder Formen von Rationalität und Irrsinn. Was dem Betrachter aus seiner aufgeklärten Perspektive als Fortschritt erscheint, ist bei Lichte besehen nichts weiter als eine andere Bewältigung von Erfahrungen, die das Subjekt macht. «Da im Wahnsinn der Mensch seine Wahrheit entdeckt, ist seine Heilung von der Wahrheit und vom Grunde seines Wahnsinns her möglich.»[20]

Die Vernunft ist nicht in der Geschichte, die Vernunft ist vielmehr geschichtlich. Darin aber verliert sich das Subjekt in ein Nirgendwo: die Vernunft ist an einen Ort und an eine Zeit gebunden, die ihre Inhalte bestimmt. Die Geschichte hat keine Richtung, sie hat keinen Sinn, keinen Anfang und kein Ende. Sie ist, was die diskursiven Praktiken aus ihr machen. Foucault betreibt eine Geschichte, die von der Gesellschaft und von der Ökonomie spricht, so wie die traditionelle Geschichtsschreibung auch, aber er strukturiert diese Gegenstände auf andere Weise: nicht nach Jahrhunderten, Völkern und Kulturen, sondern nach Praktiken, in denen sich die Subjekte konstituieren. «Die Fabeln, die sie erzählt», so der Historiker Paul Veyne, «sind die Geschichte von Praktiken, in denen die Menschen Wahrheiten gesehen haben, und von ihren Kämpfen um diese Wahrheiten.»[21] Es kommt darauf an, daß der Historiker sich von den Begriffen der Tradition, der Kausalität, der Entwicklung, des Geistes oder der Mentalität und des Werkes als homogenen Einheiten verabschiedet, damit sich ihm die wahre Geschichte zu erkennen gibt. Er muß die Diskurse als «die Gesamtheit aller effektiven Aussagen» in ihrer Neutralität untersuchen. Und er muß die Ereignisse in der Ordnung der Diskurse zu beschreiben versuchen.[22]

Aber was ist ein Diskurs? Ein Diskurs ist all das, was gesagt werden kann, und es ist das Regelwerk, das darüber bestimmt, was und wie etwas gesagt werden kann. Foucault interessiert sich nicht für die Frage, wie Sprache funktioniert, ihn interessieren die Sagbarkeitsregime, die Möglichkeiten, die der Diskurs eröffnet, etwas zu sagen und zugleich zu unterlassen. Der Diskurs ist eine «regulierte Praxis».[23] In diese Praxis, die Foucault in «Die Ordnung der Dinge» noch Episteme oder Wissensformationen genannt hatte, ist alles Handeln eingelassen. Das Subjekt ist den Regeln des Diskurses nicht nur ausgesetzt, es ist in die Herstellung des Diskurses selbst verwoben, weil es mit den Regeln umgeht. Ordnungen, Vernunft und Rationalität sind also nur in Diskursen.[24] Der Diskurs bestimmt, was an einem Ort, in einem Feld und zu einer Zeit sinnvoll gesagt werden kann. Jede Aussage gehört zu einem Aussagefeld. Ein und derselbe Satz bedeutet je etwas anderes, wenn er in anderen Diskursen auftaucht, etwa in einem philosophischen Traktat, in einem Roman oder einem Gerichtsprotokoll. Der Diskurs, von dem Foucault spricht, ist eine Instanz, die Wissen produziert. Deshalb ist es Aufgabe der Diskursanalyse, die Diskurse «nicht als Gesamtheit von Zeichen (von bedeutungstragenden Elementen, die auf Inhalte oder Repräsentationen verweisen), sondern als Praktiken zu behandeln, die systematisch die Gegenstände bilden, von denen sie sprechen.»[25]

Dabei möchte Foucault den Diskurs nicht als eine Ordnung aufweisen, die den Dingen vorausliegt oder in ihnen ist. Der Diskurs liegt nicht *vor* der Erfahrung.[26] Foucault versteht die Ordnung des Diskurses als Praxis. Wir können über die Ordnung des Diskurses nicht hinaus und nicht hinter sie zurück. Ihre Existenz besteht darin, daß sie wirkt, auch wenn sie keinen Grund und keinen Halt hat. Das bedeutet aber auch, daß der Diskurs autonom ist. Er benötigt nichts zu seiner Existenz. Deshalb klafft zwischen dem Diskurs und der Realität auch kein Abgrund, der überwunden werden müßte.[27] Eine Ordnung gilt, solange keine andere an ihre Stelle tritt. Es ist das zufällige Geschehen, das chaotische Ineinandergreifen von Diskursformationen, das Ordnungen befestigt und wieder auflöst. Für einen übergeordneten Sinn gibt es jetzt keinen Platz mehr, er wird eingenommen von der Macht. Für den Historiker kommt es jetzt nicht mehr darauf an, einen Gegenstand zu formulieren, den er sodann untersucht, denn wenn sich der Gegenstand durch den Diskurs konstituiert, dann kann er den Gegenstand nur noch in seinem Konstituierungsprozeß beschreiben. Es sind die Praktiken der Menschen, die den Gegenstand konstituieren. Und diese Praktiken sind in die Diskurse eingewoben, die sie herstellen. Die Arbeit des Historikers bestünde darin, das «Spiel der Regeln» zu untersuchen, die «während einer gegebenen Periode das Erscheinen von Objekten möglich machen.»[28]

Unter diesen Voraussetzungen verschwimmt das autonome, freie Subjekt vor den Augen des Historikers. Wo Menschen ihre Erfahrungen rationalisieren, nehmen sie sich als Subjekte wahr, sie erliegen der Illusion, daß ihre Erfahrungen nur ihnen gehören, daß sie Herren ihrer Erfahrungen sind. Eine Aussage, die beansprucht, wahr zu sein, beruht auf dieser Illusion, man sei ein autonomes Subjekt. Aber das Subjekt spricht nicht über sich selbst, wenn es über sich selbst spricht. Es definiert die Anderen, die Anormalen, die Fremden, die Kranken und die Häftlinge, die alle Regeln, auf die die eigene Existenz gegründet ist, dadurch bestätigen, daß sie sich jenseits dieser Regeln aufhalten. In der Praxis des Unterscheidens konstituiert sich das Subjekt, und diese Praxis ist in Diskurse eingelassen, die darüber bestimmen, wie und was über eine solche Unterscheidung jeweils gesagt werden kann.

Diskurse produzieren Ausschließungsregeln, sie disziplinieren die Gesellschaft, indem sie ihre Mitglieder dazu zwingen, sich Sagbarkeitsregimen zu unterwerfen. Die Wissensordnung und die Wissensproduktion sind immer von den diskursiven Praktiken bestimmt, sie sind weder für sich, noch haben die Menschen, die diese Praktiken ausüben, Kontrolle über sie. Die Diskurse formen den Körper, sie erschaffen das Subjekt. Identität ist also diskursiv konstituiert.[29] Foucault hat diesen Zusammenhang von Repression, Disziplinierung und Ausschließung, in dem das Subjekt entsteht, am Beispiel der Klinik, der Psychiatrie und des Gefängnisses demonstriert: als Instrumente und Institutionen, die von diskursiven Praktiken zusammengehalten werden. Foucaults Analyse der Sagbarkeitsregeln und Ausschließungspraktiken eröffnet keine Auswege. Wir können sie beschreiben, sie können durch andere Praktiken ersetzt, aber nicht überwunden werden.

Aber nicht nur die totalitären Regime des 20. Jahrhunderts sind Beispiele dafür, daß das, was Menschen sagen, nur durch die herrschenden Sagbarkeitsregime hindurch gesagt werden kann. Wer würde denn bestreiten, daß es vom Kontext abhängt, in dem man sich äußert, was gesagt und wie es gesagt werden kann, hier wie anderswo. Niemand kann heute über eine Sache noch so sprechen, wie er es zur Zeit des Nationalsozialismus hätte sagen können. Wer hätte denn, als der Irak-Krieg ausbrach, wirklich sagen können, er sei für diesen Krieg, nicht nur, weil er ihn für ethisch vertretbar halte, sondern weil ihm das Heroische als Lebensform entspreche? Und weil es nicht nur eine, sondern zahlreiche Ordnungen in Diskursen gibt, in denen Menschen sich aufhalten, hängt es stets von der Beschaffenheit dieser Ordnungen ab, *was* in ihnen *wie* gesagt wird. Sätze, die in einer militärischen Ordnung sagbar sind, können in einer zivilen lächerlich und deplaziert wirken – und umgekehrt. Jeder, der sich in einer Ordnung zu Wort meldet und gehört werden möchte, weiß, daß er das, was er sagen möchte, nur zu den Bedingungen sagen kann, die diese Ordnungen konstituieren.

Aus Foucaults Diskurstheorie ergibt sich nicht zuletzt eine Neubestimmung des Machtbegriffs, wie er sie in seinen späten Arbeiten entwickelt hat. Macht ist nicht mehr nur ein Verhältnis zwischen Machthabern und Unterworfenen, denn wenn der Mensch sich in Diskursen zum Ausdruck bringt, durch Diskurse hindurchspricht und durch sie konstituiert wird, dann lösen sich auch die Grenzen auf, die die Herrschaft von ihren Objekten trennt. Macht ist nicht etwas, was von jemandem ergriffen und ausgeübt wird. Macht ist immer schon da, als etwas, was alle Beziehungen zwischen Menschen strukturiert, was in allem bereits enthalten ist. «Die Macht kommt von unten», wie Foucault sagt.[30] Was ist damit gemeint?

Für Foucault zeigt sich die Macht in der Arbeit der Subjekte an sich selbst, an der Selbstabrichtung, in der die Ordnungen in Diskursen angeeignet und verinnerlicht werden. Sie ist ein Prozeß, in dem Menschen einem Netz sozialer Regeln unterworfen werden, indem sie sich durch die Wiederholung und Einübung von Praktiken selbst disziplinieren. So hatte es bereits Hegel im Abschnitt über «Herr und Knecht» in der «Phänomenologie des Geistes» beschrieben.[31] Macht hat also einen produktiven Effekt. Man solle sie deshalb nicht als «homogenes Herrschaftsphänomen» begreifen, nicht als «Herrschaft eines Individuums über andere, einer Gruppe über andere, einer Klasse über andere», wie Foucault in seinen späten Vorlesungen am Collège de France zu bedenken gegeben hat. Die Macht lasse sich «nicht in etwas unterteilen», was «die einen haben und ausschließlich besitzen und die anderen nicht haben, weshalb sie ihr unterworfen sind.»

«Die Macht, denke ich, muß analysiert werden als etwas, was zirkuliert und nur als Verkettung funktioniert. Sie ist niemals hier und dort anzutreffen, sie liegt nie in den Händen gewisser Leute, sie läßt sich nie aneignen wie Reichtum oder ein Gut. Die Macht funktioniert. Die Macht verteilt sich über Netze, und in diesem Netz zirkulieren die Individuen nicht nur, sondern sind stets auch in der Position, diese Macht zugleich über sich ergehen zu lassen wie sie auszuüben. Sie sind niemals nur unbewegliche und zustimmende Zielscheibe dieser Macht, sie sind immer auch deren Schaltstelle. Anders gesagt: die Macht wird von den Individuen weitergegeben, sie wird nicht auf sie angewandt ... Das Individuum ist also nicht das Gegenüber der Macht; es ist einer ihrer ersten Wirkungen. Das Individuum ist ein Machteffekt und gleichzeitig, in genau dem Maße, wie es eine ihrer Wirkungen ist, verbindendes Element: Die Macht geht dank des Individuums, welches von ihr konstituiert wurde, durch.»[32]

Die Macht geschieht. Wir alle haben sie im Kopf, sie geht durch unseren Körper. Eine solche Perspektive wirft den Historiker, der an Machtfragen interessiert ist, in andere Kontexte. Es gehe darum, wie Foucault sagt, die Macht in ihren Grenzen, in «ihren äußersten Verästelungen, dort, wo sie haarfein wird, zu erfassen, die Macht also in ihren regionalsten und lokalsten Formen und Institutionen zu pakken», wo sie sich «in die Institutionen eingräbt, in Techniken verkörpert und zu materiellen vielleicht sogar gewaltsamen Interventionsinstrumenten greift.»[33]

Der Ort der Macht ist die Sexualität, der öffentliche Sprachgebrauch, die Mode, kurz: alle Praktiken, in denen Menschen sich und andere abrichten, zurichten oder in denen sie gegen Konventionen rebellieren. Der eigentliche Ort der Macht wäre nicht das Gesetz, sondern die Sprache, die symbolischen Ordnungen, in denen Menschen einander begegnen, die Disziplinierungstechniken und die Körper, auf die diese Techniken der Selbstwerdung angewandt werden.[34]

Ein schönes Beispiel für einen solchen Ort der Macht wäre das von Jochen Hellbeck übersetzte und herausgegebene Tagebuch des Stepan Podlubnyj, eines Kulakensohnes, der sich selbst kasteite, um zu einem Teil jener Gesellschaft zu werden, von der ihn die Bolschewiki ausgeschlossen hatten. Podlubynj erlernte die Sprache der Bolschewiki, er versuchte, sich mit ihren Zielen zu identifizieren und zu einem neuen Menschen zu werden. Am Ende distanzierte er sich sogar von seinem Vater, den das Regime als Kulaken und Feind stigmatisiert hatte. Nun gelang es Podlubnyj nicht, zu einem neuen Menschen zu werden, und den Menschen in seiner Umgebung, die er beschreibt, galt die Arbeit an der bolschewistischen Menschwerdung offenkundig nichts. Am Ende wurde der Autor des Tagebuchs sogar verhaftet.[35] Nur spricht der Ausgang dieser Geschichte nicht gegen das Konzept Foucaults, denn sie zeigt sehr genau, welche Macht durch das Individuum hindurchgeht und welche Machtbeziehungen sich nicht entfalten. In diesem Sinn ist die Machtanalyse von der Theorie der Selbstzivilisierung, wie sie Norbert Elias entworfen hat, nicht weit entfernt, mit der wichtigen Einschränkung freilich, daß Foucault von Entwicklungen und Modernisierungsprozessen nichts wissen wollte. Die Macht, die sich in den Techniken der Selbstzurichtung zeigen, ist weder rückständig noch fortschrittlich, weder besser noch schlechter. Sie ist, indem sie immer wieder eine andere ist.

Der slowenische Philosoph Zlavoj Žižek hat gegen Foucault eingewandt, daß sich die Macht als letztlich ohnmächtig erweist, weil sie nur durch den Widerstand sein kann, was sie ist. Macht evoziert Widerstand, gegen den sie sich durchsetzen muß. Sie hat ihre Wahrheit im Widerstand. Deshalb kann sich die Macht weder totalisieren, noch selbst kontrollieren. Foucaults düstere Vision von der Disziplinierungsgewalt der Moderne zerbricht am Widerstand, der der Macht inhärent ist.[36]

Foucault selbst hat nicht wenig dazu beigetragen, daß er von seinen Lesern mißverstanden wurde, weil er seine einmal gewonnenen Positionen immer wieder selbst in Frage stellte. Und es bleibt unklar, ob Foucault in seinen Abhandlungen über die Klinik, das Irrenhaus oder das Gefängnis nicht doch eine Geschichte umgekehrter Modernisierung schreibt, in deren Verlauf sich die modernen Menschen mehr und mehr in das Gehäuse der Disziplinierung einschließen. Die Lektüre von «Überwachen und Strafen» legt eine solche Interpretation nahe, wenn Foucault am Ende behauptet, die Menschen seien «nach dem Zeitalter der Untersuchungsjustiz in das der Überprüfungsjustiz eingetreten.»[37] So aber widerspräche Foucault seinem eigenem Verlangen, den Fortschritt und die Entwicklung aus der Geschichte zu vertreiben. Und noch etwas anderes kommt hinzu: wenn die Disziplinierungstechniken im Europa des liberalen Zeitalters mit den «vormodernen» Machttechniken der Sowjetunion verglichen werden, wird jeder, der imstande ist, genau hinzusehen, das Gehäuse der westlichen Disziplinierung der sowjetischen Ordnung vorziehen.[38] Und auch zur Vierteilung und Räderung der Frühen Neuzeit möchte doch niemand zurück, nicht einmal jene, die das Gefängnis für einen Ausdruck tiefster Inhumanität halten.[39] Statt dessen hätte Foucault beschreiben müssen, wie die Diskurse zu verschiedenen Zeiten unterschiedliche Wahrheiten produzierten und wie sich Menschen auf jeweils andere Weise als Subjekte konstituierten. Denn auch das Leben von Dorfbewohnern oder Mönchen im Mittelalter konstituierte sich doch durch Internalisierung von Sagbarkeitsregeln, die den Körper, die Gesten und die Sprache der Menschen ergriffen. Die Menschen des Mittelalters übten sich nicht weniger in den Techniken der Selbstabrichtung. Ihre Subjektivation ereignete sich nur auf andere Weise.

Was in der Foucault'schen Theorie aber vor allem fehlt, das ist die Positionierung des Historikers in den Ordnungen des Diskurses. Foucaults Rede von der Ordnung in Diskursen beraubt sich der Möglichkeit, über den Diskurs und die Macht mehr zu sagen, als daß sie Diskurs und Macht sind. In der «Archäologie des Wissens» unterscheidet Foucault, um dieses Problem zu lösen, zwischen diskursiven und nicht-diskursiven Praktiken. Eine solche Konstruktion aber würde die Diskurse in Formationen verwandeln, die von äußeren Kräften abhängig sind, abgesehen davon, daß es nicht überzeugend ist, Bereiche des gesellschaftlichen Lebens aus den diskursiven Praktiken auszuschließen. Sie könnte auch nicht das Dilemma auflösen, das darin besteht, daß die Rede des Historikers über den Diskurs und die Macht in andere Diskurse und Machtverhältnisse eingebunden ist, über die der Historiker nichts aussagen kann. Denn es liegt in der Natur des Diskurses, daß er sich aus Praktiken hervorbringt, die von den Subjekten weder kontrolliert noch übersehen werden. Wenn Diskurse nicht hintergehbar sind, von wo aus spricht dann die Kritik Foucaults am Diskurs? Wie kann man zwischen den Freiheitsspielräumen unterschiedlicher Regelsysteme noch unterscheiden, wenn sich das Subjekt durch disziplinierende Einübung in Machtordnungen konstituiert? Foucault sah die Schwierigkeiten, die seine Theorien auslösten, er verwarf manches, aber er fand nur unbefriedigende Lösungen, um dem Dilemma zu entgehen, daß der Ort, von dem aus er als Analytiker spricht, unbestimmt bleibt.[40]

Foucault distanzierte sich von jeder Form richtender Kritik. Er wollte nicht beurteilen und verurteilen, sondern Kritik üben und dabei die eigenen Wertmaßstäbe selbst kritisieren. Die Kritik sagt uns nicht, was wir tun sollen. Eine solches Verfahren aber ist unmöglich, wenn gilt, daß der Historiker den Ort, von dem aus er spricht, nicht verlassen kann. Der Ort, von dem aus wir entscheiden können, daß alle Ordnungen gleich willkürlich sind, ist «uns Menschen einfach nicht verfügbar», wie Charles Taylor gegen Foucault eingewandt hat.[41] Anders gesagt: eine Theorie, die das Denken erklären will, kann die Welt nicht als Bild und Repräsentation aufweisen, um sodann zu behaupten, sie selbst sei nicht Teil dieses Bildes. Darauf haben Hubert Dreyfus und Paul Rabinow in ihrem Foucault-Buch hingewiesen:

«Jedes Unternehmen, das das moderne Denken erklären will, wird darauf achten müssen, nicht einen weiteren Diskurs einzuführen, der die Welt als Bild und sich selbst als nicht darein verwickelt setzt. Es kann keine totale Theorie der Repräsentation, der transzendentalen Konstitution oder der Diskursproduktion sein, sondern muß in der Lage sein, aus der Sprache und der Geschichte heraus zu erklären, warum sich ... Abbildungsweisen der Welt entwickelten und als den Menschenwissenschaften dienlich galten.»[42]

Foucaults Bedeutung für die Geschichtswissenschaften liegt vor allem in der Historisierung der Rationalität und der Einsicht, daß Subjekte sich in kulturellen Praktiken konstituieren, die Teil eines Machtfeldes sind. Deshalb versuchte Foucault, Gesellschaft von ihren Rändern her verstehbar zu machen. Wahrscheinlich liegt darin die Ursache für die Ablehnung und das Unverständnis, die die Geschichtswissenschaft dem Denken Foucaults entgegenbrachte. Seine Wirkungen zeigten sich erst spät, in den 1980er und 1990er Jahren, als die Theorien Foucaults sich auch in der Geschichtswissenschaft einen Platz eroberten. Jene Geschichten der Körper, der Geschlechter, der kulturellen Praktiken und der Disziplinierung, die in den letzten Jahrzehnten entstanden sind – sie wären undenkbar ohne seinen Anstoß. Kein Historiker, der sich im Begriffsfeld von Macht, Wissen und Subjekt aufhält, wird deshalb an Foucault vorbeisehen können.[43]

Elftes Kapitel

Die literarische Wende oder das Ende der Geschichte

Kein Autor, von Foucault einmal abgesehen, hat die Historiker stärker herausgefordert als der Geschichtstheoretiker Hayden White. In seinem Buch «Metahistory» aus dem Jahre 1973 hatte White behauptet, Geschichtsschreibung sei nichts weiter als ein Spiel mit literarischen Fiktionen.[1] Man könne ebensogut einen historischen Roman lesen, um sich über die Geschichte ins Bild zu setzen. Und weil Schriftsteller gewöhnlich schöner schrieben, komponierten sie auch die besseren Geschichtsbücher. Damit aber forderte White das Selbstverständnis der Historiker heraus, die über sich sagen, sie betrieben Wissenschaft. Denn wo Geschichtsschreibung Literatur ist, kann es keine Wissenschaftlichkeit geben. Sollen wir wirklich glauben, Geschichtsschreibung sei Literatur? Sind auch Literaturwissenschaft und Philosophie Literatur? Wenn dies so wäre, dann wäre es doch einerlei, was geschrieben steht, es käme dann nur noch darauf an, daß die Historiker ihren Lesern ein ästhetisches Vergnügen bereiteten. Es wäre dann das Schicksal vieler Historiker, daß sie ungelesen blieben, denn wer wollte schon behaupten, Historiker schrieben wie Schriftsteller?

Historiker aber möchten gelesen werden, auch jene, die, was sie zu sagen haben, in unbeholfenem Stil verkünden. Es ist der Anspruch des Historikers, Wissenschaft zu betreiben, der ihm die Treue seiner Leser erhält. Und dieser Anspruch wird von Hayden White erschüttert. Wie aber kommt White zu der Idee, Geschichtsschreibung sei Literatur?

White spricht von «Metahistory» als einem Verfahren, das die Geschichte der Geschichtsschreibung schreibt. Mit ihm soll untersucht werden, wie die Geschichtswissenschaft sich die Zuständigkeit für die Beantwortung bestimmter Fragen eroberte. Die Metahistorie beantwortet Fragen nach der Beschaffenheit des historischen Bewußtseins in der Zeit, nach der Art der Erkenntnis, die die Geschichtswissenschaft von anderen Erkenntnisweisen unterscheidet, und sie fragt nach den Darstellungsmodi, in denen Geschichtsschreibung möglich ist. So gesehen ist auch die Metahistorie den theoretischen Grundlagen der Geschichtswissenschaft auf der Spur.

«Welche Geltung können historische Darstellungen als Beitrag zu einem gesicherten Wissen von Realität überhaupt und zu den Humanwissenschaften im besonderen für sich behaupten?», fragt White.[2] Wie jeder andere Text auch ist der Text des Historikers ein «sprachliches Kunstwerk», der aber vorgibt, eine Darstellung dessen zu sein, was sich in der Vergangenheit zugetragen habe. White behauptet nun, daß historische Erzählungen nicht nur unbegrenzt revidierbar sind, weil in ihnen keine objektiven Wahrheiten, sondern Interpretationen des Geschehens verkündet werden. Ihm gelten historische Erzählungen als «sprachliche Fiktionen, deren Inhalt ebenso erfunden wie vorgefunden ist und deren Formen mit ihren Gegenstücken in der Literatur mehr gemeinsam haben als mit denen in den Wissenschaften.»[3] Die Modelle der Historiker seien Mythen: vom Fortschritt, von der Revolution, von der Wiederkehr oder vom Ursprung, nicht nur in den großen Werken der Geschichtsphilosophen, bei Hegel und Marx, sondern in allen Erzählungen, die Historiker geschrieben haben.

Aber Historiker konstruieren ihre Modelle doch nur aus den Quellen, die sie lesen, sie gewinnen also nur solche Darstellungsformen, die ihnen die Inhalte der Dokumente vorschreiben, wie man gegen White einwenden könnte. Anders gesagt, wenn alle Dokumente, die ein Revolutionshistoriker zur Verfügung hat, vom Niedergang des zarischen Imperiums sprechen und der Historiker selbst nach den Ursachen solchen Niedergangs sucht, dann wird seine Darstellung des späten Zarenreiches eine Niedergangsgeschichte sein. Die Geschichtswissenschaft wäre dann eine «diskursive Literatur», eine Parabel für ein tatsächliches Geschehen. White hält solche Ansprüche für unerfüllbar, weil sich in den Geschichten keine Verweise auf ein tatsächliches Geschehen zeigten. Denn Mythos und Geschichte könnten nicht voneinander unterschieden werden.

Historische Erzählungen sind im Verständnis Whites Versuche, Chroniken in Geschichten zu verwandeln. So werden die in Chroniken in ihrer zeitlichen Abfolge aufbewahrten Ereignisse durch den Historiker erfaßt und nach Maßgabe seiner Fragen und seines

Modells gruppiert und in eine Geschichte eingeordnet. Es hängt vom «emplotment», von der Erzählstruktur, der Codierung ab, welche in der Chronik enthaltenen Fakten der Historiker für seine Geschichte auswählt und wie er diese Geschichte erzählt.[4] Wir wissen, daß die Chronik als unsortierte Ansammlung von Ereignissen und Fakten nutzlos ist, daß sie uns nichts zu verstehen gibt und wir diesen Ereignissen einen Sinn verleihen müssen, damit sie einen Nutzen für uns gewinnen. Historiker wählen also aus, was sie erzählen wollen, sie ordnen das Material und lassen dabei ihrer Phantasie freien Lauf. Jeder, der einen Text schreibt, muß, bevor er etwas zu Papier bringt, darüber nachsinnen, in welcher Anordnung er seine Fakten präsentieren möchte, ob er die Ereignisse in ihrer zeitlichen Abfolge oder nach einer sachlichen Ordnung gruppiert, schließlich: in welcher Dramaturgie die Fakten erzählt werden. Davon hängt es ab, welche Fakten wie und wo im Text präsentiert werden. Deshalb, so White, ist im Quellenmaterial keine Geschichte enthalten. Die Geschichte ist ein Produkt unserer Einbildungskraft, die aus Fakten Erzählungen formt, die mit «der» Geschichte nichts zu schaffen haben. Repräsentation und historische Erzählungen sind also Angebote, wie Wissen organisiert werden kann, ohne zugleich selbst Wissen zu sein.[5]

«Die Ereignisse werden zu einer Geschichte gemacht durch das Weglassen oder die Unterordnung bestimmter Ereignisse und die Hervorhebung anderer, durch Beschreibung, motivische Wiederholung, Wechsel in Ton und Perspektive, durch alternative Beschreibungsverfahren und ähnlichem – kurz, mit Hilfe all der Verfahren, die wir normalerweise beim Aufbau einer Plotstruktur eines Romans oder eines Dramas erwarten. So ist zum Beispiel kein historisches Ereignis an sich tragisch; man kann es nur so sehen aus einer bestimmten Perspektive oder vom Kontext einer strukturierten Folge von Ereignissen, innerhalb derer es als ein Element einen herausragenden Platz einnimmt. Denn was sich in der Geschichtsschreibung aus der einen Perspektive als tragisch ausnimmt, stellt sich aus einer anderen Perspektive als komisch dar …»[6]

Historische Ereignisse sind wertneutral, sie bedeuten uns nichts, wenn wir keine Absicht mit ihnen verbinden. Eine Demonstration von Arbeitern auf den Straßen Petrograds im Sommer 1917 wird erst dann zu einem mit Sinn behafteten Geschehen, wenn der Historiker es in seine Geschichte einwebt, ihm eine Ursache zuschreibt oder es verwendet, um die Kultur von Petrograder Arbeitern zu beschreiben. Man kann Ereignisse verschiedenen Mythen unterordnen, und es hängt von der Dramaturgie ab, die der Historiker seiner Geschichte gibt, ob die erzählte Arbeiter-Demonstration ein tragisches oder ein komisches Ereignis ist. Der Historiker bringt also, bevor er eine Geschichte schreibt, eine «Vorstellung von Anordnungstypen» mit, die für den Leser dann als Geschichten erkennbar sind, weil er diese Anordnungstypen selbst kennt. White behauptet sodann, daß die Anordnung einer Geschichte als Tragödie oder als Drama nichts darüber aussagt, was der Historiker über seinen Gegenstand weiß. Es gibt weder eine bessere noch eine schlechtere Kenntnis der Fakten aus der Vergangenheit. Es gibt nur verschiedene Darstellungsformen des Geschehens. Historiker, die so verfahren, erzählen keine verschiedenen Geschichten der Revolution, sondern sie wählen «verschiedene Arten von Fakten aus, weil sie verschiedenartige Geschichten erzählen wollen.»[7] Geglaubt werden solche Geschichten nur deshalb, weil die Darstellungsmodi der Historiker den Sinnerwartungen der Leser entsprechen.

Wenn Historiker Geschichten erzählen, reihen sie Ereignisse in Abfolgen ein, denn Geschichten müssen einen Anfang und ein Ende haben, damit sie verstanden werden können. Historiker können Ereignisfolgen Kausalketten zuordnen, so wie es in den Naturwissenschaften geschieht, sie können sie in religiösen oder anderen kulturell überlieferten Kategorien erzählen. Ziel einer solchen Codierung ist es stets, das Unvertraute, das sich uns in den Quellen, im Exotischen zeigt, für uns selbst und unsere Leser vertraut zu machen. «Und wenn er die Klasse oder den Typ der von ihm gelesenen Geschichte erkannt hat, stellt sich bei ihm die Wirkung ein, daß ihm die Ereignisse in der Geschichte als erklärt erscheinen; er ist dann nicht nur der Geschichte erfolgreich gefolgt, er hat auch begriffen, worum es in ihr geht, hat sie verstanden.»[8] Die Geschichte ist also nur unter der Voraussetzung verstehbar, daß sie sich dem Leser in der ihm vertrauten kulturellen Überlieferung mitteilt. Diese Überlieferung bestimmt und begrenzt die Möglichkeiten und Formen, in denen eine Geschichte erzählt werden kann. So wie der Psychoanalytiker in der Therapie Ereignisse, die unvertraut geworden sind, wieder vertraut macht, so verleiht der Historiker dem fremden Geschehen der Vergangenheit eine vertraute Struktur. Geschichten, die wieder vertraut werden, liefern uns zwar auch neue Informationen, aber ihr eigentlicher Sinn liegt nicht darin, uns neue Erkenntnisse zu liefern, sondern eine vertraute Situation herzustellen. Das gelingt ihnen, indem sie den möglichen Erzählweisen, die eine Kultur bereithält, entsprechen. Anders gesagt: alle Fakten einer Erzählung können «richtig» sein, aber niemand wird dieser Erzählung vertrauen, wenn sie sich einer Interpretation oder einer Darstellungsweise bedient, die uns fremd und unverständlich ist, weil sie nicht unseren Sinnerwartungen entspricht. Wenn Trockij uns mitteilt, das revolutionäre Geschehen, von dem er berichtet, sei Ausdruck einer historischen notwendigen Tat, die historischen Akteure Werkzeuge der Geschichte, dann sind wir verstört. Manche könnten auch an der Zurechnungsfähigkeit des Autors zweifeln.

Historische Erzählungen sind keine Abbilder von Wirklichkeit, sie sind kein sprachliches Modell, das sich auf eine Wirklichkeit jenseits unseres Bewußtseins bezieht. Wir können historische Strukturen und Ereignisse nicht auf ihre Authentizität hin untersuchen, wir sind von der Vergangenheit abgeschnitten, wir haben keinen Zugang zu ihr. Wir sollten, so White, auch gar nicht danach streben, ein solches Abbild der Vergangenheit zu erstellen. Es ist doch gerade die Fremdheit der in den Quellen aufscheinenden Ereignisse, die uns dazu veranlaßt, ein Modell von ihnen zu schaffen. Die Texte der Historiker sind aber nicht nur Modelle für die Erklärung vergangener Ereignisse, sie sind auch Modelle für die Erzähltraditionen, in denen etwas mitgeteilt wird. «Die historische Erzählung vermittelt so zwischen den darin berichteten Ereignissen einerseits und den prägenerischen Plotstrukturen andererseits, die konventionellerweise in unserer Kultur verwendet werden, um unvertrauten Ereignissen und Situationen Sinn zu verleihen.»[9]

Die Geschichte sei, so White, zur «begrifflichen Strenge» nicht imstande. Sie liefere keine allgemeingültigen Gesetze wie die Naturwissenschaften, und deshalb sei sie auch keine Wissenschaft. Darin gleicht die Arbeit der Historiker dem Betrieb der Literaturwissenschaft, denn die Dokumente der Historiker sind als Texte ebenso wenig unmittelbar zugänglich wie die literarischen Werke, mit denen es Literaturwissenschaftler zu tun haben. Jeder Kontext, den ein Historiker untersucht, ist selbst eine Schöpfung seines «fiktiven Vermögens», Wirklichkeiten zu schaffen. Je mehr wir wissen, desto schwieriger wird es, allgemeine Aussagen über einen Gegenstand zu machen. Niemand kann ein historisches Milieu vollständig beschreiben, man hat es statt dessen immer nur mit neuen Texten zu tun, die mit dem Entstehen eines neuen Geschichtswerkes auftauchen und interpretiert werden müssen. Das hatte auch Droysen schon gesehen, ohne daraus die gleichen Schlüsse zu ziehen.[10] Und weil unser Verständnis von der Vergangenheit variiert, aber nie zur Vollkommenheit gelangen kann, bleibt uns nichts weiter, als über die Formen zu sprechen, in denen die Vermittlung von Wissen auftritt. «Es gibt etwas im historischen Meisterwerk, das nicht falsifizierbar ist, und dieses nicht falsifizierbare Element ist seine Form, eine Form, die seine Fiktion ist.»[11]

Wir leben nicht in Geschichten und dennoch lesen wir über unser eigenes Leben und das unserer Vorfahren Geschichten, die dem Leben, so wie wir es gelebt haben, natürlich nicht entsprechen. Denn, wie White im Anschluß an Lévi-Strauss sagt: die Geschichte dessen, wie es wirklich gewesen ist, liegt immer schon vor, in den Codes und Erzählstrukturen, mit denen wir einen Gegenstand einfangen. Geschichten über vergangene Ereignisse sind nur sinnvoll, wenn ihre Autoren zuvor entschieden haben, was sie nicht erzählen wollen. Wer ein Modell von der Wirklichkeit präsentieren will, muß alles aus seiner Erzählung eliminieren, was diesem Modell widerspricht. Geschichtsschreibung ist Weglassung, sie ist Auslassung und Selektion. Die Fakten werden auf die Erzählformen, für die sich Historiker entscheiden, zugeschrieben. Deshalb zeigt sich die Souveränität des Historikers nicht in der vollständigen Erschließung vergangener Kontexte, sondern in seinem Umgang mit den Quellen, in seinem Vermögen zu entscheiden, was erzählt werden soll und was nicht. Darin zeigt der Historiker sein wahres intellektuelles Verständnis.[12] Die Geschichte ist nur eine andere Mythologie, sie ist nicht der Gegensatz des Mythos. Darin folgt White Lévi-Strauss, der Mythos und Geschichte aufeinander bezogen hatte:

«Ich neige zu der Ansicht», so Lévi-Strauss, «daß in unseren Gesellschaften die Geschichte die Mythologie abgelöst hat und deren Funktion erfüllt und es das Ziel der Mythologie in Gesellschaften ohne Schrift und ohne Archive ist, sicherzustellen, daß die Zukunft der Gegenwart und der Vergangenheit so treu wie möglich folgt ... Für uns hingegen soll sich die Zukunft immer und zunehmend mehr von der Gegenwart unterscheiden, wobei bestimmte Unterschiede natürlich von unseren politischen Vorentscheidungen abhängen. Dennoch können wir die Kluft, die es in unserem Denken zwischen Mythologie und Geschichte in gewissem Maße gibt, wahrscheinlich dadurch überbrücken, daß wir Geschichtsdarstellungen untersuchen, die als keineswegs von der Mythologie getrennt, sondern als deren Fortführung begriffen werden.»[13]

Hayden White schließt sich dieser Deutung der Geschichte als neuer Form der Mythologie an, wenn er behauptet, daß die historische Erzählung eine symbolische Struktur sei, die nicht die Ereignisse abbilde, über die sie zu berichten vorgibt, sondern die Bilder im Bewußtsein des Lesers erst hervorrufe. Das gelingt, wenn ein Ereignis in vertrauter Weise dargestellt wird. Geschichtswerke sind «fortgesetzte Metaphern», in denen die Ereignisse mit einer literarischen Form, die uns vertraut ist, «verglichen» werden.[14] Die Erzählung ist deshalb eine Metapher, weil sie uns sagt, wie wir uns den Gegenständen gegenüber verhalten sollen, die in ihr geschildert werden, sie sagt uns, welche Bilder wir in uns abrufen müssen. Eine der Wirkungen historischer Bücher ist es, daß sie Tatsachen in Fiktionen verwandeln, daß Historiker den Ereignissen all jene Bedeutungen zumessen, die ihre Kultur zur Verfügung hält. Und darin unterscheidet sich die Geschichtsschreibung nicht von der Literatur.

Hinzu kommt freilich, daß die Bilder, Mythen und Symbole, die Historiker in ihren Köpfen haben und mit denen sie ihre Geschichten strukturieren, auch sprachliche Konventionen sind, die, indem sie beschreiben, immer schon interpretieren. Historiker decodieren Ereignisfolgen, die von anderen Historikern bereits codiert wurden, indem sie sie anders anordnen. Die Ereignisse verändern sich dabei gar nicht, wohl aber die Geschichte, in die diese Ereignisse eingeordnet werden. «Was verschieden ist, sind die Modalitäten ihrer Beziehung.»[15] Für den Interpreten der Geschichtsschreibung kommt es jetzt nur noch darauf an, eine historische Untersuchung auf ihre literarischen Konstruktionsprinzipien hin zu befragen und nicht darauf, ob sie eine bessere oder schlechtere Repräsentation der Vergangenheit ist als andere Untersuchungen. Wir können, wenn das eingesehen ist, die Historiographie an ihre Ursprünge in einem «literarischen Bewußtsein» zurückbinden und wir können die fiktiven und ideologischen Elemente in unserer Weise, über die Vergangenheit zu sprechen, erkennen.

«Wenn wir erkennen würden, daß es ein fiktives Element in jeder historischen Erzählung gibt, würden wir in der Theorie der Sprache und der Erzählung selbst die Grundlage für eine genauere Darstellung dessen, worin Historiographie besteht, finden als die, die dem Studenten nur sagt, er solle hingehen und ‹die Fakten herausfinden› und sie so aufschreiben, daß aus ihnen ersichtlich wird, ‹wie es eigentlich gewesen ist.›»[16]

Was ist von solcher Theorie zu halten, die dem Betrieb der Historie den Status der Wissenschaftlichkeit abspricht? Sie schärft vor allem unseren Sinn für die literarischen Formen, in denen Geschichten erzählt werden müssen. Und wer wollte denn bestreiten, daß diese Formen unseren Erwartungen von einer Geschichte entsprechen müssen, wenn wir sie verstehen wollen. Geschichten müssen im Bewußtseins des Lesers vertraute Bilder hervorrufen, sie müssen einen Anfang und ein Ende haben. Wie Anfang und Ende miteinander verknüpft werden, – darüber entscheidet eben nicht nur unsere Fragestellung, sondern auch der Modus der Darstellung. Wer eine Niedergangsgeschichte schreiben möchte, wird sein Material anders anordnen als ein Historiker, der mit einer Erfolgs- oder Modernisierungsgeschichte aufwartet. Wir müssen also nicht nur die erkenntnisleitenden Interessen und Fragen offenlegen, sondern auch davon sprechen, in welcher Form wir diese Fragen beantworten wollen und welchen literarischen Konventionen wir das Dokumentenmaterial unterwerfen. Die anfangs erwähnten Geschichten der russischen Revolution aus der Feder Trockijs und Nabokovs sind gute Beispiele für die Variationen der Form: sie lassen weg, was ihrem literarischen Genre widerspricht, ohne es ihren Lesern mitzuteilen. Solche Umsicht konnte man von Autoren politischer Erinnerungen auch nicht erwarten. Historiker sollten hingegen nicht nur über ihre Fragen, sondern auch über die literarischen Formen sprechen, in denen diese Fragen zur Antwort kommen.

Nun behauptet White, was Historiker betrieben, sei Literatur, und man möchte hinzufügen, Literatur, die den Romanen von Schriftstellern unterlegen ist. Eine historische Untersuchung müsse den gleichen Konstruktionsprinzipien gehorchen wie eine literarische Erzählung oder ein Roman. Und weil der Historiker keinen privilegierten Zugang zur gelebten Vergangenheit unterhalte, weil die wissenschaftlichen Methoden ihn dem Gegenstand nicht näher bringen als die Geschichten eines Schriftstellers, dürfe, was Historiker betreiben, auch nicht den Anspruch auf Wissenschaftlichkeit erheben. Die Historie sei nur *eine*, der Literatur keineswegs überlegene Möglichkeit, sich mit vergangenem Geschehen zu beschäftigen. «Wir sind frei, die ‹Geschichte› so zu verstehen, wie es uns gefällt, so wie wir frei sind, mit ihr zu tun, was wir wollen.»[17] Wer so spricht, wird am Ende auch nicht mehr einsehen, warum er sich mit den Einlassungen von Historikern überhaupt noch beschäftigen soll. Und so erteilt White auch den Rat, Romane zu lesen. Was Historiker zu sagen haben, kann also ungelesen bleiben, und aus der Universität müssen sie dann auch irgendwann verschwinden, mit der Ausnahme solcher Historiker freilich, die Studenten in der Theorie der Geschichte unterweisen.

Nun haben sich die Historiker mit den Thesen Whites nicht einfach abgefunden. Georg Iggers hat in der Zeitschrift «Geschichte und Gesellschaft» in äußerster Schärfe auf den Begriff gebracht, was die traditionelle Geschichtsschreibung von den theoretischen Angeboten Whites hält: «Für den Historiker ist der extreme kognitive Relativismus von White … unbrauchbar.»[18] Denn wer White beim Wort nehme, müsse auf historische Forschung überhaupt verzichten, er könne die Fakten, über die er zu sprechen vorgebe, auch erfinden. Der britische Historiker Richard Evans hat in einer Streitschrift gegen White und andere Theoretiker der Postmoderne eingewandt, man könne «nicht einfach in Quellen Wörter hineinlesen, die dort nicht stehen.» Historiker seien keine Produzenten von Fiktionen, sondern Interpreten von Quellen, in denen «reale, materielle Spuren der Vergangenheit» zu finden seien.[19] Der «extreme Relativismus» ermögliche es «rechtsextremen Historikern», Belege zu manipulieren und «falsche Lesarten» von Dokumenten zu begründen. Solche Beliebigkeit begünstige am Ende auch die Reden von Holocaust-Leugnern.[20]

Gegen solche Vorhaltungen ließe sich einwenden, daß Spuren nur findet, wer nach ihnen sucht. Es sind die Fragen, die Dokumente in Quellen verwandeln und es dem Historiker ermöglichen, Spuren in ihnen zu finden. Deshalb unterscheiden sich die Geschichten und die Fakten, die in ihnen vorkommen, voneinander. White hatte nirgendwo jemals behauptet, Ereignisse, über die Historiker berichteten, hätten nicht stattgefunden. Er behauptete vielmehr, daß die Verknüpfung dieser Ereignisse zu einer Geschichte literarischen Konventionen folge, daß sich also in der geschriebenen Geschichte nicht das gelebte Leben abbildet. «This is not to suggest that we will give up the effort to represent the Holocaust realistically, but rather that our notion of what constitutes realistic representation must be revised to take account of experiences that are unique to our century and for which older modes of representation have proven inadequate.»[21]

Wer sich an den gestrigen Tag erinnert und diese Erinnerung anderen mitteilen möchte, wird seine Erlebnisse so anordnen müssen, daß der Andere sie versteht. Deshalb muß, wer etwas erzählt, auswählen, weglassen und das Erzählte in einer Geschichte anordnen, die chronologisch oder sachlich strukturiert ist, auch wenn das Erlebte selbst nicht in dieser Ordnung stand. Der Zuhörer weiß, daß es sich so verhält, weil auch er so spricht. Aber er unterstellt auch, daß die Ereignisse, die ihm erzählt werden, wirklich geschehen sind, daß der Andere ihn nicht anlügt. Die Form, in der ein Ereignis mitgeteilt wird, sagt nichts über ihren Wahrheitsgehalt.

Begründete Einwände gegen Whites Theorie der «Metahistory» gibt es auch. Mit Einsicht gesegnete Historiker behaupten nicht, einen Zugang zur Vergangenheit zu haben, über den Literaten nicht verfügen. Historiker sprechen nicht mit verstorbenen Menschen, sondern mit Texten und Bildern, in denen diese Menschen leben. Ihre Gegenstände sind Texte, Bilder, Monumente, denen gegenüber sie sich so verhalten müssen, daß andere Historiker ihre Interpretationen an den gleichen Gegenständen überprüfen können. Es gibt also ein Vetorecht der Quellen, wie Reinhard Koselleck sagt. «Jedes historisch eruierte und dargebotene Ereignis lebt von der Fiktion des Faktischen, die Wirklichkeit selber ist vergangen. Damit wird ein geschichtliches Ereignis aber nicht beliebig oder willkürlich setzbar. Denn die Quellenkontrolle schließt aus, was nicht gesagt werden darf. Nicht aber schreibt sie vor, was gesagt werden kann.»[22]

Die Wissenschaftlichkeit der Geschichte besteht darin, daß Historiker belegen müssen, wie sie zu einem Ergebnis gekommen sind, daß sie sich auf die Dokumente beziehen müssen, mit denen sie ihre Fragen beantworten wollen. Historiker «erfinden» keine Geschichten, sie ordnen Ereignisse, die in Texten überliefert sind, in Geschichten ein. Diese Einordnung ist überprüfbar, sie beruht auf einer Methode, und darin ist die Wissenschaftlichkeit der Geschichte begründet. Der Historiker schreibt im Wissen, daß andere Historiker seine Texte lesen. Er ist kein Solist, sondern er schreibt für ein Publikum. Dieses Publikum kann ihn unterbrechen und ihm vorhalten, daß er die Unwahrheit sagt, wie der Philosoph Bernard Williams gegen Whites «Metahistory» eingewandt hat. Es kommt für den Historiker darauf an, vertrauenswürdig zu sein, damit man seinen Interpretationen Glauben schenkt. «Ein Historiker, der bewußt oder unbekümmert falsche Aussagen in seine Darstellung mischt, ist ein Lügner, weil er im Modus der Historie schreibt; und dies ist jetzt und seit langem schon ein anderer Modus als der der Fabel, des Romans oder des patriotischen Gesangs.» Wenn der Historiker einen Sachverhalt, der für seine Frage von Bedeutung ist, unterschlägt, dann verstößt er gegen die Regeln, weil das Publikum erwartet, daß er mitteilt, was er für sagenswert hält. Er tritt als jemand vor sein Publikum, der die Wahrheit sagt. Nichts hindert ihn daran, patriotische Gesänge anzustimmen, aber jeder, der sich seinen Texten anvertraut, erwartet, daß «er sich an den Modus der Wahrheit hält».[23]

Die Historie verliert ihren Anspruch auf Wissenschaftlichkeit eben nicht dadurch, daß sie keinen privilegierten Zugang zur Vergangenheit hat. Denn wer wollte behaupten, irgend jemand sonst habe einen unmittelbaren, unvermittelten Bezug zu seinen Gegenständen? Wo Methoden die Arbeit bestimmen, dort ist Wissenschaft.[24] Um es in den Worten von Bernard Williams zu sagen: «Wir müssen zwar verlangen, daß Interpretationen der Vergangenheit insofern die Wahrheit sagen, als sie nicht lügen oder in die Irre führen dürfen, doch das, wozu wir sie brauchen, ist nicht, daß sie uns eine Sache namens ‹die Wahrheit über die Vergangenheit› mitteilen. Wir brauchen sie um der Wahrhaftigkeit willen und um der Vergangenheit einen *uns* verständlichen Sinn zu geben.»[25]

Anmerkungen

I. Wahrheit, Wirklichkeit, Subjekt: Geschichte zwischen Handlung und Struktur

1 O. Vossler, Geschichte als Sinn, Frankfurt am Main 1979, S. 67.

2 M. Bloch, Apologie der Geschichtswissenschaft oder der Beruf des Historikers, Stuttgart 2002, S. 27–31.

3 L. Trotzki, Geschichte der russischen Revolution, Frankfurt am Main 1982, 3. Aufl., S. 921–922, 933–938.

4 L. Trotzki, Mein Leben, Berlin 1990, S. 300–301.

5 W. D. Nabokow, Petrograd 1917. Der kurze Sommer der Revolution, Berlin 1992, S. 20–28, 150–155.

6 B. Williams, Wahrheit und Wahrhaftigkeit, Frankfurt am Main 2003, S. 359–381. Williams setzt sich hier mit Hayden White und dessen Behauptung auseinander, die Geschichte sei Literatur. Vgl. H. White, Metahistory. Die historische Einbildungskraft im 19. Jahrhundert in Europa, Frankfurt am Main 1991.

7 V. Nabokov, Vremennoe pravitel'stvo, in: Archiv Russkoj Revoljucii, Bd. 1, Moskva 1991, S. 9–96.

8 Nabokow, Petrograd, S. 27.

9 E. Cassirer, Versuch über den Menschen. Einführung in eine Philosophie der Kultur, Frankfurt am Main 1990, 2. Aufl. (Erstveröffentlichung unter dem Titel «An Essay on Man. An Introduction to a Philosophy of Human Culture», New Haven 1940), S. 283.

10 L. v. Ranke, Vorrede zu den «Geschichten der romanischen und germanischen Völker von 1494 bis 1535», in: W. Hardtwig (Hrsg.), Über das Studium der Geschichte, München 1990, S. 45.

11 R. Chartier, Kulturgeschichte zwischen Repräsentation und Praktiken, in: ders., Die unvollendete Vergangenheit. Geschichte und die Macht der Weltauslegung, Frankfurt am Main 1992, S. 7–23.

12 F. R. Ankersmit, Die drei Sinnbildungsebenen der Geschichtsschreibung, in: K. E. Müller/J. Rüsen (Hrsg.), Historische Sinnbildung. Problemstellungen, Zeitkonzepte, Wahrnehmungshorizonte, Darstellungsstrategien, Reinbek 1997, S. 98–117, hier S. 105.

13 Cassirer, Versuch, S. 50.

14 Vgl. dazu exemplarisch die Revolutionsgeschichte von O. Figes, Die Tragödie eines Volkes. Die Epoche der russischen Revolution, 1891–1924,

Berlin 1998 und J. Baberowski, Die Entdeckung des Unbekannten. Rußland und das Ende Osteuropas, in: ders., Geschichte ist immer Gegenwart. Vier Thesen zur Zeitgeschichte, München 2001, S. 9–42.

15 Cassirer, Versuch, S. 270.

16 Bloch, Apologie der Geschichte, S. 155–160.

17 H. Schnädelbach, Über den Sinn der Geschichte, in: Der Blaue Reiter 18 (2003), S. 33.

18 R. Koselleck, Historik und Hermeneutik, in: ders., Zeitschichten. Studien zur Historik, Frankfurt am Main 2000, S. 113; P. Nora, Zwischen Geschichte und Gedächtnis, Frankfurt am Main 1998, S. 14.

19 M. Heidegger, Sein und Zeit, Tübingen 1986, 16. Aufl., S. 372–377.

20 H.-G. Gadamer, Wahrheit und Methode. Grundzüge einer philosophischen Hermeneutik, Tübingen 1990, 6. Aufl., S. 269.

21 Vgl. Koselleck, Historik und Hermeneutik, S. 116–117.

22 Gadamer, Wahrheit und Methode, S. 366–367.

23 G. W. F. Hegel, Phänomenologie des Geistes, Hamburg 1988, S. 69–78.

24 White, Metahistory, S. 15–62; ders, Der historische Text als literarisches Kunstwerk, in: ders., Auch Klio dichtet oder die Fiktion des Faktischen. Studien zur Tropologie des historischen Diskurses, Stuttgart 1986, S. 101–122.

25 Williams, Wahrheit, S. 381–397; H.-G. Gadamer, Was ist Wahrheit?, in: ders., Hermeneutik II. Wahrheit und Methode. Ergänzungen, Tübingen 1986, S. 44–56; P. Rabinow, Anthropologie der Vernunft. Studien zur Wissenschaft und Lebensführung, Frankfurt am Main 2004, S. 63.

26 G. Roth, Das Gehirn und seine Wirklichkeit. Kognitive Neurobiologie und ihre philosophischen Konsequenzen, Frankfurt am Main 1997, S. 339–363. Zum radikalen Konstruktivismus vgl. auch H.-J. Goertz, Unsichere Geschichte. Zur Theorie historischer Referentialität, Stuttgart 2001, S. 83–102 und S. J. Schmidt (Hrsg.), Der Diskurs des radikalen Konstruktivismus, Frankfurt am Main 1996, 7. Aufl.; ders. (Hrsg.), Kognition und Gesellschaft. Der Diskurs des radikalen Konstruktivismus 2, Frankfurt am Main 1992.

27 Cassirer, Versuch, S. 314.

II. Georg Wilhelm Friedrich Hegel oder Anfang und Ende der Geschichte

1 Cassirer, Versuch, S. 265. Zur Entstehung der Geschichte als historischer Wissenschaft vgl. W. Hardtwig, Geschichtskultur und Wissenschaft, München 1990, S. 13–91.

2 Ch. Taylor, Hegel, Frankfurt am Main 1997, 3. Aufl., S. 9.

3 H. F. Fulda, Georg Friedrich Wilhelm Hegel, München 2003, S. 17.

4 R. Chartier, Die unvollendete Vergangenheit. Beziehungen zwischen

Philosophie und Vergangenheit, in: ders., Die unvollendete Vergangenheit. Geschichte und die Macht der Weltauslegung, Frankfurt am Main 1992, S. 27–31.

5 Zur Biographie Hegels vgl. K. Rosenkranz, Georg Wilhelm Friedrich Hegel, Berlin 1844; Fulda, Hegel.

6 Zur Aufklärung und ihrer Kritik vgl. Taylor, Hegel, S. 24–49.

7 I. Kant, Kritik der reinen Vernunft, Bd. 1., Frankfurt am Main 1980, 4. Aufl., S. 87.

8 Im Überblick vgl. L. Siep, Johann Gottlieb Fichte, in: O. Höffe (Hrsg.), Klassiker der Philosophie, Bd. 2, München 1995, 3. Aufl., S. 45–55; J. Stolzenberg, Fichtes Begriff der intellektuellen Anschauung. Die Entwicklung der Wissenschaftslehre von 1793/94 bis 1801/02, Stuttgart 1986; F. Neuhouser, Fichte's Theory of Subjectivity, Cambridge 1990.

9 D. Henrich, Grundlegung aus dem Ich. Untersuchungen zur Vorgeschichte des Idealismus. Tübingen-Jena (1790–1794), Frankfurt am Main 2004, Bd. 1, S. 9–26, Bd. 2, S. 1705–1708.

10 L. Siep, Der Weg der Phänomenologie des Geistes. Ein einführender Kommentar zu Hegels «Differenzschrift» und «Phänomenologie des Geistes», Frankfurt am Main 2000, S. 14–23. Vgl. als Einführung auch: D. Köhler/O. Pöggeler (Hrsg.), G. W. F. Hegel. Phänomenologie des Geistes, Berlin 1998, S. 1–31; Taylor, Hegel, S. 177–179.

11 G. W. F. Hegel, Phänomenologie des Geistes, Hamburg 1988, S. 65.

12 Hegel, Phänomenologie des Geistes, S. 69.

13 Hegel, Phänomenologie des Geistes, S. 71.

14 Hegel, Phänomenologie des Geistes, S. 90.

15 Zum Abschnitt über die «sinnliche Gewißheit» vgl. auch W. Wieland, Hegels Dialektik der sinnlichen Gewißheit, in: H. F. Fulda/D. Henrich (Hrsg.), Materialien zu Hegels «Phänomenologie des Geistes», Frankfurt am Main 1973, S. 67–82; A. Graeser, Zu Hegels Portrait der sinnlichen Gewißheit, in: Köhler/Pöggeler, Hegel, S. 33–52.

16 Hegel, Phänomenologie des Geistes, S. 71–72.

17 H.-G. Gadamer, Die verkehrte Welt, in: Fulda/Henrich, Materialien, S. 106–130.

18 D. Henrich, Hegel im Kontext, Frankfurt am Main 1983, 3. Aufl., S. 22–29; W. Weischedel, Die philosophische Hintertreppe. 34 große Philosophen im Alltag und Denken, München 1984, 11. Aufl., S. 213–220.

19 Hegel, Phänomenologie des Geistes, S. 126–127.

20 Hegel, Phänomenologie des Geistes, S. 127–136. Vgl. auch die eigenwillige Interpretation des russischen Philosophen und Hegelianers, Alexandre Kojève: A. Kojève, Hegel. Eine Vergegenwärtigung seines Denkens. Kommentar zur Phänomenologie des Geistes, Frankfurt am Main 1975, S. 48–89; G. A. Kelly, Bemerkungen zu Hegels «Herrschaft und Knechtschaft», in: Fulda/Henrich, Materialien, S. 189–216; Siep, Der

Weg, S. 101–106; H.-G. Gadamer, Hegels Dialektik des Selbstbewußtseins, in: Fulda/Henrich, Materialien, S. 217–242; J. Butler, Psyche der Macht. Das Subjekt der Unterwerfung, Frankfurt am Main 2001, S. 35–54.

21 Hegel, Phänomenologie des Geistes, S. 158; K. Düsing, Der Begriff der Vernunft in Hegels Phänomenologie, in: Köhler/Pöggeler, Hegel, S. 143–162.

22 Zitiert in Taylor, Hegel, S. 479.

23 G.W.F. Hegel, Vorlesungen über die Philosophie der Weltgeschichte, Bd. 1: Die Vernunft der Geschichte, Hamburg 1994, 6. Aufl., S. 60. Vgl. auch die Interpretation von Taylor, Hegel, S. 486–497.

24 Fulda, Hegel, S. 241; Taylor, Hegel, S. 499–508.

25 Hegel, Vorlesungen über die Philosophie der Weltgeschichte, Bd. 1, S. 75.

26 Hegel, Vorlesungen über die Philosophie der Weltgeschichte, Bd. 1, S. 60–61.

27 Hegel, Vorlesungen über die Philosophie der Weltgeschichte, Bd. 1, S. 89–90, 105.

28 Taylor, Hegel, S. 545–549.

29 Hegel, Phänomenologie des Geistes, S. 136–156.

30 Hegel, Vorlesungen über die Philosophie der Weltgeschichte, Bd. 1, S. 62–63.

31 Welche Wirkungen solche Diagnosen auf die nachgeborenen Historiker ausübten, das zeigte sich zuletzt noch einmal in Eric Hobsbawms marxistischer Weltgeschichte «Zeitalter der Extreme» aus dem Jahr 1994. In ihr stritten «Vernunft, Wissenschaft, Fortschritt, Erziehung und individuelle Freiheit», die von den sozialistischen Arbeiterbewegungen repräsentiert wurden, gegen die «traditionalistischen Kräfte» der Katholischen Kirche, die «dogmatische Verteidigungsbarrikaden gegen die überlegenen Kräfte der Modernität um sich herum aufgebaut» habe. Vgl. E. Hobsbawm, Zeitalter der Extreme. Weltgeschichte des 20. Jahrhunderts, München 1995, S. 144.

32 Hegel, Vorlesungen über die Philosophie der Weltgeschichte, Bd. 1, S. 47.

33 G. W. F. Hegel, Grundlinien der Philosophie des Rechts, Hamburg 1995, 5. Aufl., S. 16; Taylor, Hegel, S. 551.

34 Hegel, Grundlinien der Philosophie des Rechts, S. 17.

35 Hegel, Grundlinien der Philosophie des Rechts, S. 14.

36 Vgl. dazu H.-G. Gadamer, GesammelteWerke, Bd. 4, Tübingen 1987, S. 463.

37 E. Müller, Russischer Intellekt in europäischer Krise. Ivan V. Kireevskij (1806–1856), Köln 1966, S. 296–297; A. Herzen, Die gescheiterte Revolution. Denkwürdigkeiten aus dem 19. Jahrhundert, Frankfurt am Main 1988, S. 200; I. Berlin, Russische Denker, Frankfurt am Main 1981, S. 251–279.

38 M. Bassin, Turner, Solov'ev, and the ‹Frontier Hypothesis.› The Nationalist Signification of Open Spaces, in: Journal of Modern History 65 (1993), S. 1–17.

39 P. A. Tschaadajew, Apologie eines Wahnsinnigen. Geschichtsphilosophische Schriften, Leipzig 1992, S. 17; M. Hildermeier, Das Privileg der Rückständigkeit. Anmerkungen zum Wandel einer Interpretationsfigur der neueren russischen Geschichte, in: Historische Zeitschrift 244 (1987), S. 557–603.

40 Kojève, Hegel., S. 217–271; L. Colletti, Hegel und der Marxismus, Frankfurt am Main 1976, S. 36–74; D. Henrich, Hegel im Kontext, Frankfurt am Main 1967, S. 187–208; L. Niethammer, Posthistoire. Ist die Geschichte zu Ende?, Reinbek 1989, S. 73–80. Zur Kritik an der «sozialen Interpretation» Kojèves vgl. G. A. Kelly, Bemerkungen, S. 198.

41 Chartier, Die unvollendete Vergangenheit, S. 27–31.

42 Siep, Der Weg der Phänomenologie des Geistes, S. 15.

43 Taylor, Hegel, S. 749.

44 Hegel, Vorlesungen über die Philosophie der Weltgeschichte, Bd. 1, S. 31.

III. Leopold von Ranke, Johann Gustav Droysen und der Historismus

1 J. Burckhardt, Gesamtausgabe, Bd. VII, Stuttgart 1933, S. 11; ders., Über das Studium der Geschichte, hrsg. v. P. Ganz, München 1982; A. Wittkau, Historismus. Zur Geschichte des Begriffs und des Problems, Göttingen 1994, 2. Aufl., S. 26.

2 F. Gilbert, Geschichte, Politik oder Kultur. Rückblick auf einen klassischen Konflikt, Frankfurt am Main 1992, S. 11–17.

3 Hardtwig, Geschichtskultur, S. 32; J. Rüsen, Konfigurationen des Historismus. Studien zur deutschen Wissenschaftskultur, Frankfurt am Main 1993, S. 17–28.

4 J. G. Droysen, Historik, hrsg. v. R. Hübner, Darmstadt 1967, S. 357. Vgl. auch J. G. Droysen, Historik, Bd. 1, Stuttgart 1977, S. 326, 372.

5 Hegel, Vorlesungen über die Philosophie der Weltgeschichte, Bd. 1, S. 30.

6 E. W. Böckenförde, Die Historische Rechtsschule und das Problem der Geschichtlichkeit des Rechts, in: ders., Recht, Staat, Freiheit. Studien zur Rechtsphilosophie, Staatstheorie und Verfassungsgeschichte, Frankfurt am Main 1991, S. 9–41; G. Iggers, Deutsche Geschichtswissenschaft. Eine Kritik der traditionellen Geschichtsauffassung von Herder bis zur Gegenwart, Köln 1997, 4. Aufl., S. 89–90.

7 Ranke, Vorrede zu den «Geschichten der romanischen und germanischen Völker von 1494 bis 1535», S. 45; Iggers, Deutsche Geschichtswissenschaft, S. 90–92.

8 L. v. Ranke, Über die Epochen der neueren Geschichte, hrsg. v. Th. Schieder u. H. Berding, München 1971, S. 63–67.
9 L. v. Ranke, Sämtliche Werke, Bd. 49/50, Leipzig 1887, S. 3–4, zitiert in Iggers, Deutsche Geschichtswissenschaft, S. 98. Vgl. auch Rüsen, Konfigurationen, S. 48–53.
10 Ranke, Sämtliche Werke, Bd. 49/50, S. 71–72; Iggers, Deutsche Geschichtswissenschaft, S. 99–100.
11 Iggers, Deutsche Geschichtswissenschaft, S. 107.
12 Ranke, Über die Epochen, S. 59–60.
13 Ranke, Über die Epochen, S. 68–69.
14 L. v. Ranke, Der Begriff des Fortschritts in der Geschichte, in: ders., Vorlesungseinleitungen, hrsg. v. V. Dotterweich u. W. P. Fuchs, München 1975, S. 259.
15 Im Überblick vgl. L. Raphael, Geschichtswissenschaft im Zeitalter der Extreme. Theorien, Methoden, Tendenzen von 1900 bis zur Gegenwart, München 2003.
16 Zur Biographie Droysens vgl. Rüsen, Konfigurationen, S. 226–243; O. Hintze, Johann Gustav Droysen, in: ders., Gesammelte Abhandlungen, Bd. 11, Göttingen 1967, S. 453–499.
17 Droysen, Politische Schriften, S. 227 ff., zitiert in: Rüsen, Konfigurationen, S. 229.
18 Zur Werkgeschichte vgl. Rüsen, Konfigurationen, S. 243–253.
19 J. G. Droysen, Historik. Bd. 1, Stuttgart 1977, S. 12.
20 Droysen, Historik, S. 14. Vgl. auch Rüsen, Konfigurationen, S. 253–257.
21 Droysen, Historik, S. 399.
22 Droysen, Historik, S. 44.
23 Droysen, Historik, S. 9.
24 Droysen, Historik, S. 173.
25 Droysen, Historik, S. 58.
26 Droysen, Historik, S. 398. Zum Konzept des «Erklärens» und des «Verstehens» vgl. O. Schwemmer, Erklärungen in den Kulturwissenschaften, in: ders., Handlung und Struktur, Frankfurt am Main 1987, S. 87–132; G. Patzig, Erklären und Verstehen. Bemerkungen zum Verhältnis von Natur- und Geisteswissenschaften, in: Neue Rundschau 84 (1973), S. 392–413; Th. Hausmann, Erklären und Verstehen. Zur Theorie und Pragmatik der Geschichtswissenschaft. Mit einer Fallstudie über die Geschichtsschreibung zum deutschen Kaiserreich 1871–1918, Frankfurt am Main 1991.
27 Droysen, Historik, S. 13.
28 Zitiert in: Wittkau, Historismus, S. 31–32. Vgl. auch Rüsen, Konfigurationen, S. 96. Zur Kritik am Konzept des Verstehens bei Droysen vgl. E. Flaig, Verstehen und Vergleichen. Ein Plädoyer, in: O. G. Oexle/ J. Rüsen (Hrsg.), Historismus in den Kulturwissenschaften. Geschichts-

konzepte, historische Einschätzungen, Grundlagenprobleme, Köln 1996, S. 263–287.

29 Droysen, Historik, S. 435.
30 Droysen, Historik, S. 435.
31 Droysen, Historik, S. 238.
32 Droysen, Historik, S. 193. Vgl. dazu auch Wittkau, Historismus, S. 32.
33 Rüsen, Konfigurationen, S. 95–113.
34 Burckhardt, Über das Studium, S. 171.
35 Droysen, Historik, S. 409–411. Vgl. auch Rüsen, Konfigurationen, S. 260.
36 Droysen, Historik, S. 205.

IV. Karl Marx oder die sozialen Bedingungen der Geschichte

1 L. Kolakowski, Die Hauptströmungen des Marxismus, Bd. 1, München 1988, 3. Aufl., S. 113–114. Zur Biographie vgl. P. v. Oertzen, Karl Marx (1818–1883), in: W. Euchner (Hrsg.), Klassiker des Sozialismus, Bd. 1: Von Babeuf bis Plechanow, München 1991, S. 139–156; W. Euchner, Karl Marx, München 1983. Zur Geschichtskonzeption vgl. H. Fleischer, Marxismus und Geschichte, Frankfurt am Main 1969.
2 K. Marx, Differenz der demokritischen und epikureischen Naturphilosophie nebst einem Anhange, in: Marx-Engels-Werke (MEW), Ergänzungsband, Teil 1, Berlin (Ost), 1981, S. 304–305; D. Henrich, Karl Marx als Schüler Hegels, in: ders., Hegel im Kontext, S. 187–207; Kolakowski, Die Hauptströmungen, Bd. 1., S. 122.
3 L. Feuerbach, Das Wesen des Christentums, Berlin (Ost) 1984, 2. Aufl., S. 75. Zur Philosophie Ludwig Feuerbachs vgl. U. Reitemeyer, Philosophie der Leiblichkeit. Ludwig Feuerbachs Entwurf einer Philosophie der Zukunft, Frankfurt am Main 1988, S. 84–103.
4 K. Marx, Zur Kritik der Hegelschen Rechtsphilosophie. Einleitung, in: K. Marx/F. Engels, Werke, Bd. 1, Berlin (Ost) 1981, S. 378–379.
5 K. Marx, Ökonomisch-Philosophische Manuskripte, in: MEW, Ergänzungsband, Teil 1, Berlin (Ost) 1981, S. 515–516.
6 K. Marx/F. Engels, Deutsche Ideologie, in: MEW, Bd. 3, Berlin (Ost) 1978, S. 13.
7 Vgl. u. a. Lenins «philosophische» Schrift «Materialismus und Empiriokritizismus» aus dem Jahre 1909, in: V. I. Lenin, Werke, Bd. 14, Berlin (Ost) 1977, 8. Aufl..
8 Marx/Engels, Deutsche Ideologie, S. 20; K. Marx, Thesen über Feuerbach, in: MEW, Bd. 3, S. 7.
9 Marx/Engels, Deutsche Ideologie, S. 21.
10 Marx/Engels, Deutsche Ideologie, S. 21–22
11 Marx, Ökonomisch-philosophische Manuskripte, S. 516.

12 Marx/Engels, Deutsche Ideologie, S. 33.
13 Marx/Engels, Die deutsche Ideologie, S. 26. Ähnlich formuliert es Marx 1859 in seiner Schrift «Zur Kritik der Politischen Ökonomie»: K. Marx, Zur Kritik der Politischen Ökonomie, in: MEW, Bd. 13, Berlin (Ost) 1975, S. 9.
14 Marx/Engels, Die deutsche Ideologie. S. 26–27.
15 Marx/Engels, Die deutsche Ideologie, S. 28.
16 Marx/Engels, Die deutsche Ideologie, S. 69.
17 Marx/Engels, Die deutsche Ideologie, S. 35.
18 Marx/Engels, Die deutsche Ideologie, S. 46.
19 Marx/Engels, Die deutsche Ideologie, S. 74.
20 Vgl. D. Groh, Die französische Strukturgeschichte und ihre Methoden, in: ders., Anthropologische Dimensionen der Geschichte, Frankfurt am Main 1992, S. 117–147; P. Burke, Offene Geschichte. Die Schule der «Annales», Frankfurt am Main 1998; Raphael, Geschichtswissenschaft, S. 96–112.
21 Vgl. H.-U. Wehler, Geschichte als historische Sozialwissenschaft, Frankfurt am Main 1973, S. 72; J. Kocka, Theorieprobleme der Sozial- und Wirtschaftsgeschichte, in: H.-U. Wehler (Hrsg.), Geschichte und Soziologie, Königstein 1984, S. 305–330; W. J. Mommsen, Geschichte als historische Sozialwissenschaft, in: P. Rossi (Hrsg.), Theorien der modernen Geschichtsschreibung, Frankfurt am Main 1987, S. 107–146. Kritisch dazu: Th. Mergel/Th. Welskopp, Geschichtswissenschaft und Gesellschaftstheorie, in: dies. (Hrsg.), Geschichte zwischen Kultur und Gesellschaft. Beiträge zur Theoriedebatte, München 1997, S. 9–35; Th. Kroll, Sozialgeschichte, in: Ch. Cornelißen (Hrsg.), Geschichtswissenschaften. Eine Einführung, Frankfurt am Main 2000, S. 149–161.
22 E. Bloch, Tübinger Einleitung in die Philosophie, Bd. 1, Frankfurt am Main 1975, 9. Aufl., S. 11.
23 Vgl. dazu S. Reichardt, Bourdieu für Historiker? Ein kultursoziologisches Angebot an die Sozialgeschichte, in: Mergel/Welskopp, Geschichte, S. 71–93; Th. Welskopp, Klasse als Befindlichkeit? Vergleichende Arbeitergeschichte vor der kulturhistorischen Herausforderung, in: Archiv für Sozialgeschichte 38 (1998), S. 301–336.
24 Vossler, Geschichte als Sinn, S. 47.

V. Hermeneutik: Wilhelm Dilthey, Martin Heidegger, Hans-Georg Gadamer

1 P. Burke, Augenzeugenschaft. Bilder als historische Quelle, Berlin 2003, S. 13–21; R. Suckale, Kunstgeschichte, in: H.-J. Goertz (Hrsg.), Geschichte. Ein Grundkurs, Reinbek 1998, 442–455; W. J. T. Mitchell, The Pictoral Turn, in: Ch. Kragava (Hrsg.), Privileg Blick. Kritik der visuellen Kultur, Berlin 1997, S. 15–40; F. Haskell, Die Geschichte und ihre Bilder, München 1995; W. Hardtwig, Der Historiker und die Bilder. Überlegungen zu Francis Haskell, in: Geschichte und Gesellschaft 42 (1998), S. 305–322.

2 P. Ricoeur, Die Interpretation. Ein Versuch über Freud, Frankfurt am Main 1974.

3 O. Schwemmer, Über das Verstehen des Fremden, in: ders., Die kulturelle Existenz des Menschen, Berlin 1997, S. 137.

4 W. Dilthey, Der Aufbau der geschichtlichen Welt in den Geisteswissenschaften, Frankfurt am Main 1981, S. 278.

5 Dilthey, Der Aufbau, S. 140–141.

6 F. R. Ankersmit, Die drei Sinnbildungsebenen der Geschichtsschreibung, in: K. E. Müller/J. Rüsen (Hrsg.), Historische Sinnbildung. Problemstellungen, Zeitkonzepte, Wahrnehmungshorizonte, Darstellungsstrategien, Reinbek 1997, S. 98–117, hier S. 105.

7 Dilthey, Der Aufbau, S. 178.

8 Dilthey, Der Aufbau, S. 179–180.

9 A. C. Danto, Analytische Philosophie der Geschichte, Frankfurt am Main 1980, S. 420.

10 Zitiert in: M. Jung, Hermeneutik zur Einführung, Hamburg 2001, S. 73. Vgl. auch P. Lübcke, Wilhelm Dilthey. Geist und Natur, in: A. Hügli/P. Lübcke (Hrsg.), Philosophie im 20. Jahrhundert, Bd. 1, Reinbek 1992, S. 53–67.

11 Zum Leben und Werk Heideggers vgl. R. Safranski, Ein Meister aus Deutschland. Heidegger und seine Zeit, München 1994; G. Figal, Martin Heidegger zur Einführung, Hamburg 1999, 3. Aufl.; ders., Martin Heidegger. Phänomenologie der Freiheit, Weinheim 2000, 3. Aufl.; O. Pöggeler (Hrsg.), Heidegger. Perspektiven zur Deutung seines Werkes, Weinheim 1994, 3. Aufl.

12 M. Heidegger, Sein und Zeit, Tübingen 1986, 16. Aufl., S. 114. Vgl. dazu auch M. Riedel, Die Urstiftung der phänomenologischen Hermeneutik. Heideggers frühe Auseinandersetzung mit Husserl, in: Ch. Jamme/O. Pöggeler (Hrsg.), Phänomenologie im Widerstreit. Zum 50. Todestag Edmund Husserls, Frankfurt am Main 1989, S. 215–233.

13 G. Vattimo, Jenseits der Interpretation. Die Bedeutung der Hermeneutik für die Philosophie, Frankfurt am Main 1997, S. 24. Vgl. auch E. Tu-

gendhat, Zeit und Sein in Heideggers Sein und Zeit, in: ders., Aufsätze 1992–2000, Frankfurt am Main 2001, S. 185–198 und H. U. Gumbrecht, Diesseits der Hermeneutik. Die Produktion von Präsenz, Frankfurt am Main 2004, S. 60–65.

14 Zur Hermeneutik Heideggers vgl. C. Lafont, Sprache und Welterschließung. Zur linguistischen Wende der Hermeneutik Heideggers, Frankfurt am Main 1994, S. 78; Ch. Demmerling, Hermeneutik der Alltäglichkeit und «In-der-Welt-sein», in: Th. Rentsch (Hrsg.), Sein und Zeit, Berlin 2001, S. 89–115.

15 Heidegger, Sein und Zeit, S. 143–146.

16 Zum Leben und Werk Gadamers vgl. J. Grondin, Einführung zu Gadamer, Tübingen 2000; ders., Hans-Georg Gadamer. Eine Biographie, Tübingen 1999; G. Figal (Hrsg.), Begegnungen mit Hans-Georg Gadamer, Stuttgart 2000.

17 H.-G. Gadamer, Wahrheit und Methode. Grundzüge einer philosophischen Hermeneutik, Tübingen 1990, 6. Aufl., S. 268–269.

18 Gadamer, Wahrheit und Methode, S. 271.

19 Gadamer, Wahrheit und Methode, S. 272–273.

20 Gadamer, Wahrheit und Methode, S. 273–274.

21 Gadamer, Wahrheit und Methode, S. 274.

22 Gadamer, Wahrheit und Methode, S. 278–279.

23 Gadamer, Wahrheit und Methode, S. 280.

24 Gadamer, Wahrheit und Methode, S. 280–281.

25 Gadamer, Wahrheit und Methode, S. 281.

26 Gadamer, Wahrheit und Methode, S. 283.

27 Gadamer, Wahrheit und Methode, S. 286.

28 Gadamer, Wahrheit und Methode, S. 287.

29 Gadamer, Wahrheit und Methode, S. 289.

30 Gadamer, Wahrheit und Methode, S. 289–290.

31 Jung, Hermeneutik, S. 64–65.

32 Gadamer, Wahrheit und Methode, S. 298–299.

33 Gadamer, Wahrheit und Methode, S. 300.

34 Gadamer, Wahrheit und Methode, S. 301.

35 Gadamer, Wahrheit und Methode, S. 302.

36 Gadamer, Wahrheit und Methode, S. 302.

37 Gadamer, Wahrheit und Methode, S. 304.

38 Gadamer, Wahrheit und Methode, S. 305.

39 Gadamer, Wahrheit und Methode, S. 306.

40 Gadamer, Wahrheit und Methode, S. 307.

41 Gadamer, Wahrheit und Methode, S. 303.

42 Gadamer, Wahrheit und Methode, S. 309. Vgl. dazu Wolfgang Kaschubas Ausführungen zum Kulturvergleich: W. Kaschuba, Anmerkungen zum Gesellschaftsvergleich aus ethnologischer Perspektive, in: H. Kaelble/

J. Schriewer (Hrsg.), Vergleich und Transfer. Komparatistik in den Sozial-, Geschichts- und Kulturwissenschaften, Frankfurt am Main 2003, S. 341–350.

43 Gadamer, Wahrheit und Methode, S. 311–312.

44 Hausmann, Erklären und Verstehen, S. 172–175. Zur Kritik am Verstehenskonzept, die das Anliegen der modernen Hermeneutik allerdings gründlich mißversteht, vgl. auch Flaig, Verstehen, S. 263–287.

45 J. Derrida/H.-G. Gadamer, Der ununterbrochene Dialog, hrsg. v. Martin Gessmann, Frankfurt am Main 2004, S. 102–103.

46 J. Habermas, Zur Logik der Sozialwissenschaften, Frankfurt am Main, 1985, 5. Aufl., S. 364.

47 J. Habermas, Wahrheit und Rechtfertigung. Philosophische Aufsätze, Frankfurt am Main 1999, S. 92–93.

48 K.-O. Apel, Transformation der Philosophie, Bd. 1, Frankfurt am Main 1973, S. 149.

49 E. Tugendhat, Egozentrizität und Mystik. Eine anthropologische Studie, München 2003, S. 169.

50 Gadamer, Wahrheit und Methode, S. 359.

VI. Max Weber oder die Wirklichkeit als Idealtypus

1 Williams, Wahrheit, S. 381–397.

2 W. J. Mommsen, Ein Liberaler in der Grenzsituation, in: ders., Max Weber. Gesellschaft, Politik und Geschichte, Frankfurt am Main 1974, S. 21–43; ders., Max Weber und die deutsche Politik 1890–1920, Tübingen 1974, 2. Aufl.; Iggers, Deutsche Geschichtswissenschaft, S. 208–226; J. Kocka (Hrsg.), Max Weber, der Historiker, Göttingen 1986; M. Weber, Max Weber. Ein Lebensbild, München 1989 (erstmals 1926 erschienen).

3 H.-U. Wehler, Webers Klassentheorie und die Sozialgeschichte, in: ders., Aus der Geschichte lernen? Essays, München 1988, S. 157. Zum Einfluß Webers auf die Sozialgeschichte vgl. Raphael, Geschichtswissenschaft, S. 175–180.

4 H. Rickert, Die Grenzen der naturwissenschaftlichen Begriffsbildung. Eine logische Einleitung in die historischen Wissenschaften, Tübingen 1902, S. VII, 336–337. Vgl. auch U. Gerhardt, Idealtypus. Zur methodischen Begründung der modernen Soziologie, Frankfurt am Main 2001, S. 240.

5 M. Weber, Roscher und Knies und die logischen Probleme der historischen Nationalökonomie, in: ders., Gesammelte Aufsätze zur Wissenschaftslehre, Tübingen 1988, 7. Aufl., S. 126. Vgl. dazu allgemein W. J. Mommsen, «Verstehen» und «Idealtypus». Zur Methodologie einer historischen Sozialwissenschaft, in: ders., Max Weber, S. 210–212.

6 M. Weber, Die «Objektivität» sozialwissenschaftlicher und sozialpolitischer Erkenntnis, in: ders., Gesammelte Aufsätze zur Wissenschaftslehre, Tübingen 1988, 7. Aufl., S. 170–171.
7 Weber, Die «Objektivität», S. 175–176.
8 Weber, Die «Objektivität», S. 184.
9 Weber, Die «Objektivität», S. 180. Vgl. auch Mommsen, Max Weber, S. 213–215.
10 Weber, Die «Objektivität», S. 171.
11 Weber, Die «Objektivität», S. 181–182.
12 Weber, Die «Objektivität», S. 149.
13 Weber, Die «Objektivität», S. 152.
14 Weber, Die «Objektivität», S. 154.
15 M. Weber, Wirtschaft und Gesellschaft. Grundriß der verstehenden Soziologie, Tübingen 1980, 5. Aufl., S. 1.
16 Weber, Die «Objektivität», S. 177.
17 M. Weber, Kritische Studien auf dem Gebiet der kulturwissenschaftlichen Logik, in: ders., Gesammelte Aufsätze zur Wissenschaftslehre, S. 273.
18 Weber, Kritische Studien, S. 275.
19 Vgl. dazu P. Rossi, Die Methodologie der Geschichts- und Sozialwissenschaften, in: ders., Vom Historismus zur historischen Sozialwissenschaft. Heidelberger Max Weber-Vorlesungen 1985, Frankfurt am Main 1987, S. 20–62.
20 Weber, Die «Objektivität», S. 194; Rossi, Die Methodologie, S. 46–47.
21 Weber, Wirtschaft und Gesellschaft, S. 124; Mommsen, Max Weber, S. 224–227; Gerhardt, Idealtypus, S. 251–267; Rossi, Die Methodologie, S. 45–46.
22 Rossi, Die Methodologie, S. 49–50.
23 Weber, Wirtschaft und Gesellschaft, S. 10.
24 Rossi, Die Methodologie, S. 53–55; Mommsen, Max Weber, S. 219–220.
25 M. Weber, Über einige Kategorien der verstehenden Soziologie, in: ders., Gesammelte Aufsätze zur Wissenschaftslehre, S. 428.
26 Weber, Die «Objektivität», S. 155.
27 R. Bendix, Objektiver und subjektiver Sinn in der Geschichte, in: ders., Freiheit und historisches Schicksal. Heidelberger Max Weber-Vorlesungen, Frankfurt am Main 1982, S. 49–56.
28 D. Hume, Eine Untersuchung über den menschlichen Verstand, Stuttgart 1979, S. 102–104.
29 Vgl. dazu U. Daniel, Kompendium Kulturgeschichte. Theorien, Praxis, Schlüsselwörter, Frankfurt am Main 2001, S. 88–89; Mommsen, Max Weber, S. 230–231.

VII. Strukturen und Mentalitäten: Die Schule der Annales

1 Vgl. im Überblick Raphael, Geschichtswissenschaft, S. 66–77.

2 P. Burke, Offene Geschichte. Die Schule der «Annales», Frankfurt am Main 1998, S. 14–15.

3 Vgl. die Autobiographien in: P. Chaunu/G. Duby/J. Le Goff/M. Perrot (Hrsg.), Leben mit der Geschichte. Vier Selbstbeschreibungen, Frankfurt am Main 1989.

4 M. Bloch, Die Feudalgesellschaft, Stuttgart 1999; ders., Die wundertätigen Könige, München 1998; G. Duby, Ritter, Frau und Priester. Die Ehe im feudalen Frankreich, Frankfurt am Main 1985; ders., Die drei Ordnungen. Das Weltbild des Feudalismus, Frankfurt am Main 1981; ders., Guillaume le Maréchal oder der beste aller Ritter, Frankfurt am Main 1989; J. Le Goff, Die Geburt des Fegefeuers. Vom Wandel des Weltbildes im Mittelalter, München 1990; Ph. Ariès, Geschichte des Todes, München 1980; A. Corbin, Pesthauch und Blütenduft, Berlin 1984; ders., Die Sprache der Glocken. Ländliche Gefühlskultur und symbolische Ordnung im Frankreich des 19. Jahrhunderts, Frankfurt am Main 1995.

5 F. Braudel, Geschichte und Sozialwissenschaften – Die «longue durée», in: H.-U. Wehler (Hrsg.), Geschichte und Soziologie, Königstein 1984, 2. Aufl., S. 213.

6 Zitiert in Burke, Offene Geschichte, S. 7–8.

7 Burke, Offene Geschichte, S. 8.

8 Braudel, Geschichte und Sozialwissenschaften, S. 199–200.

9 U. Raulff, Ein Historiker im 20. Jahrhundert: Marc Bloch, Frankfurt am Main 1995, S. 66–70; L. Raphael, Die Erben von Bloch und Fèbvre. Annales-Geschichtsschreibung und nouvelle histoire in Frankreich 1945–1980, Stuttgart 1994, S. 69–74.

10 U. Raulff, Der streitbare Prälat. Lucien Fèbvre (1878–1956), in: L. Fèbvre, Das Gewissen des Historikers, Frankfurt am Main 1990, S. 235–251. Zur Konzeption des Raumes vgl. K. Schlögel, Im Raume lesen wir die Zeit. Über Zivilisationsgeschichte und Geopolitik, München 2003, S. 189–210; F. B. Schenk, Mental Maps. Die Konstruktion von geographischen Räumen in Europa seit der Aufklärung, in: Geschichte und Gesellschaft 28 (2002), S. 493–514.

11 M. Bloch/L. Fèbvre, An unsere Leser, in: M. Middell (Hrsg.), Alles Gewordene hat Geschichte. Die Schule der Annales in ihren Texten, Leipzig 1994, S. 61–63; M. Middell, Die unendliche Geschichte, in: ders., Alles Gewordene, S. 7–39; Burke, Offene Geschichte, S. 26.

12 Bloch, Apologie der Geschichtswissenschaft; ders., Die seltsame Niederlage: Frankreich 1940. Der Historiker als Zeuge, Frankfurt am Main 1992.

13 Burke, Offene Geschichte, S. 30–35.

14 Bloch, Die wundertätigen Könige; Raulff, Ein Historiker im 20. Jahrhundert, S. 345.
15 L. Fèbvre, Martin Luther, Frankfurt am Main 1976.
16 Bloch, Feudalgesellschaft, S. 111.
17 Bloch, Feudalgesellschaft, S. 130.
18 Bloch, Feudalgesellschaft, S. 149.
19 Braudel, Geschichte und Sozialwissenschaften, S. 189, 197.
20 F. Braudel, Das Mittelmeer und die mediterrane Welt in der Epoche Philipps II., 3 Bde., Frankfurt am Main 1998.
21 Braudel, Geschichte und Sozialwissenschaften, S. 191–192.
22 Braudel, Das Mittelmeer, Bd. 3, S. 276.
23 Braudel, Das Mittelmeer, Bd. 3, S. 282.
24 K. Marx, Der achtzehnte Brumaire des Louis Bonaparte, in: K. Marx/F. Engels, Werke, Bd. 8, Berlin (Ost), 1978, S. 115.
25 Braudel, Geschichte und Sozialwissenschaften, S. 201; M. Vovelle, Die Geschichtswissenschaft und die «longue durée», in: J. Le Goff/R. Chartier/J. Revel (Hrsg.), Die Rückeroberung des historischen Denkens. Grundlagen der Neuen Geschichtswissenschaft, Frankfurt am Main 1990, S. 103–136.
26 Braudel, Geschichte und Sozialwissenschaften, S. 194–195.
27 Braudel, Das Mittelmeer, Bd. 1, S. 20.
28 Braudel, Das Mittelmeer, Bd. 1, S. 15–16.
29 Braudel, Das Mittelmeer, Bd. 1, S. 81–100.
30 Zum Problem der historischen Zeiten vgl. auch R. Koselleck, Zeitschichten. Studien zur Historik, Frankfurt am Main 2000.
31 Im Überblick vgl. Burke, Offene Geschichte, S. 43–45.
32 Braudel, Das Mittelmeer, Bd. 3, S. 460.
33 R. Chartier, Kulturgeschichte zwischen Repräsentationen und Praktiken, in: ders., Die unvollendete Vergangenheit. Geschichte und die Macht der Weltauslegung, Frankfurt am Main 1992, S. 7–23.
34 E. Le Roy Ladurie, Die Bauern des Languedoc, München 1990, S. 317.
35 M. Vovelle, Die französische Revolution. Soziale Bewegung und Umbruch der Mentalitäten, Frankfurt am Main 1985, S. 80–109.
36 Ph. Ariès, Geschichte der Kindheit, Frankfurt am Main 1976; Le Goff, Die Geburt des Fegefeuers.
37 Ariès, Geschichte des Todes, S. 773–789. Zum Wandel der Mentalitätengeschichte vgl. auch F.-M. Kuhlemann, Mentalitätsgeschichte. Theoretische und methodische Überlegungen am Beispiel der Religion im 19. und 20. Jahrhundert, in: W. Hardtwig/H.-U. Wehler (Hrsg.), Kulturgeschichte heute, Göttingen 1996, S. 182–211.
38 Le Goff, Die Geburt des Fegefeuers, S. 9–10.
39 Ph. Ariès, Die Geschichte der Mentalitäten, in: Le Goff/Chartier/Revel, Die Rückeroberung, S. 160–161.

40 Ariès, Geschichte der Mentalitäten, S. 162–163.
41 Chartier, Kulturgeschichte zwischen Repräsentation und Praktiken, S. 7–23.

VIII. Erinnerung und Kollektives Gedächtnis

1 G. Roth, Fühlen, Denken, Handeln. Wie das Gehirn unser Verhalten steuert, Frankfurt am Main 2001, S. 150.
2 W. James, Principles of Psychology, Bd. 1, London 1890, S. 655.
3 E. Durkheim, Soziologie und Philosophie, Frankfurt am Main 1996, S. 54.
4 Durkheim, Soziologie und Philosophie, S. 75.
5 S. Freud, Aus den Anfängen der Psychoanalyse, 1887–1902, London 1950, S. 413, zitiert in: M. Kettner, Nachträglichkeit. Freuds brisante Erinnerungstheorie, in: J. Rüsen/J. Straub (Hrsg.), Die dunkle Spur der Vergangenheit. Psychoanalytische Zugänge zum Geschichtsbewußtsein. Erinnerung, Geschichte, Identität, Bd. 2, Frankfurt am Main 1998, S. 34.
6 A. Assmann, Erinnerungsräume. Formen und Wandlungen des kulturellen Gedächtnisses, München 1999.
7 P. Valéry, Cahiers/Hefte, Bd. 3, Frankfurt am Main 1989, S. 441.
8 D. L. Schacter, Wir sind Erinnerung. Gedächtnis und Persönlichkeit, Reinbek 2001, S. 163–196.
9 Kettner, Nachträglichkeit, S. 46.
10 M. Kettner, Hegels «sinnliche Gewissheit». Diskursanalytischer Kommentar, Frankfurt am Main 1990; Schacter, Wir sind Erinnerung, S. 331–343.
11 S. Freud, Über Deckerinnerungen, in: ders., Gesammelte Werke, Bd. 1, Frankfurt am Main 1991, 6. Aufl., S. 529–554; D. P. Spence, Narrative Truth and Historical Truth, New York 1984.
12 S. Freud, Studien über Hysterie, in: ders., Gesammelte Werke, Bd. 1, Frankfurt am Main 1991, 6. Aufl., S. 192–194; Kettner, Nachträglichkeit, S. 49–50.
13 Kettner, Nachträglichkeit, S. 60.
14 W. Singer, Wahrnehmen, Erinnern, Vergessen. Über Nutzen und Vorteil der Hirnforschung für die Geschichtswissenschaft, in: ders., Der Beobachter im Gehirn. Essays zur Hirnforschung, Frankfurt am Main 2002, S. 84.
15 M. Halbwachs, Das Gedächtnis und seine sozialen Bedingungen, Frankfurt am Main 1985 (erstmals 1925 erschienen).
16 V. Karady, Biographie de Maurice Halbwachs, in: Maurice Halbwachs, Classes sociales et morphologie, Paris 1972, S. 9–22. Vgl. auch die Einleitung in: Halbwachs, Das Gedächtnis, S. 11–18.
17 Halbwachs, Das Gedächtnis, S. 156.

18 R. Koselleck, Vergangene Zukunft. Zur Semantik geschichtlicher Zeiten, Frankfurt am Main 1995, 3. Aufl., S. 354.
19 Halbwachs, Das Gedächtnis, S. 125–126.
20 Halbwachs, Das Gedächtnis, S. 130.
21 Halbwachs, Das Gedächtnis, S. 132.
22 Halbwachs, Das Gedächtnis, S. 134.
23 Halbwachs, Das Gedächtnis, S. 154–155.
24 Halbwachs, Das Gedächtnis, S. 161–162.
25 Halbwachs, Das Gedächtnis, S. 163–165.
26 Halbwachs, Das Gedächtnis, S. 173.
27 J. Assmann, Das kulturelle Gedächtnis. Schrift, Erinnerung und politische Identität in frühen Hochkulturen, München 1997, 2. Aufl., S. 39–40.
28 Halbwachs, Das Gedächtnis, S. 200–201.
29 J. Assmann, Das kulturelle Gedächtnis, S. 36–37; A. Assmann, Erinnerungsräume, S. 12–15.
30 M. Foucault, Dispositive der Macht, Berlin 1978, S. 83; ders., In Verteidigung der Gesellschaft. Vorlesungen am Collège de France (1975–1976), Frankfurt am Main 1999, S. 38–39.
31 F. R. Ankersmit, Die postmoderne «Privatisierung» der Vergangenheit, in: H. Nagl-Docekal (Hrsg.), Der Sinn des Historischen. Geschichtsphilosophische Debatten, Frankfurt am Main 1996, S. 211–212.
32 Ankersmit, Die «Privatisierung», S. 213–214.
33 Halbwachs, Das Gedächtnis, S. 389.
34 Halbwachs, Das Gedächtnis, S. 103; A. Assmann, Erinnerungsräume, S. 14–15.
35 P. Nora, Zwischen Gedächtnis und Geschichte, Frankfurt am Main 1998, S. 13–14.
36 A. Cavalli, Gedächtnis und Identität. Wie das Gedächtnis nach katastrophalen Ereignissen rekonstruiert wird, in: K. E. Müller/J. Rüsen (Hrsg.), Historische Sinnbildung. Problemstellungen, Zeitkonzepte, Wahrnehmungshorizonte, Darstellungsstrategien, Reinbek 1997, S. 470. Vgl. dazu auch Ch. Jamme, «Gott an hat ein Gewand». Grenzen und Perspektiven philosophischer Mythos-Theorien der Gegenwart, Frankfurt am Main 1999.

IX. Dichte Beschreibungen: Geschichte und Anthropologie

1 N. Barley, Traumatische Tropen. Notizen aus meiner Lehmhütte, Frankfurt am Main 1997, S. 10.
2 Barley, Traumatische Tropen, S. 12.
3 Barley, Traumatische Tropen, S. 20.
4 Barley, Traumatische Tropen, S. 247–248.

5 Th. Sokoll, Kulturanthropologie und Historische Sozialwissenschaft, in: Mergel/Welskopp, Geschichte, S. 246–247.

6 Vgl. K.-H. Kohl, Bronislaw Kaspar Malinowski (1884–1942), in: W. Marschall (Hrsg.), Klassiker der Kulturanthropologie, München 1990, S. 227–247.

7 B. Malinowski, Argonauten des westlichen Pazifik. Ein Bericht über Unternehmungen und Abenteuer der Eingeborenen in den Inselwelten von Melanesisch-Neuguinea, Frankfurt am Main 1979 (erstmals 1922 erschienen), S. 49. Vgl. auch Sokoll, Kulturanthropologie, S. 239.

8 K.-H. Kohl, Ethnologie – die Wissenschaft vom kulturell Fremden. Eine Einführung, München 1993, S. 111; W. Kaschuba, Einführung in die europäische Ethnologie, München 1999, S. 66–68. Nützliche Einführung in das Denken Malinowskis bei: Daniel, Kompendium, S. 241–248.

9 Zur Biographie von Lévi-Strauss vgl. A. de Ruijter, Claude Lévi-Strauss, Frankfurt am Main 1991; F. Dosse, Geschichte des Strukturalismus, Bd. 1: Das Feld des Zeichens, 1945–1966, Hamburg 1996, S. 32–61.

10 C. Lévi-Strauss, Traurige Tropen, Frankfurt am Main 1999, 11. Aufl., S. 411–412.

11 Lévi-Strauss, Traurige Tropen, S. 168–169.

12 Lévi-Strauss, Strukturale Anthropologie, Bd. 1, Frankfurt am Main 1967, S. 45; Dosse, Geschichte des Strukturalismus, Bd. 1, S. 57–58.

13 H. Gerndt, Kultur als Forschungsfeld. Über volkskundliches Denken und Arbeiten, München 1986, S. 11–12.

14 Kaschuba, Einführung, S. 123.

15 C. Geertz, Dichte Beschreibung. Bemerkungen zu einer deutenden Theorie von Kultur, in: ders., Dichte Beschreibung. Beiträge zum Verstehen kultureller Systeme, Frankfurt am Main 1994, 3. Aufl., S. 9.

16 C. Geertz, «Deep Play»: Bemerkungen zum balinesischen Hahnenkampf, in: ders., Dichte Beschreibung, S. 260.

17 Geertz, Dichte Beschreibung, S. 10–11.

18 Geertz, Dichte Beschreibung, S. 12.

19 H. Bude, Kultur als Problem, in: Merkur 1995, Nr. 9/10, S. 775–776.

20 Geertz, Dichte Beschreibung, S. 15.

21 Geertz, Dichte Beschreibung, S. 20.

22 L. Wittgenstein, Tractatus logico-philosophicus, Frankfurt am Main 1999, S. 90 (erstmals 1921 erschienen).

23 Geertz, Dichte Beschreibung, S. 30, 39.

24 Geertz, Dichte Beschreibung, S. 36.

25 Geertz, Dichte Beschreibung, S. 41.

26 Geertz, Dichte Beschreibung, S. 42–43.

27 Geertz, Dichte Beschreibung, S. 31–32. Vgl. auch H. Medick, Mikro-Historie, in: W. Schulze (Hrsg.), Sozialgeschichte, Alltagsgeschichte, Mikro-Historie. Eine Diskussion, Göttingen 1994, S. 44.

28 C. Geertz, Spurenlesen. Der Ethnologe und das Entgleiten der Fakten, München 1997, S. 9.

29 S. A. Tyler, Zum ‹Be/Abschreiben› als ‹Sprechen für›, in: E. Berg/E. Fuchs (Hrsg.), Kultur, soziale Praxis, Text. Die Krise der ethnographischen Repräsentation, Frankfurt am Main 1993, S. 289. Zur Kritik an den Konzepten vgl. auch die Übersicht von Daniel, Kompendium, S. 250–252.

30 Vgl. Sokoll, Kulturanthropologie, S. 247.

31 J. Clifford, Introduction, in: J. Clifford/E. Marcus (Hrsg.), Writing Culture, The Poetics of Ethnography, Berkeley/Los Angeles 1986, S. 7. Vgl. auch Kaschuba, Einführung, S. 251.

32 Vgl. dazu die Lesart der dialogischen Anthropologie bei H. Medick, «Missionare im Ruderboot?» Ethnologische Erkenntnisweisen als Herausforderung an die Sozialgeschichte, in: Geschichte und Gesellschaft 10 (1984), S. 295–319, hier S. 314.

X. Michel Foucault und die Macht der Diskurse

1 P. Veyne, Foucault: Die Revolutionierung der Geschichte, Frankfurt am Main 1992, S. 77.

2 Zitiert in D. Eribon, Michel Foucault. Eine Biographie, Frankfurt am Main 1991, 2. Aufl., S. 411.

3 Zitiert in Dosse, Geschichte des Strukturalismus, Bd. 1, S. 223–224. Zur Jugend Foucaults vgl. auch Eribon, Michel Foucault, S. 21–50.

4 Eribon, Michel Foucault, S. 456–457, 470–481.

5 Dosse, Geschichte des Strukturalismus, Bd. 1, S. 222–223; Eribon, Michel Foucault, S. 39–50.

6 Zitiert in Eribon, Michel Foucault, S. 397.

7 Vgl. dazu A. Honneth, Foucault und die Humanwissenschaften. Zwischenbilanz einer Rezeption, in: A. Honneth/M. Saar (Hrsg.), Michel Foucault. Zwischenbilanz einer Rezeption. Frankfurter Foucault-Konferenz 2001, Frankfurt am Main 2003, S. 15–16.

8 M. Foucault, Der Mensch ist ein Erfahrungstier. Gespräch mit Ducio Trombadori, Frankfurt am Main 1997, 2. Aufl., S. 24.

9 M. Foucault, Archäologie des Wissens, Frankfurt am Main 1997, 8. Aufl., S. 178.

10 M. Foucault, Die Ordnung des Diskurses, Frankfurt am Main 1997, aus dem französischen Original zitiert in: B. Waldenfels, Deutsch-Französische Gedankengänge, Frankfurt am Main 1995, S. 198.

11 Foucault, Die Ordnung des Diskurses, S. 9.

12 M. Heidegger, Unterwegs zur Sprache, Stuttgart 1997, 11. Aufl., S. 20.

13 Heidegger, Unterwegs, S. 32–33.

14 M. Foucault, Die Ordnung der Dinge. Eine Archäologie der Human-

wissenschaften, Frankfurt am Main 1999, 15. Aufl., S. 398. Zum Verhältnis Foucaults zu Heidegger vgl. P. Rabinow, Anthropologie der Vernunft. Studien zu Wissenschaft und Lebensführung, Frankfurt am Main 2004, S. 67–84, 117–126.

15 Foucault, Die Ordnung des Diskurses, S. 32.

16 M. Heidegger, Vom Wesen der Wahrheit, in: ders., Gesamtausgabe, Bd. 9, Frankfurt am Main 1976, S. 196, zitiert in: H. L. Dreyfus/P. Rabinow, Michel Foucault. Jenseits von Strukturalismus und Hermeneutik, Weinheim 1994, 2. Aufl., S. 65.

17 M. Foucault, Nietzsche, die Genealogie, die Historie, in: Ch. Konrad/M. Kessel (Hrsg.), Kultur und Geschichte. Neue Einblicke in eine alte Beziehung, Stuttgart 1998, S. 45–46.

18 Foucault, Nietzsche, S. 47.

19 Dreyfus/Rabinow, Foucault, S. 55; Rabinow, Anthropologie der Vernunft, S. 72–73.

20 M. Foucault, Wahnsinn und Gesellschaft. Eine Geschichte des Wahns im Zeitalter der Vernunft, Frankfurt am Main 1996, 12. Aufl., S. 546–547.

21 Veyne, Foucault, S. 75.

22 Foucault, Archäologie, S. 41.

23 Foucault, Archäologie, S. 116. Vgl. dazu auch: M. Frank, Das Sagbare und das Unsagbare. Studien zur deutsch-französischen Hermeneutik und Texttheorie, Frankfurt am Main 1989, S. 408–426.

24 Waldenfels, Deutsch-französische Gedankengänge, S. 231.

25 Foucault, Archäologie, S. 74.

26 So wird es mißverständlich bei Ute Daniel formuliert: Daniel, Kompendium, S. 356.

27 Foucault, Die Ordnung der Dinge, S. 22; Foucault, Archäologie, S. 177.

28 Foucault, Archäologie, S. 50–51.

29 Butler, Psyche der Macht, S. 81–89.

30 M. Foucault, Der Wille zum Wissen. Sexualität und Wahrheit, Bd. 1, Frankfurt am Main 1998, 10. Aufl., S. 115.

31 Butler, Psyche der Macht, S. 35–54.

32 M. Foucault, In Verteidigung der Gesellschaft. Vorlesungen am Collège de France (1975–1976), Frankfurt am Main 1999, S. 38–39. Vgl. auch Honneth, Foucault und die Humanwissenschaften, S. 20–21; W. Detel, Macht, Moral, Wissen. Foucault und die klassische Antike, Frankfurt am Main 1998, S. 55–57.

33 Foucault, In Verteidigung der Gesellschaft, S. 36.

34 Vgl. dazu etwa Ph. Sarazin, Reizbare Maschinen. Eine Geschichte des Körpers 1765–1914, Frankfurt am Main 2001; J. Butler, Das Unbehagen der Geschlechter, Frankfurt am Main 1991, dies., Noch einmal: Körper und Macht, in: Honneth/Saar, Michel Foucault, S. 52–67.

35 J. Hellbeck (Hrsg.), Tagebuch aus Moskau 1931–1939, München 1996.

36 S. Žižek, Der tote Punkt Foucaults, in: ders., Sehr innig und nicht zu rasch, Wien 1999, S. 14–15; A. Hetzel, Michel Foucault, in: G. Gamm/A. Hetzel (Hrsg.), Hauptwerke der Sozialphilosophie, Stuttgart 2001, S. 220–221.

37 M. Foucault, Überwachen und Strafen. Die Geburt des Gefängnisses, Frankfurt am Main 1992, 10. Aufl., S. 393.

38 L. Engelstein, Combined Underdevelopment: Discipline and the Law in Imperial and Soviet Russia, in: American Historical Review 98 (1993), S. 338–353; J. Plamper, Foucault's Gulag, in: Kritika 3 (2002), S. 255–280.

39 S. Marchand, Foucault, die moderne Individualität und die Geschichte der humanistischen Bildung, in: Mergel/Welskopp, Geschichte, S. 323–348, hier S. 345.

40 Vgl. Honneth, Foucault und die Humanwissenschaften, S. 24–25.

41 Ch. Taylor, Negative Freiheit?, Frankfurt am Main 1988, S. 232; ders., Quellen des Selbst, Frankfurt am Main 1994, S. 190. Zur Kritik an den Positionen Foucaults vgl. Th. Schäfer, Reflektierte Vernunft. Michel Foucaults philosophisches Projekt einer antitotalitären Macht- und Wahrheitskritik, Frankfurt am Main 1995, S. 103–153; Th. Lemke, Andere Affirmationen. Gesellschaftsanalyse und Kritik im Postfordismus, in: Honneth/Saar, Michel Foucault, S. 259–274; Waldenfels, Deutsch-französische Gedankengänge, S. 242–246; Frank, Das Sagbare, S. 425.

42 Dreyfus/Rabinow, Foucault, S. 127.

43 D. J. K. Peukert, Die Unordnung der Dinge. Michel Foucault und die deutsche Geschichtswissenschaft, in: F. Ewald/B. Waldenfels (Hrsg.), Spiele der Wahrheit. Michel Foucaults Denken, Frankfurt am Main 1991, S. 320–333; U. Brieler, Blind Date. Michel Foucault in der deutschen Geschichtswissenschaft, in: Honneth/Saar, Michel Foucault, S. 311–334; Ph. Sarasin, Subjekte, Diskurse, Körper. Überlegungen zu einer diskursanalytischen Kulturgeschichte, in: Hardtwig/Wehler, Kulturgeschichte heute, S. 131–164; Raphael, Geschichtswissenschaft, S. 235–238.

XI. Die literarische Wende oder das Ende der Geschichte

1 H. White, Metahistory. Die historische Einbildungskraft im 19. Jahrhundert in Europa, Frankfurt am Main 1991 (erstmals 1973 erschienen). Zur postmodernen Theorie der Narrativität vgl. den Überblick bei Daniel, Kompendium, S. 432–442; L. Gossman, Between History and Literature, Cambridge/Mass. 1990 und E. Hanisch, Die linguistische Wende. Geschichtswissenschaft und Literatur, in: Hardtwig/Wehler, Kulturgeschichte heute, S. 212–230; P. Ricoeur, Geschichte und Rhetorik, in: Nagl-Docekal, Der Sinn, S. 107–125.

2 H. White, Der historische Text als literarisches Kunstwerk, in: ders., Auch Klio dichtet oder die Fiktion des Faktischen. Studien zur Tropologie des historischen Diskurses, Stuttgart 1991, 2. Aufl., S. 101.
3 White, Der historische Text, S. 102.
4 White, Der historische Text, S. 103.
5 Ankersmit, Die drei Sinnbildungsebenen der Geschichtsschreibung, S. 102.
6 White, Der historische Text, S. 104.
7 White, Der historische Text, S. 105.
8 White, Der historische Text, S. 107.
9 White, Der historische Text, S. 109–110.
10 White, Der historische Text, S. 110.
11 White, Der historische Text, S. 111.
12 White, Der historische Text, S. 111.
13 C. Lévi-Strauss, Mythos und Bedeutung, Frankfurt am Main 1995, S. 64.
14 White, Der historische Text, S. 112.
15 White, Der historische Text, S. 119.
16 White, Der historische Text, S. 122.
17 White, Metahistory, S. 563.
18 G. Iggers, Geschichtstheorie zwischen postmoderner Philosophie und geschichtswissenschaftlicher Praxis, in: Geschichte und Gesellschaft 26 (2000), S. 339. Zur Kritik an White vgl. auch O. G. Oexle, Sehnsucht nach Klio. Hayden Whites «Metahistory» – und wie man darüber hinwegkommt, in: Rechtshistorisches Journal 11 (1992), S. 1–18.
19 R. Evans, Fakten und Fiktionen. Über die Grundlagen historischer Erkenntnis, Frankfurt am Main 1998, S. 115.
20 Evans, Fakten und Fiktionen, S. 227–231.
21 H. White, Historical Emplotment and the Problem of Truth, in: S. Friedlander (Hrsg.), Probing the Limits of Representation. Nazism and the «Final Solution», Cambridge/Mass. 1992, S. 52.
22 R. Koselleck, Darstellung, Ereignis und Struktur, in: ders., Vergangene Zukunft, S. 153.
23 Williams, Wahrheit und Wahrhaftigkeit, S. 371–372.
24 Iggers, Geschichtstheorie, S. 340–341.
25 Williams, Wahrheit und Wahrhaftigkeit, S. 381.

Ausgewählte Literatur

I. Wahrheit, Wirklichkeit, Subjekt: Geschichte zwischen Handlung und Struktur

Acham, K., Analytische Geschichtsphilosophie, Freiburg 1974.

Ankersmit, F. R., Die drei Sinnbildungsebenen der Geschichtsschreibung, in: Müller, K. E./Rüsen, J. (Hrsg.), Historische Sinnbildung. Problemstellungen, Zeitkonzepte, Wahrnehmungshorizonte, Darstellungsstrategien, Reinbek 1997, S. 98–117.

Arnold, J. H., Geschichte. Eine kurze Einführung, Stuttgart 2001.

Baumgartner, M., Kontinuität und Geschichte. Zur Kritik und Metakritik der historischen Vernunft, Frankfurt am Main 1997.

Bloch, M., Apologie der Geschichtswissenschaft oder der Beruf des Historikers, Stuttgart 2002.

Böhme, H., Orientierung Kulturwissenschaft. Was sie kann, was sie will, Reinbek 2000.

Cassirer, E., Versuch über den Menschen. Einführung in eine Philosophie der Kultur, Frankfurt am Main [2]1990.

Chartier, R., Kulturgeschichte zwischen Repräsentation und Praktiken, in: ders., Die unvollendete Vergangenheit. Geschichte und die Macht der Weltauslegung, Frankfurt am Main 1992, S. 7–23.

Conrad, C./Kessel, M. (Hrsg.), Geschichte schreiben in der Postmoderne. Beiträge zur aktuellen Diskussion, Stuttgart 1994.

Conrad, C./Kessel, M. (Hrsg.), Kultur und Geschichte. Neue Einblicke in eine alte Beziehung, Stuttgart 1998.

Daniel, U., Kompendium Kulturgeschichte. Theorien, Praxis, Schlüsselwörter, Frankfurt am Main 2001.

Danto, A. C., Analytische Philosophie der Geschichte, Frankfurt am Main 1972.

Evans, R., Fakten und Fiktionen. Über die Grundlagen historischer Erkenntnis, Frankfurt am Main 1998.

Goertz, H.-J., Umgang mit Geschichte. Eine Einführung in die Geschichtstheorie, Reinbek 1995.

Goertz, H.-J., Unsichere Geschichte. Zur Theorie historischer Referentialität, Stuttgart 2001.

Hardtwig, W. (Hrsg.), Über das Studium der Geschichte, München 1990.

Herbst, L., Komplexität und Chaos. Grundzüge einer Theorie der Geschichte, München 2004.
Hügli, A./Lübcke, P. (Hrsg.), Philosophie im 20. Jahrhundert, Bd. 1, Reinbek 1992.
Iggers, G., Geschichtswissenschaft im 20. Jahrhundert, Göttingen 1993.
Kittsteiner, H. D., Listen der Vernunft. Motive geschichtsphilosophischen Denkens, Frankfurt am Main 1998.
Koselleck, R., Zeitschichten. Studien zur Historik, Frankfurt am Main 2000.
Lorenz, C., Konstruktion der Vergangenheit. Eine Einführung in die Geschichtstheorie, Köln 1997.
Mergel, Th./Welskopp Th. (Hrsg.), Geschichte zwischen Kultur und Gesellschaft. Beiträge zur Theoriedebatte, München 1997.
Nagl-Docekal, H. (Hrsg.), Der Sinn des Historischen. Geschichtsphilosophische Debatten, Frankfurt am Main 1996.
Rabinow, P., Anthropologie der Vernunft. Studien zur Wissenschaft und Lebensführung, Frankfurt am Main 2004.
Raphael, L., Geschichtswissenschaft im Zeitalter der Extreme. Theorien, Methoden, Tendenzen von 1900 bis zur Gegenwart, München 2003.
Roth, G., Das Gehirn und seine Wirklichkeit. Kognitive Neurobiologie und ihre philosophischen Konsequenzen, Frankfurt am Main 1997.
Schmidt, S. J. (Hrsg.), Der Diskurs des radikalen Konstruktivismus, Frankfurt am Main [7]1996.
Schmidt, S. J. (Hrsg.), Kognition und Gesellschaft. Der Diskurs des radikalen Konstruktivismus 2, Frankfurt am Main 1992.
Schnädelbach, H., Geschichtsphilosophie nach Hegel. Die Probleme des Historismus, Freiburg 1974.
Schnädelbach, H., Über den Sinn der Geschichte, in: Der Blaue Reiter 18, 2. H (2003) S. 27–33.
Schwemmer, O., Die kulturelle Existenz des Menschen, Berlin 1997.
Tetens, H., Philosophisches Argumentieren, Eine Einführung., München 2004.
Veyne, P., Geschichtsschreibung – Und was sie nicht ist, Frankfurt am Main 1990.
Vossler, O., Geschichte als Sinn, Frankfurt am Main 1979.
Weischedel, W., Die philosophische Hintertreppe. 34 große Philosophen im Alltag und Denken, München [11]1984.
Williams, B., Wahrheit und Wahrhaftigkeit, Frankfurt am Main 2003.

II. Georg Wilhelm Friedrich Hegel oder Anfang und Ende der Geschichte

Hegel, G. W. F., Grundlinien der Philosophie des Rechts, Hamburg [5]*1995.*

Hegel, G. W. F., Phänomenologie des Geistes, Hamburg 1988.

Hegel, G. W. F., Vorlesungen über die Philosophie der Weltgeschichte, Bd. 1: Die Vernunft der Geschichte, Hamburg [6]*1994.*

Kant, I., Kritik der reinen Vernunft, Bd. 1., Frankfurt am Main [4]*1980.*

Colletti, L., Hegel und der Marxismus, Frankfurt am Main 1976.

Düsing, K., Der Begriff der Vernunft in Hegels Phänomenologie, in: Köhler, D./Pöggeler, O. (Hrsg.), G.W. F. Hegel. Phänomenologie des Geistes, Berlin 1998, S. 143–162.

Fulda, H. F., Georg Friedrich Wilhelm Hegel, München 2003.

Fulda, H. F./Henrich, D. (Hrsg.), Materialien zu Hegels «Phänomenologie des Geistes», Frankfurt am Main 1973.

Gadamer, H.-G., Hegels Dialektik des Selbstbewußtseins, in: Fulda, H. F./ Henrich, D. (Hrsg.), Materialien zu Hegels «Phänomenologie des Geistes», Frankfurt am Main 1973, S. 217–242.

Gadamer, H.-G., Die verkehrte Welt, in: Fulda, H. F./Henrich, D. (Hrsg.), Materialien zu Hegels «Phänomenologie des Geistes», Frankfurt am Main 1973, S. 106–130.

Gadamer, H.-G., Hegels Dialektik. Fünf hermeneutische Studien, Tübingen 1971.

Graeser, A., Zu Hegels Portrait der sinnlichen Gewißheit, in: Köhler, D./ Pöggeler, O. (Hrsg.), G.W. F. Hegel. Phänomenologie des Geistes, Berlin 1998, S. 33–52.

Henrich, D., Grundlegung aus dem Ich. Untersuchungen zur Vorgeschichte des Idealismus. Tübingen-Jena (1790–1794), 2 Bde., Frankfurt am Main 2004.

Henrich, D., Hegel im Kontext, Frankfurt am Main [3]1983.

Horstmann, R.-P., Die Grenzen der Vernunft. Eine Untersuchung zu Zielen und Motiven des deutschen Idealismus, Frankfurt am Main 1991.

Kelly, G. A., Bemerkungen zu Hegels «Herrschaft und Knechtschaft», in: Fulda, F./Henrich, D. (Hrsg.), Materialien zu Hegels «Phänomenologie des Geistes», Frankfurt am Main 1973, S. 189–216.

Köhler, D./Pöggeler, O. (Hrsg.), G.W. F. Hegel. Phänomenologie des Geistes, Berlin 1998.

Kojève, A., Hegel. Kommentar zur Phänomenologie des Geistes, Frankfurt am Main 1975.

McCarney, J., Hegel on History, London 2000.

Neuhauser, F., Fichte's Theory of Subjectivity, Cambridge 1990.

Pöggeler, O., Hegels Idee einer Phänomenologie des Geistes, Freiburg 1973.

Rosenkranz, K., Georg Wilhelm Friedrich Hegel, Berlin 1844.

Siep, L., Der Weg der Phänomenologie des Geistes. Ein einführender Kommentar zu Hegels «Differenzschrift» und «Phänomenologie des Geistes», Frankfurt am Main 2000.

Taylor, Ch., Hegel, Frankfurt am Main [3]1997.

Wieland, W., Hegels Dialektik der sinnlichen Gewißheit, in: Fulda, H. F./Henrich, D. (Hrsg.), Materialien zu Hegels «Phänomenologie des Geistes», Frankfurt am Main 1973, S. 67–82.

III. Leopold von Ranke, Johann Gustav Droysen und der Historismus

Burckhardt, J., Gesamtausgabe, 14 Bde., Stuttgart 1929–1934.

Droysen, J. G., Historik. Vorlesungen über Enzyklopädie und Methodologie der Geschichte, hrsg. v. R. Hübner, Bd. 1, Stuttgart 1977.

Ranke, L. von, Der Begriff des Fortschritts in der Geschichte, in: ders., Vorlesungseinleitungen, hrsg. v. V. Dotterweich u. W. P. Fuchs, München 1975.

Ranke, L. von, Zur Geschichte Deutschlands und Frankreichs im 19. Jahrhundert. Sämtliche Werke, Bd. 49/50, Leipzig 1887.

Ranke, L. von, Über die Epochen der neueren Geschichte, hrsg. v. Th. Schieder u. H. Berding, München 1971.

Ranke, L. von, Vorrede zu den «Geschichten der romanischen und germanischen Völker von 1494 bis 1535», in: Hardtwig, W. (Hrsg.), Über das Studium der Geschichte, München 1990, S. 44–46.

Flaig, E., Verstehen und Vergleichen. Ein Plädoyer, in: Oexle. O. G./Rüsen, J. (Hrsg.), Historismus in den Kulturwissenschaften. Geschichtskonzepte, historische Einschätzungen, Grundlagenprobleme, Köln 1996, S. 263–287.

Gilbert, F., Geschichte, Politik oder Kultur. Rückblick auf einen klassischen Konflikt, Frankfurt am Main 1992.

Hausmann, Th., Erklären und Verstehen. Zur Theorie und Pragmatik der Geschichtswissenschaft. Mit einer Fallstudie über die Geschichtsschreibung zum deutschen Kaiserreich 1871–1918, Frankfurt am Main 1991.

Iggers, G., Deutsche Geschichtswissenschaft. Eine Kritik der traditionellen Geschichtsauffassung von Herder bis zur Gegenwart, Köln [4]1997.

Jaeger, F./Rüsen, J., Geschichte des Historismus. Eine Einführung, München 1992.

Oexle, O. G., Die Geschichtswissenschaft im Zeichen des Historismus. Bemerkungen zum Standort der Geschichtsforschung, in: Historische Zeitschrift 238 (1984), S. 17–55.

Patzig, G., Erklären und Verstehen. Bemerkungen zum Verhältnis von Natur- und Geisteswissenschaften, in: Neue Rundschau 84 (1973), S. 392–413.

Rüsen, J., Konfigurationen des Historismus. Studien zur deutschen Wissenschaftskultur, Frankfurt am Main 1993.
Schwemmer, O., Handlung und Struktur, Frankfurt am Main 1987.
Wittkau, A., Historismus. Zur Geschichte des Begriffs und des Problems, Göttingen [2]1994.

IV. Karl Marx oder die sozialen Bedingungen der Geschichte

Feuerbach, L., Das Wesen des Christentums, Berlin (Ost) [2]1984.
Marx, K./Engels, F., Die Deutsche Ideologie, in: Marx-Engels-Werke MEW Bd. 3, Berlin (Ost) 1978, S. 9–530.
Marx, K., Ökonomisch-Philosophische Manuskripte aus dem Jahre 1844, in: MEW, Ergänzungsband, Teil 1, Berlin (Ost) 1982, S. 465–588.
Marx, K., Thesen über Feuerbach, in: MEW, Bd. 3. Berlin (Ost) 1978, S. 533–535.
Marx, K., Zur Kritik der Hegelschen Rechtsphilosophie. Einleitung, in: MEW, Bd. 1, Berlin (Ost) 1981, S. 378–391.
Marx, K., Zur Kritik der Politischen Ökonomie, in: MEW, Bd. 13, Berlin (Ost) 1975, S. 3–160.

Euchner, W., Karl Marx, München 1983.
Fleischer, H., Marxismus und Geschichte, Frankfurt am Main 1969.
Henrich, D., Karl Marx als Schüler Hegels, in: ders., Hegel im Kontext, Frankfurt am Main [3]1983, S. 187–207.
Jaeggi, U./Honneth, A., Theorien des Historischen Materialismus, 2 Bde., Frankfurt am Main 1977.
Kolakowski, L., Die Hauptströmungen des Marxismus, Bd. 1, München [3]1988.
Oertzen, P. von, Karl Marx (1818–1883), in: Euchner, W. (Hrsg.), Klassiker des Sozialismus, Bd. 1: Von Babeuf bis Plechanow, München 1991, S. 139–156.
Schmidt, A., Der Begriff der Natur in der Lehre von Marx, Frankfurt am Main 1971.

V. Hermeneutik: Wilhelm Dilthey, Martin Heidegger, Hans-Georg Gadamer

Derrida, J./Gadamer, H.-G., Der ununterbrochene Dialog, hrsg. v. Martin Gessmann, Frankfurt am Main 2004.
Dilthey, W., Der Aufbau der geschichtlichen Welt in den Geisteswissenschaften, Frankfurt am Main 1981.
Gadamer, H.-G., Wahrheit und Methode. Grundzüge einer philosophischen Hermeneutik, Tübingen [6]1990.

Heidegger, M., Sein und Zeit, Tübingen [16]1986.
Heidegger, M., Unterwegs zur Sprache, Stuttgart [11]1997.
Heidegger, M., Vom Wesen der Wahrheit, in: ders., Gesamtausgabe, Bd. 9, Frankfurt am Main 1976.

Apel, K.-O., Transformation der Philosophie, Bd. 1, Frankfurt am Main 1973.
Apel, K.-O., Die Erklären/Verstehen-Kontroverse in transzendentalpragmatischer Sicht, Frankfurt am Main 1979.
Figal, G. (Hrsg.), Begegnungen mit Hans-Georg Gadamer, Stuttgart 2000.
Figal, G., Martin Heidegger zur Einführung, Hamburg [3]1999.
Figal, G., Martin Heidegger. Phänomenologie der Freiheit, Weinheim [3]2000.
Grondin, J., Einführung zu Gadamer, Tübingen 2000.
Grondin, J., Hans-Georg Gadamer. Eine Biographie, Tübingen 1999.
Gumbrecht, H. U., Diesseits der Hermeneutik. Die Produktion von Präsenz, Frankfurt am Main 2004.
Habermas, J., Wahrheit und Rechtfertigung. Philosophische Aufsätze, Frankfurt am Main 1999.
Habermas, J., Zur Logik der Sozialwissenschaften, Frankfurt am Main [5]1982.
Jung, M., Hermeneutik zur Einführung, Hamburg 2001.
Lafont, C., Sprache und Welterschließung. Zur linguistischen Wende der Hermeneutik Heideggers, Frankfurt am Main 1994.
Lübcke, P., Wilhelm Dilthey. Geist und Natur, in: Hügli, A./Lübcke, P. (Hrsg.), Philosophie im 20. Jahrhundert, Bd. 1, Reinbek 1992, S. 53–67.
Pöggeler, O. (Hrsg.), Heidegger. Perspektiven zur Deutung seines Werkes, Weinheim [3]1994.
Rentsch, Th. (Hg.), Martin Heidegger. Sein und Zeit, Berlin 2001.
Ricoeur, P., Die Interpretation. Ein Versuch über Freud, Frankfurt am Main 1974.
Riedel, M., Verstehen oder Erklären? Zur Geschichte und Theorie der hermeneutischen Wissenschaften, Stuttgart 1978.
Riedel, M., Die Urstiftung der phänomenologischen Hermeneutik. Heideggers frühe Auseinandersetzung mit Husserl, in:. Jamme, Ch./Pöggeler, O. (Hrsg.), Phänomenologie im Widerstreit. Zum 50. Todestag Edmund Husserls, Frankfurt am Main 1989, S. 215–233.
Safranski, R., Ein Meister aus Deutschland. Heidegger und seine Zeit, München 1994.
Schwemmer, O., Die kulturelle Existenz des Menschen, Berlin 1997.
Tugendhat, E., Egozentrizität und Mystik. Eine anthropologische Studie, München 2003.
Tugendhat, E., Zeit und Sein in Heideggers Sein und Zeit, in: ders., Aufsätze 1992–2000, Frankfurt am Main 2001, S. 185–198.
Vattimo, G., Jenseits der Interpretation. Die Bedeutung der Hermeneutik für die Philosophie, Frankfurt am Main 1997.

VI. Max Weber oder die Wirklichkeit als Idealtypus

Weber, M., Gesammelte Aufsätze zur Wissenschaftslehre, Tübingen [7]1988.

Weber, M., Wirtschaft und Gesellschaft. Grundriß der verstehenden Soziologie, Tübingen [5]1980.

Bendix, R., Freiheit und historisches Schicksal. Heidelberger Max Weber-Vorlesungen, Frankfurt am Main 1982.

Gerhardt, U., Idealtypus. Zur methodischen Begründung der modernen Soziologie, Frankfurt am Main 2001.

Kocka, J. (Hrsg.), Max Weber, der Historiker, Göttingen 1986.

Mommsen, W. J., Max Weber und die deutsche Politik 1890–1920, Tübingen [2]1974.

Mommsen, W. J., Max Weber. Gesellschaft, Politik und Geschichte, Frankfurt am Main 1974.

Oakes, G., Die Grenzen kulturwissenschaftlicher Begriffsbildung. Heidelberger Max Weber-Vorlesungen 1982, Frankfurt am Main 1990.

Rossi, P., Die Methodologie der Geschichts- und Sozialwissenschaften, in: ders., Vom Historismus zur historischen Sozialwissenschaft. Heidelberger Max Weber-Vorlesungen 1985, Frankfurt am Main 1987, S. 20–62.

Schöllgen, G., Max Weber, München 1998.

Wagner, G./Zipprian, H. (Hrsg.), Max Webers Wissenschaftslehre. Interpretation und Kritik, Frankfurt am Main 1994.

Weber, M., Max Weber. Ein Lebensbild, München 1989 (erstmals 1926 erschienen).

Wehler, H.-U., Webers Klassentheorie und die Sozialgeschichte, in: ders., Aus der Geschichte lernen? Essays, München 1988, S. 152–160.

VII. Strukturen und Mentalitäten: Die Schule der Annales

Ariès, Ph., Die Geschichte der Mentalitäten, in: Le Goff, J./Chartier, R./Revel, J. (Hrsg.), Die Rückeroberung des historischen Denkens. Grundlagen der Neuen Geschichtswissenschaft, Frankfurt am Main 1990, S. 137–165.

Ariès, Ph., Geschichte der Kindheit, Frankfurt am Main 1976.

Ariès, Ph., Geschichte des Todes, München 1980.

Bloch, M., Apologie der Geschichtswissenschaft oder der Beruf des Historikers, Stuttgart 2002.

Bloch, M., Die Feudalgesellschaft, Stuttgart 1999.

Bloch, M., Die seltsame Niederlage: Frankreich 1940. Der Historiker als Zeuge, Frankfurt am Main 1992.

Bloch, M., Die wundertätigen Könige, München 1998.
Braudel, F., Das Mittelmeer und die mediterrane Welt in der Epoche Philipps II., 3 Bde., Frankfurt am Main 1998.
Braudel, F., Geschichte und Sozialwissenschaften – Die «longue durée», in: Wehler, H.-U. (Hrsg.), Geschichte und Soziologie, Königstein [2]1984, S. 189–215.
Chartier, R., Die unvollendete Vergangenheit. Geschichte und die Macht der Weltauslegung, Frankfurt am Main 1992.
Chaunu, P./Duby, G./LeGoff, J./Perrot, M. (Hrsg.), Leben mit der Geschichte. Vier Selbstbeschreibungen, Frankfurt am Main 1989.
Corbin, A., Die Sprache der Glocken. Ländliche Gefühlskultur und symbolische Ordnung im Frankreich des 19. Jahrhunderts, Frankfurt am Main 1995.
Corbin, A., Pesthauch und Blütenduft, Berlin 1984.
Duby, G., Guillaume le Maréchal oder der beste aller Ritter, Frankfurt am Main 1989.
Duby, G., Die drei Ordnungen. Das Weltbild des Feudalismus, Frankfurt am Main 1981.
Duby, G., Ritter, Frau und Priester. Die Ehe im feudalen Frankreich, Frankfurt am Main 1985.
Fèbvre, L., Martin Luther, Frankfurt am Main 1976.
Fèbvre, L., Das Gewissen des Historikers, Frankfurt am Main 1990.
Le Goff, J., Die Geburt des Fegefeuers. Vom Wandel des Weltbildes im Mittelalter, München 1990.
Le Goff, J./Chartier, R./Revel, J. (Hrsg.), Die Rückeroberung des historischen Denkens. Grundlagen der Neuen Geschichtswissenschaft, Frankfurt am Main 1990.
Le Roy Ladurie, E., Die Bauern des Languedoc, München 1990.
Middell, M. (Hrsg.), Alles Gewordene hat Geschichte. Die Schule der Annales in ihren Texten, Leipzig 1994.
Vovelle, M., Die französische Revolution. Soziale Bewegung und Umbruch der Mentalitäten, Frankfurt am Main 1985.
Vovelle, M., Die Geschichtswissenschaft und die «longue durée», in: Le Goff, J./Chartier, R./Revel, J. (Hrsg.), Die Rückeroberung des historischen Denkens. Grundlagen der Neuen Geschichtswissenschaft, Frankfurt am Main 1990, S. 103–136.

Burke, P., Offene Geschichte. Die Schule der «Annales», Frankfurt am Main 1998.
Raphael, L., Die Erben von Bloch und Fèbvre. Annales-Geschichtsschreibung und nouvelle histoire in Frankreich 1945–1980, Stuttgart 1994.
Raulff, U., Ein Historiker im 20. Jahrhundert: Marc Bloch, Frankfurt am Main 1995.

VIII. Erinnerung und Kollektives Gedächtnis

Durkheim, E., Soziologie und Philosophie, Frankfurt am Main 1996.

Freud, S., Aus den Anfängen der Psychoanalyse, 1887–1902, London 1950.

Freud, S., Studien über Hysterie, in: ders., Gesammelte Werke, Bd. 1, Frankfurt am Main [6]1991.

Freud, S., Über Deckerinnerungen, in: ders., Gesammelte Werke, Bd. 1, Frankfurt am Main [6]1991.

Halbwachs, M., Das Gedächtnis und seine sozialen Bedingungen, Frankfurt am Main 1985 (erstmals 1925 erschienen).

Ankersmit, F. R., Die postmoderne «Privatisierung» der Vergangenheit, in: Nagl-Docekal, H. (Hrsg.), Der Sinn des Historischen. Geschichtsphilosophische Debatten, Frankfurt am Main 1996, S. 211–212.

Assmann, A., Erinnerungsräume. Formen und Wandlungen des kulturellen Gedächtnisses, München 1999.

Assmann, J., Das kulturelle Gedächtnis. Schrift, Erinnerung und politische Identität in frühen Hochkulturen, München [2]1997.

Cavalli, A., Gedächtnis und Identität. Wie das Gedächtnis nach katastrophalen Ereignissen rekonstruiert wird, in: Müller, K. E./Rüsen, J. (Hrsg.), Historische Sinnbildung. Problemstellungen, Zeitkonzepte, Wahrnehmungshorizonte, Darstellungsstrategien, Reinbek 1997, S. 455–470.

Jamme, Ch., «Gott an hat ein Gewand». Grenzen und Perspektiven philosophischer Mythos-Theorien der Gegenwart, Frankfurt am Main 1999.

Kettner, M., Nachträglichkeit. Freuds brisante Erinnerungstheorie, in: Rüsen, J./Straub, J. (Hrsg.), Die dunkle Spur der Vergangenheit. Psychoanalytische Zugänge zum Geschichtsbewußtsein. Erinnerung, Geschichte, Identität, Bd. 2, Frankfurt am Main 1998, S. 33–69.

Müller, K. E./Rüsen, J. (Hrsg.), Historische Sinnbildung. Problemstellungen, Zeitkonzepte, Wahrnehmungshorizonte, Darstellungsstrategien, Reinbek 1997.

Nora, P., Zwischen Geschichte und Gedächtnis, Frankfurt am Main 1998.

Roth, G., Fühlen, Denken, Handeln. Wie das Gehirn unser Verhalten steuert, Frankfurt am Main 2001.

Rüsen, J./Straub, J. (Hrsg.), Die dunkle Spur der Vergangenheit. Psychoanalytische Zugänge zum Geschichtsbewußtsein. Erinnerung, Geschichte, Identität, Bd. 2, Frankfurt am Main 1998.

Schacter, D. L., Wir sind Erinnerung. Gedächtnis und Persönlichkeit, Reinbek 2001.

Singer, W., Wahrnehmen, Erinnern, Vergessen. Über Nutzen und Vorteil der Hirnforschung für die Geschichtswissenschaft, in: ders., Der Beobachter im Gehirn. Essays zur Hirnforschung, Frankfurt am Main 2002.

Spence, D. P., Narrative Truth and Historical Truth, New York 1984.

IX. Dichte Beschreibungen: Geschichte und Anthropologie

Geertz, C., Dichte Beschreibung. Bemerkungen zu einer deutenden Theorie von Kultur, in: ders., Dichte Beschreibung. Beiträge zum Verstehen kultureller Systeme, Frankfurt am Main [3]1994.

Geertz, C., Spurenlesen. Der Ethnologe und das Entgleiten der Fakten, München 1997.

Lévi-Strauss, C., Strukturale Anthropologie, Bd. 1, Frankfurt am Main 1967.

Lévi-Strauss, C., Traurige Tropen, Frankfurt am Main [11]1999.

Lévi-Strauss, C., Mythos und Bedeutung, Frankfurt am Main 1995.

Malinowski, B., Argonauten des westlichen Pazifik. Ein Bericht über Unternehmungen und Abenteuer der Eingeborenen in den Inselwelten von Melanesisch-Neuguinea, Frankfurt am Main 1979 (erstmals 1922 erschienen).

Barley, N., Traumatische Tropen. Notizen aus meiner Lehmhütte, Frankfurt am Main 1997.

Berg, E./Fuchs, M. (Hrsg.), Kultur, soziale Praxis, Text. Die Krise der ethnographischen Repräsentation, Frankfurt am Main [3]1999.

Bude, H., Kultur als Problem, in: Merkur 1995, Nr. 9/10, S. 775–776.

Clifford, J./Marcus, E. (Hrsg.), Writing Culture, The Poetics of Ethnography, Berkeley/Los Angeles 1986.

Dammann, R., Die dialogische Praxis der Feldforschung. Der ethnographische Blick als Paradigma der Erkenntnisgewinnung, Frankfurt am Main 1991.

Dosse, F., Geschichte des Strukturalismus, Bd. 1: Das Feld des Zeichens, 1945–1966, Hamburg 1996.

Gerndt, H., Kultur als Forschungsfeld. Über volkskundliches Denken und Arbeiten, München 1986.

Gottowik, V., Konstruktionen des Anderen. Clifford Geertz und die Krise der ethnographischen Repräsentation, Berlin 1997.

Kaschuba, W., Einführung in die europäische Ethnologie, München 1999.

Kohl, K.-H., Ethnologie – die Wissenschaft vom kulturell Fremden. Eine Einführung, München 1993.

Marschall, W. (Hrsg.), Klassiker der Kulturanthropologie. Von Montaigne bis Margaret Mead, München 1990.

Medick, H., «Missionare im Ruderboot?» Ethnologische Erkenntnisweisen als Herausforderung an die Sozialgeschichte, in: Geschichte und Gesellschaft 10 (1984), S. 295–319.

Medick, H., Mikro-Historie, in: Schulze, W. (Hrsg.), Sozialgeschichte, Alltagsgeschichte, Mikro-Historie. Eine Diskussion, Göttingen 1994.

de Ruijter, A., Claude Lévi-Strauss, Frankfurt am Main 1991.

Sokoll, Th., Kulturanthropologie und Historische Sozialwissenschaft, in: Mergel, Th./Welskopp, Th. (Hrsg.), Geschichte zwischen Kultur und Gesellschaft. Beiträge zur Theoriedebatte, München 1997, S. 246–247.

X. Michel Foucault und die Macht der Diskurse

Foucault, M., Archäologie des Wissens, Frankfurt am Main [8]1997.

Foucault, M., Der Mensch ist ein Erfahrungstier. Gespräch mit Ducio Trombadori, Frankfurt am Main [2]1997.

Foucault, M., Der Wille zum Wissen. Sexualität und Wahrheit, Bd. 1, Frankfurt am Main [10]1998.

Foucault, M., Die Ordnung der Dinge. Eine Archäologie der Humanwissenschaften, Frankfurt am Main [15]1999.

Foucault, M., Die Ordnung des Diskurses, Frankfurt am Main 1997.

Foucault, M., In Verteidigung der Gesellschaft. Vorlesungen am Collège de France (1975–1976), Frankfurt am Main 1999.

Foucault, M., Nietzsche, die Genealogie, die Historie, in: Konrad, Ch./Kessel, M. (Hrsg.), Kultur und Geschichte. Neue Einblicke in eine alte Beziehung, Stuttgart 1998, S. 45–46.

Foucault, M., Überwachen und Strafen. Die Geburt des Gefängnisses, Frankfurt am Main [10]1992.

Foucault, M., Wahnsinn und Gesellschaft. Eine Geschichte des Wahns im Zeitalter der Vernunft, Frankfurt am Main 1996.

Heidegger, M., Unterwegs zur Sprache, Stuttgart [11]1997.

Heidegger, M., Vom Wesen der Wahrheit, in: ders., Gesamtausgabe, Bd. 9, Frankfurt am Main 1976.

Brieler, U., Die Unerbittlichkeit der Historizität. Foucault als Historiker, Köln 1998.

Butler, J., Das Unbehagen der Geschlechter, Frankfurt am Main 1991.

Butler, J., Psyche der Macht. Das Subjekt der Unterwerfung, Frankfurt am Main 2001.

Detel, W., Macht, Moral, Wissen. Foucault und die klassische Antike, Frankfurt am Main 1998.

Dreyfus, H. L./Rabinow, P., Michel Foucault. Jenseits von Strukturalismus und Hermeneutik, Weinheim [2]1994.

Eribon, D., Michel Foucault. Eine Biographie, Frankfurt am Main [2]1991.

Ewald, F./Waldenfels, B. (Hrsg.), Spiele der Wahrheit. Michel Foucaults Denken, Frankfurt am Main 1991.

Frank, M., Das Sagbare und das Unsagbare. Studien zur deutsch-französischen Hermeneutik und Texttheorie, Frankfurt am Main 1989.

Frank, M., Was ist Neostrukturalismus?, Frankfurt am Main 1984.

Goldstein, J. (Hrsg.), Foucault and the Writing of History, Oxford 1994.

Hetzel, A., Michel Foucault, in: Gamm, G./Hetzel, A. (Hrsg.), Hauptwerke der Sozialphilosophie, Stuttgart 2001, S. 220–221.
Honneth, A./Saar, M. (Hrsg.), Michel Foucault. Zwischenbilanz einer Rezeption. Frankfurter Foucault-Konferenz 2001, Frankfurt am Main 2003.
Marchand, S., Foucault, die moderne Individualität und die Geschichte der humanistischen Bildung, in: Mergel, Th./Welskopp, Th. (Hrsg.), Geschichte zwischen Kultur und Gesellschaft. Beiträge zur Theoriedebatte, München 1997, S. 323–348.
Peukert, D. J. K., Die Unordnung der Dinge. Michel Foucault und die deutsche Geschichtswissenschaft, in: Ewald, F./Waldenfels, B. (Hrsg.), Spiele der Wahrheit. Michel Foucaults Denken, Frankfurt am Main 1991, S. 320–333.
Plamper, J., Foucault's Gulag, in: Kritika 3 (2002), S. 255–280.
Rabinow, P., Anthropologie der Vernunft. Studien zu Wissenschaft und Lebensführung, Frankfurt am Main 2004.
Sarasin, Ph., Subjekte, Diskurse, Körper. Überlegungen zu einer diskursanalytischen Kulturgeschichte, in: Hardtwig, W./Wehler, H.-U. (Hrsg.), Kulturgeschichte heute, Göttingen 1996, S. 131–164.
Sarasin, Ph., Reizbare Maschinen. Eine Geschichte des Körpers 1765–1914, Frankfurt am Main 2001.
Schäfer, Th., Reflektierte Vernunft. Michel Foucaults philosophisches Projekt einer antitotalitären Macht- und Wahrheitskritik, Frankfurt am Main 1995.
Taylor, Ch., Negative Freiheit?, Frankfurt am Main 1988.
Taylor, Ch., Quellen des Selbst, Frankfurt am Main 1994.
Veyne, P., Foucault: Die Revolutionierung der Geschichte, Frankfurt am Main 1992.

XI. Die literarische Wende oder das Ende der Geschichte

White, H., Der historische Text als literarisches Kunstwerk, in: ders., Auch Klio dichtet oder die Fiktion des Faktischen. Studien zur Tropologie des historischen Diskurses, Stuttgart ²1991, S. 101–122.
White, H., Historical Emplotment and the Problem of Truth, in: Friedlander, S. (Hrsg.), Probing the Limits of Representation. Nazism and the «Final Solution», Cambridge/Mass. 1992, S. 37–53.
White, H., Metahistory. Die historische Einbildungskraft im 19. Jahrhundert in Europa, Frankfurt am Main 1991 (erstmals 1973 erschienen).

Evans, R., Fakten und Fiktionen. Über die Grundlagen historischer Erkenntnis, Frankfurt am Main 1998.
Gossman, L., Between History and Literature, Cambridge/Mass. 1990.

Hanisch, E., Die linguistische Wende. Geschichtswissenschaft und Literatur, in: Hardtwig, W./Wehler, H.-U. (Hrsg.), Kulturgeschichte heute, Göttingen 1996, S. 212–230.

Iggers, G., Geschichtstheorie zwischen postmoderner Philosophie und geschichtswissenschaftlicher Praxis, in: Geschichte und Gesellschaft 26 (2000), S. 335–346.

Iggers, G., Zur «Linguistischen Wende» im Geschichtsdenken und in der Geschichtsschreibung, in: Geschichte und Gesellschaft 21 (1995), S. 557–570.

Koselleck, R., Darstellung, Ereignis und Struktur, in: ders., Vergangene Zukunft. Zur Semantik geschichtlicher Zeiten, Frankfurt am Main [3]1995, S. 144–157.

Oexle, O. G., Sehnsucht nach Klio. Hayden Whites «Metahistory» – und wie man darüber hinwegkommt, in: Rechtshistorisches Journal 11 (1992), S. 1–18.

Ricoeur, P., Geschichte und Rhetorik, in: Nagl-Docekal, H. (Hrsg.), Der Sinn des Historischen. Geschichtsphilosophische Debatten, Frankfurt am Main 1996, S. 107–125.

Schöttler, P., Wer hat Angst vor dem «linguistic turn»?, in: Geschichte und Gesellschaft 23 (1997), S. 134–151.

Stückrath, J./Zbinden, J. (Hrsg.), Metageschichte. Hayden White und Paul Ricoeur. Dargestellte Wirklichkeit in der europäischen Kultur im Kontext von Husserl, Weber, Auerbach und Gombrich, Baden-Baden 1997.

Williams, B., Wahrheit und Wahrhaftigkeit, Frankfurt am Main 2003.

Personenregister

Ankersmit, Frank R. 22
Apel, Karl-Otto 124
Ariès, Philippe 141, 156, 157, 158
Assmann, Jan 170
Barley, Nigel 174, 175
Bergson, Henri 165, 166
Bloch, Ernst 96
Bloch, Marc 141, 142, 143, 144, 145, 146, 147, 148, 156, 165
Boeckh, August 71, 102
Bourdieu, Pierre 148
Braudel, Fernand 141, 142, 145, 146, 148, 149, 150, 151, 152, 153, 154, 155
Burckhardt, Jacob 63, 78
Burke, Peter 142, 145
Čaadaev, Petr 59
Cassirer, Ernst 22, 26, 31
Chartier, Roger 22, 32, 60, 141, 158
Chaunu, Pierre 141, 155
Clifford, James 188
Corbin, Alain 141
Danto, Arthur C. 106
Derrida, Jacques 108
Descartes, René 114
Dietz, Immanuel Carl 38
Dilthey, Wilhelm 70, 99, 101, 102, 103, 104, 105, 106, 107
Dreyfus, Hubert 203
Droysen, Johann Gustav 63, 64, 70, 71, 72, 73, 74, 75, 76, 77, 78, 99, 209
Duby, Georges 141, 145, 148, 156
Durkheim, Emile 140, 143, 159, 160, 165
Elias, Norbert 201
Engels, Friedrich 86
Evans, Richard 212
Fèbvre, Lucièn 141, 142, 143, 144, 145, 146, 147, 148
Ferro, Marc 148
Feuerbach, Ludwig 82, 83
Fichte, Johann Gottlieb 34, 38
Fischer, Kuno 101
Foucault, Michel 108, 171, 190–203, 204,
Freud, Sigmund 160, 161, 163, 164, 165, 166, 172, 190
Fulda, Hans Friedrich 32
Gadamer, Hans-Georg 27, 99, 109, 110, 111, 112, 113, 114, 115, 117, 118, 119, 120, 122, 123, 124, 125, 126, 185
Gans, Eduard 81
Geertz, Clifford 180, 181, 182, 183, 184, 185, 186, 187, 188
Gerndt, Helge 180
Goubert, Pierre 155
Habermas, Jürgen 124
Halbwachs, Maurice 144, 164, 165, 166, 167, 168, 169, 172, 173
Haussmann, Thomas 123
Hegel, Georg Wilhelm Friedrich 27–28, 31–79, 80, 81, 82, 84, 85, 86, 87, 88, 91, 93, 94, 95, 96, 98, 99, 101, 107, 111, 124, 129, 162, 190, 191, 199, 205
Heidegger, Martin 99, 101, 107, 108, 109, 110, 111, 117, 126, 192, 193, 194, 195

Herder, Johann Gottfried 31, 35, 36, 63
Herzen, Alexander 59
Humboldt, Wilhelm von 70
Hume, David 37, 138
Husserl, Edmund 107
Hyppolite, Jean 191
Iggers, Georg 212
James, William 159, 160
Kant, Immanuel 33, 37, 49, 103
Kaschuba, Wolfgang 180
Kautsky, Karl 86
Kireevskij, Ivan 59
Kohl, Karl-Heinz 178
Kojève, Alexandre (Koževnikov, Aleksandr) 60
Koselleck, Reinhard 166, 213
Labrousse, Ernest 155
Lamprecht, Karl 140
Lavisse, Ernest 143
Le Goff, Jacques 141, 148, 156, 157, 165
Le Roy Ladurie, Emanuel 155
Lefèbvre, Georges 144
Leibniz, Gottfried Wilhelm 165
Lenin, Vladimir I. 12, 86
Leo, Heinrich 65, 66
Lévi-Strauss, Claude 148, 178, 179, 180, 209
Lévy-Bruhl, Lucièn 143
Malinowski, Bronislaw 176, 177, 178
Marx, Karl 53, 79, 80–98, 99, 135, 143, 151, 153, 190, 205
Meillet, Antoine 143
Mommsen, Theodor 70
Nora, Pierre 173
Rabinow, Paul 203
Ranke, Leopold von 21, 25, 61, 62, 63, 64, 65, 66, 67, 68, 69, 70, 72, 76, 77, 78, 81, 99, 102, 111, 112
Revel, Jacques 141
Rickert, Heinrich 129, 130, 132
Ricoeur, Paul 100
Roth, Gerhard 29
Rousseau, Jean-Jacques 33, 36
Ryle, Gilbert 181
Savigny, Friedrich Karl von 65, 81
Schelling, Friedrich Wilhelm Joseph 33
Schleiermacher, Friedrich 106, 114, 116, 117
Schmoller, Gustav 140
Schnädelbach, Herbert 26
Seignobos, Charles 143
Singer, Wolf 164
Sybel, Heinrich 70
Taylor, Charles 32, 61, 203
Treitschke, Heinrich von 25, 70
Tugendhat, Ernst 124
Valery, Paul 162
Vattimo, Gianni 108
Veyne, Paul 190, 196
Vico, Giambattista 31
Vidal del la Blache, Paul 143
Vosseler, Otto 11, 98
Vovelle, Michel 141, 156
Weber, Max 34, 126–139, 140, 143, 180
Wehler, Hans-Ulrich 128
White, Hayden 204, 205, 206, 207, 208, 209, 210, 211, 212, 213, 214
Williams, Bernard 214
Wittgenstein, Ludwig 184
Žižek, Zlavoj 201